Kohlhammer

Michaela Geiger
Rainer Kessler
Johannes Taschner (Hrsg.)

Lieblingsbilder

... und das Bilderverbot?

Verlag W. Kohlhammer

Abbildungsnachweis: siehe S. 155

1. Auflage 2020

Gesamtherstellung: W. Kohlhammer GmbH, Stuttgart

Print:
ISBN 978-3-17-037434-8

Inhaltsverzeichnis

Vorwort

Am Anfang stand ein Eingeständnis: Fast jede und jeder von uns hat seine oder ihre Lieblingsbilder. Das sind Bilder, die uns anrühren, uns etwas bedeuten, Sinn erschließen, manchmal auch uns verstören – und die wir deshalb lieb gewinnen. Oft begleiten sie uns ein Leben lang oder doch über lange Strecken. Manchmal können die Favoriten auch wechseln. Aber ganz ohne solche Bilder möchten die Meisten nicht sein.

Zugleich gehören wir einer Religionsfamilie aus Judentum, Christentum und Islam an, die ein Bilderverbot kennt. Nun bezieht sich das im Kern auf die Abbildbarkeit Gottes. Aber wie weit geht das? Im heutigen Islam gibt es eine hohe Empfindlichkeit gegen die Darstellung des Propheten Mohammed. Welche Bilder sind in einer Synagoge erlaubt? Und was umfasst im Christentum das Bilderverbot?

Eingebettet sind diese Fragen in einen lang anhaltenden kulturellen Wandel, der den Bildern immer größere Bedeutung zukommen lässt. Man spricht nicht umsonst von einer Bilderflut, die auf die heutigen Menschen einströmt. Aus der Ikone, dem heiligen Bild aus der Welt des Göttlichen, ist das *icon* geworden, das den Alltag durchdringt. Im Diskurs um die öffentlichen Angelegenheiten tritt die Kraft der Argumente in den Hintergrund und wird von der Macht der Bilder verdrängt. Der sogenannte *iconic turn* in den Wissenschaften ist nur eine Reaktion auf diese Entwicklung.

Scheinbar gegenläufig zur zunehmenden Dominanz der Bilder wird in der bildenden Kunst das Bild selbst in Frage gestellt, zumindest aber kritisch reflektiert. Was heißt es, etwas abzubilden? Wie verhält sich das Bild zum Abgebildeten? Wie kann ein Bildtitel die Wahrnehmung lenken oder irritieren? Was bildet eigentlich ein Kipp-Bild ab? Die sinnkonstituierende Rolle der Betrachterinnen und Betrachter vor dem Bild ist seit der Romantik ein wiederkehrendes Thema.

Auch in der Theologie ist das Thema der Bilder seit Längerem wieder präsent. Stand im Gefolge der dialektischen Theologie das Wort im Zentrum des theologischen Interesses, so sind die Bilder seit einigen Jahrzehnten als genuin theologisches Thema neu entdeckt worden. In der alttestamentlichen Wissenschaft ist an die Pionierarbeit von Othmar Keel und seiner Schule zu denken.[1] Dass es im alten Israel Bilder gab,[2] gehört mittlerweile zum Grundwissen über

---

1 Unter den vielen Titeln seien exemplarisch genannt: Othmar Keel, Die Welt der altorientalischen Bildsymbolik und das Alte Testament. Am Beispiel der Psalmen, Zürich u.a. 1972 (5. Aufl. Göttingen 1996). Othmar Keel/Christoph Uehlinger, Götter, Göttinnen und Gottessymbole (QD 134), Freiburg 5. Aufl. 2001.

2 Vgl. Silvia Schroer, In Israel gab es Bilder. Nachrichten von darstellender Kunst im Alten Testament (OBO 74), Fribourg/Göttingen 1987.

das Alte Testament. Und ohne ikonografische Betrachtung kommt die Religionsgeschichte der biblischen Welt heute nicht mehr aus. Dass dabei vieles kontrovers ist – die Frage, ob es eine Jhwh-Statue im Jerusalemer Tempel gab, oder das Alter des biblischen Bilderverbots,[3] um nur die wichtigsten Streitpunkte zu nennen –, gehört zum Wesen lebendiger Wissenschaft. Und auch die systematische Theologie hat sich dem Bild wieder zugewendet.[4]

Der folgende Band ist aus dem Symposium „Lieblingsbilder – und das Bilderverbot?" entstanden, das wenige Tage vor dem 80. Geburtstag von Prof. Dr. Frank Crüsemann am 6. und 7. Juli 2018 an der Kirchlichen Hochschule Wuppertal/Bethel durchgeführt wurde. Einige Beiträge geben die dort gehaltenen Vorträge in bearbeiteter Fassung wieder. Der Beitrag von Joachim von Soosten wurde nachträglich für diesen Band verfasst, der von Frank Crüsemann für diesen Band überarbeitet.

Die Reihe der Vorträge wurde und auch dieser Band wird von *Rainer Kessler* eröffnet. Bevor er auf sein Lieblingsbild kommt, führt er überblicksartig in das biblische Bilderverbot ein. Das geschieht in zwei Teilen. Zunächst geht es um Bilder und Bilderverbot in der Hebräischen Bibel selbst, danach um die Entwicklung des Bilderverbots in der christlichen Rezeption. Der Sündenfall der christlichen Bild-Praxis, so Kessler, trat da ein, wo man Gott Vater oder die Trinität ins Bild nahm. Diese Praxis wurde zwar in der reformierten Historienmalerei der Niederländer durchbrochen, herrschte aber in der gegenreformatorischen Kirchenmalerei bis in die Zeit von Barock und Rokoko vor. Mit dem Aufbruch in die Moderne änderte sich dies. Exemplarisch führt Kessler an Caspar David Friedrichs „Der Mönch am Meer" aus, wie hier Transzendenz ins Bild gebracht wird, ohne an die traditionelle religiöse Ikonographie anzuknüpfen. Es ist zum einen die Erfahrung der Grenze, der Begrenztheit, und zum andern die Ahnung von einer Wirklichkeit, die hinter dem steht, was sich zeigt, die für den Autor Friedrichs Bild zu einem Lieblingsbild machen.

Magdalene L. Frettlöh geht in ihrem Beitrag über Mark Rothko von einer Überlegung Kurt Martis aus: Er stellt die Abkehr vom Figürlichen in der modernen Kunst in einen Zusammenhang mit dem alttestamentlichen Bilderverbot. „Wie das biblische Bilderverbot das lebendig-geistige Verhältnis des Einzelnen zu Gott, so will die moderne Kunst das lebendig-geistige Verhältnis des Einzelnen zu seiner Mitwelt anregen." Magdalene Frettlöh zeigt auf, dass dies bei Mark Rothko jenseits der Alternative von abstrakter und (etwas) repräsentierender Kunst geschieht. Vielmehr bieten die charakteristischen Farbflächen den Betrachtenden die Möglichkeit, in einer Art sinnlichen Verschmelzung in dem Bild

[3] Vgl. Michaela Bauks, Art. Bilderverbot (AT), erstellt: Januar 2007; letzte Änderung: April 2017, http://www.bibelwissenschaft.de/stichwort/15357/.

[4] Vgl. Friedhelm Hartenstein/Michael Moxter, Hermeneutik des Bilderverbots. Exegetische und systematisch-theologische Annäherungen, Leipzig 2015; Malte Dominik Krüger, Das andere Bild Christi. Spätmoderner Protestantismus als kritische Bildreligion (DoMo 18), Tübingen 2017.

selbst aufzugehen. Das Bild „Saffron“ gibt für Magdalene Frettlöh den Blick frei auf den Einbruch der Transzendenz, so dass sich eine Konfiguration mit der Erzählung vom brennenden Dornbusch in Ex 3,1–7 nahelegt.

In ihrem Beitrag „Diesseitig bin ich gar nicht fassbar ...“ betrachtet *Michaela Geiger*, auf welche Weise die Unfassbarkeit von Engeln narrativ und bildlich dargestellt werden kann. Obwohl die bildliche Repräsentation des Boten Jhwhs vom Bilderverbot nicht prinzipiell begrenzt wird, zeigt die Erzählung Ri 13 mit ironischem Blick, wie sich der Bote Jhwhs dem Begreifen seiner Adressat*innen immer wieder entzieht – und erst sein Verschwinden Verstehen ermöglicht. Auch Paul Klee zeichnet Engel im Übergang: im Werden zwischen Diesseits und Jenseits, Himmel und Erde, Leben und Tod. Klees Engelzeichnungen können einerseits biographisch gedeutet werden: Sie ermöglichen ihm eine ironische Distanz zu belastenden Erfahrungen. Andererseits reflektiert Klee in der Gestalt des Boten seine eigene künstlerische Identität, indem er sich, „etwas näher dem Herzen der Schöpfung als üblich“, als Vermittler zwischen Diesseits und Jenseits darstellt. Auch das geschieht bei Klee nicht ohne Selbstironie: „Dort [bei den Engeln] ist alles wie bei uns, nur englisch“. Die biblische Erzählung in Ri 13 und die Engelzeichnungen Paul Klees verbindet die Freude am Prozess: am Flimmern des englischen Wesens zwischen Erscheinen und Verschwinden, zwischen Mensch und Engel.

Johannes Taschner stellt in seinem Beitrag die Kritik an der Abbildung durch den Surrealisten René Magritte einerseits und die Sinaiperikope Ex 19–34 andererseits gegenüber. Jenseits eines wirkungsgeschichtlichen Zusammenhangs lässt sich eine wesentliche Gemeinsamkeit herausstellen: Die Wirklichkeit lässt sich nicht fixieren, genauso wenig wie der biblische Gott. Sowohl Magritte als auch dem Erzählzusammenhang Ex 19–34 geht es darum, Bilder als (gefährliche) Illusionen der Verstetigung und des Habhaft-Werden-Könnens zu entlarven.

Der Beitrag von *Jürgen Ebach* behandelt „Kipp-Bilder“ im Gespräch mit dem Bilderverbot und ist auf Sigmar Polkes Menschensohn-Fenster im Zürcher Grossmünster fokussiert. Nach einer Vorstellung und Interpretation verschiedener geläufiger Kipp-Bilder untersucht Ebach den neutestamentlichen Gebrauch der Rede vom „Menschensohn“, die dem Polkeschen Glasfenster den Namen gegeben hat. Er zeichnet die Viel- und oft auch Uneindeutigkeit des Begriffs nach und schließt sich der Mahnung von Friedrich-Wilhelm Marquardt an, die „Sprache des Ungefähr“ nicht zwingen zu wollen. Wie spiegelt sich das nun in Polkes Fenster? Dieses zeigt in mehreren Varianten die so genannte Rubinfigur, die man sowohl als Vase als auch als zwei zueinander gerichtete Profile eines menschlichen Gesichts sehen kann. Ebach deutet sowohl die menschlichen Gesichter als auch die kelchartigen Gefäße in ihrer Vieldeutigkeit aus und endet mit der Frage, ob „es in der ‚Schrift‘ so etwas wie ‚Kippbilder‘ [gibt], wenn es um die Begegnung mit Gott geht.“

Abgeschlossen wird der Band mit zwei Beiträgen, die die Überlegungen in zwei Richtungen fortführen.

Der erste widmet sich systematisch-theologischen Fragen. *Joachim von Soosten* plädiert in seinem Beitrag dafür, das Bilderverbot von seinem verborgenen Kernmotiv her zu lesen. „Du sollst Dir kein Bildnis machen" folgt aus dem Umstand „Du kannst Dir kein Bildnis machen". Die Spurenlese für die Doppelspannung im Bilderverbot des Dekalogs als Eingangsportal der Tora haben die Bildenden Künste im Übergang zum 20. Jahrhundert in eigener Weise, unabhängig von Erlaubnissen, Geboten und Verboten religionskultureller Prägung überaus variantenreich aufgenommen. Im Mittelpunkt des Beitrags stehen Überlegungen zu Paul Cézannes unermüdlichen Annäherungen an einen fernen und doch so nahen Berg, die Montagne Sainte-Victoire, in der Gegend von Aix en Provence. Die Überlegungen münden in erste Hinweise, die Treue zum Unruhezentrum des „Bilderverbots" im Wahrheitsraum Gottes und im Anliegen einer investigativen Religionshermeneutik erneut und anders zu bedenken.

Den Abschluss bildet der Beitrag von *Frank Crüsemann*. Er versteht Chagalls „Weiße Kreuzigung" als Herausforderung an die christliche Theologie und macht damit die in manchen Aufsätzen mitschwingende Frage nach dem Verhältnis zum Judentum explizit. Kern von Crüsemanns Verständnis ist es, dass Chagall uns einen jüdischen Christus zeigt, der an der Seite seines verfolgten Volkes steht. Gegen die traditionelle Herauslösung der Christusgestalt aus ihrem jüdischen Kontext hat Chagall damit christlicher Theologie und besonders Christologie im Kontext des jüdisch-christlichen Gesprächs eine bleibende Aufgabe der Neubesinnung vorgegeben.

Ist es ein Zufall, dass die in diesem Band mit Lieblingsbildern vertretenen Künstler Caspar David Friedrich und Mark Rothko die Eckpfeiler eines Bogens bilden, der nach der These des US-amerikanischen Kunsthistorikers und Kurators Robert Rosenblum (1927–2006) eine eigenständige Entwicklungslinie neben der „französischen" Genealogie der Moderne, die von Jean Louis David und Eugène Delacroix über Gustave Courbet und Édouard Manet zu Cézanne, Matisse und Picasso läuft, bilden? Mit Paul Klee ist zudem ein weiterer Künstler dieses Bandes ein Zeuge Rosenblums für seine These. Diese Linie hebe sich nach Rosenblum nicht nur formal von der hauptsächlich mit Paris verbundenen ab, sondern auch durch „den Einfluß bestimmter Grundfragen der modernen Kulturgeschichte, vor allem der religiösen Problematik, die sich der romantischen Bewegung stellte".[5] Es verwundert nicht, dass das Eingangskapitel über Friedrich den Titel „Caspar David Friedrich und die Göttlichkeit der Landschaft" trägt und sich die Ausführungen über Rothko im letzten Teil mit der Überschrift „Transzendentale Abstraktion" finden.

5 Robert Rosenblum, Die moderne Malerei und die Tradition der Romantik. Von C.D. Friedrich zu Mark Rothko, übers. v. R. Kaiser, München 1981, 8.

Es wäre sehr reizvoll zu untersuchen, inwiefern sich diese, auch in diesem Band verfolgte Linie von der dominanten, von Rosenblum „französisch" genannten, gerade in ihrem Bezug zur Frage des Ringens um das Bilderverbot unterscheidet. Rosenblum selbst sieht die Abstraktion bei dem jüdischen Künstler Rothko (ebenso wie bei dem ebenfalls jüdischen Amerikaner Barnett Newman, 1905-1970) durchaus auf dem Hintergrund des, wie er schreibt, „traditionellen jüdischen Bilderverbots", und hebt davon die „Kunst im Umkreis des Katholizismus" ab, die dieses Verbot nicht kennt.[6] Doch die Behandlung dieser Fragen muss weiteren Betrachtungen vorbehalten bleiben.

Unser Dank gilt allen, die am Symposium „Lieblingsbilder – und das Bilderverbot?" mitgewirkt und teilgenommen haben, sowie allen, die das Symposium finanziell ermöglicht haben. In den Vorträgen und in den Gesprächen am Rande der Vorträge wurden manche Gedanken dieses Bandes weiter geformt und präzisiert.

Für die finanzielle Unterstützung bei der Drucklegung dieses Bandes bedanken wir uns beim Förderverein der Kirchlichen Hochschule Wuppertal e.V., bei der Kirchlichen Hochschule Wuppertal/Bethel, bei der Evangelischen Kirche im Rheinland und der Evangelischen Kirche von Westfalen. Unser Dank für die sorgfältige und kompetente Erstellung der Druckvorlage gilt Dr. Marcus Sigismund – und insbesondere für die geduldige Suche nach kreativen Lösungen bei der Einbindung der Bilder. Dr. Sebastian Weigert und Florian Specker vom Kohlhammer-Verlag gilt unser Dank für die kundige und unkomplizierte Begleitung der Buchentstehung.

Wuppertal/Frankfurt a.M./Düsseldorf, im Februar 2020

Michaela Geiger, Rainer Kessler und Johannes Taschner

---

[6] Ebd. 224.

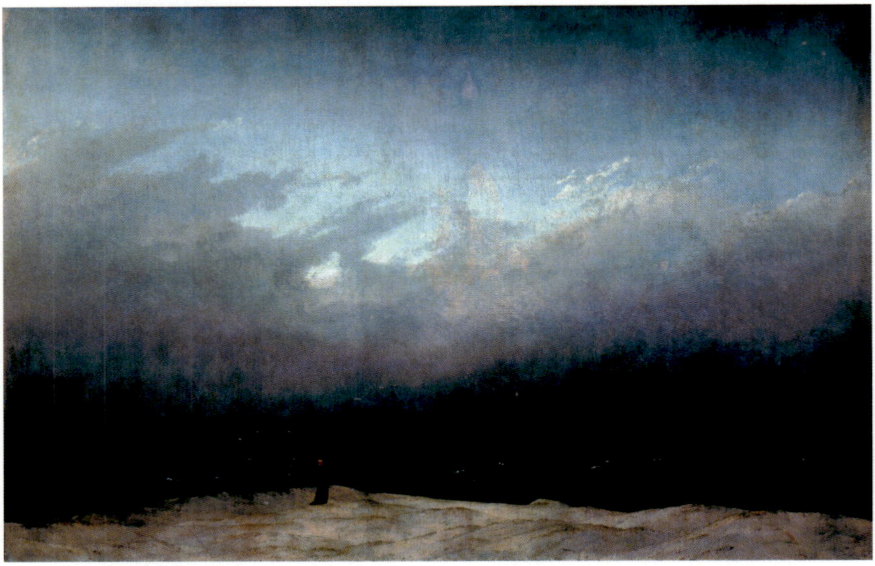

Caspar David Friedrich: Der Mönch am Meer

Transzendenz ins Bild bringen
Caspar David Friedrichs „Der Mönch am Meer" und das biblische Bilderverbot

Rainer Kessler

In der langen Geschichte der Entwicklung der Gattung *homo*, also der Menschheit, hat es viele wichtige Stufen gegeben: den aufrechten Gang, die Benutzung von Waffen zur Jagd, die Bändigung und Nutzung des Feuers. Auf dem Weg hin zum *modernen* Menschen, dem *homo sapiens*, sind zwei Schritte von besonderer Bedeutung. Der erste besteht darin, dass die Verstorbenen in bewusster Weise bestattet wurden. Manipulationen an Schädeln – etwa ihre teilweise künstliche Vervollkommnung –, bestimmte Positionen der Bestatteten – zum Beispiel die embryonale Lage – oder das Vorhandensein von Grabbeigaben weisen darauf hin, dass Menschen, die solche Bestattungen vornahmen, ein Bewusstsein von Transzendenz hatten. Der Tod war nicht nur ein Verlust, der betrauert wurde – das kennen wir auch aus der Tierwelt. Im Umgang mit dem Tod entwickelte sich die Vorstellung eines Weiterlebens oder einer Wiedergeburt, also eine Vorstellung, die die vorfindliche Wirklichkeit transzendiert.

Ein zweiter wesentlicher Entwicklungsschritt hin zum modernen Menschen ist die Herstellung von Bildern. Die so genannte Venus vom Hohlefels auf der Schwäbischen Alb, eine geschnitzte Frauenfigur, gilt als die älteste bekannte, von Menschenhand geschaffene Figur. Sie ist etwa 40.000 Jahre alt.[1] Die ältesten bekannten Malereien, die in der Höhle von Chauvet im Flusstal der Ardèche, sind zwischen 35.000 und 37.000 Jahre alt. Den Zweck dieser Darstellungen können wir nicht mit Sicherheit bestimmen. Doch darauf kommt es gar nicht an. Wesentlich ist, dass durch die Herstellung von Bildern der Mensch in Distanz zu der Außenwelt tritt, die er abbildet. Er lebt nicht einfach in ihr. Er stellt sie sich im Bild gegenüber. Durch das Bild macht er es möglich, „Abwesendes anwesend sein [zu] lassen".[2] Der systematische Theologe Malte Dominik Krüger formuliert es grundsätzlich: „Im Erstellen und Deuten von Bildern überschreitet der Mensch die vorfindliche Wirklichkeit – sei es, dass er sie im Bild neu erstehen lässt, sei es, dass er ihr eine andere Gegenwelt entgegenstellt."[3] In den Worten von Michael Moxter sind „Bilder Transzendenzphänomene ..., in denen die Schwellen und Grenzen zwischen Sichtbarem und Ungesehenem ... eingerichtet und

---

1 Vgl. Conard, Nicholas J./Kind, Claus-Joachim, Als der Mensch die Kunst erfand. Eiszeithöhlen der Schwäbischen Alb, Darmstadt 2017, 125–129.

2 Hartenstein, Friedhelm/Moxter, Michael, Hermeneutik des Bilderverbots. Exegetische und systematisch-theologische Annäherungen (ThLZ.F 26), Leipzig 2016, 270.

3 Krüger, Malte Dominik, Das andere Bild Christi. Spätmoderner Protestantismus als kritische Bildreligion (Dogmatik in der Moderne 18), Tübingen 2017, V.

doch auch überschritten werden".[4] Mit andern Worten: Bilder haben *per se* einen Transzendenzbezug, indem sie die vorfindliche Wirklichkeit überschreiten.

Damit ist wie von selbst gegeben, dass sich Bilder eignen, Transzendenz ins Bild zu fassen. Indem Bilder Abwesendes vergegenwärtigen, ermöglichen sie es, verstorbene Menschen oder jenseitige Gottheiten gegenwärtig zu machen. Michael Moxter macht darauf aufmerksam, dass sie dieser Fähigkeit ihre Funktion im Totenkult verdanken dürften.[5] Und noch einmal Malte Dominik Krüger: „Mit dem Bildvermögen ist ein religiöser Zugang zum Unbedingten verbunden."[6]

Wenn wir über Bilder sprechen, sprechen wir nicht über eine beliebige Vorliebe, die wir mehr oder weniger zufällig mit anderen Menschen teilen. Wenn wir über Bilder sprechen, sprechen wir über das Wesen des Menschen. Hans Jonas hat den Menschen einen *homo pictor* genannt.[7] Friedhelm Hartenstein spricht vom „fundamentalen Bilderbegehren des Menschen"[8], Michael Moxter von der „Macht der Bilder"[9], und Krüger beginnt seine Monografie mit den Worten: „Bildlichkeit ist seit jeher eine Signatur des Menschen."[10] Um nicht weniger geht es.

Mein Beitrag umfasst zwei Hauptteile. Der erste handelt vom Bilderverbot der Bibel, seinem Kontext und Hintergrund, seiner Ausformulierung und Wirkung. Das Thema ist so umfangreich, dass das alles nur skizzen- und teilweise thesenhaft vorgestellt werden kann. Im zweiten Hauptteil wende ich mich dann dem von mir ausgewählten Lieblingsbild zu, dem Gemälde „Der Mönch am Meer" von Caspar David Friedrich.

1. Das biblische Bilderverbot

Wie gesagt, dieses Thema ist so umfangreich, dass ich nur einige Aspekte hervorheben kann. Und es ist so kontrovers, dass das meiste thesenhaft bleiben muss. Ich unterteile meine Ausführungen zum biblischen Bilderverbot in zwei Unterabschnitte. Im ersten geht es um den biblischen Text selbst sowie seinen Hintergrund und Kontext. Der zweite Unterabschnitt soll der Wirkungsgeschichte des Bilderverbots gewidmet sein.

---

4 Hartenstein/Moxter, Hermeneutik des Bilderverbots (o. Anm. 2), 266.

5 Hartenstein/Moxter, Hermeneutik des Bilderverbots (o. Anm. 2), 271.

6 Krüger, Bild Christi (o. Anm. 3), V.

7 Jonas, Hans, Das Prinzip Leben. Ansätze zu einer philosophischen Biologie, Frankfurt am Main/Leipzig 1994, Neuntes Kapitel: Homo pictor: Von der Freiheit des Bildens, 265–301.

8 Hartenstein/Moxter, Hermeneutik des Bilderverbots (o. Anm. 2), 141.

9 Hartenstein/Moxter, Hermeneutik des Bilderverbots (o. Anm. 2), 267.

10 Krüger, Bild Christi (o. Anm. 3), V.

1.1 *Bilder und Bilderverbot in der Hebräischen Bibel*

Springen wir aus der oben aufgerufenen altsteinzeitlichen (paläolithischen) Geschichte der Menschheit in die frühen Hochkulturen, die sich in Mesopotamien und Ägypten ab etwa 3000 v. Chr. herausbilden, dann treten wir in eine Welt, die voller Bilder ist. Ein relevanter Teil der Bildproduktion jener Kulturen ist damit befasst, Transzendenz ins Bild zu bringen. Ich meine die Herstellung von Götterbildern.

Kultisch verehrte Götterbilder sind im Alten Orient wie in der klassischen Antike die herausragenden Medien der Gottespräsenz.[11] Angelika Berlejung hat herausgearbeitet, dass es beim Götterbild nicht um abbildhafte Ähnlichkeit oder Porträthaftigkeit geht. Wären Hathorbilder Porträts, dann hätten wir große Probleme zu sagen, wie die porträtierte Hathor wirklich aussieht: Wie eine schöne Frau? Oder wie eine Kuh? Beide Arten von Hathor-Bildern kommen vor. Götterbilder porträtieren die Gottheit nicht, sie repräsentieren sie.[12] Friedhelm Hartenstein bestimmt das Kultbild als „*Ort* der Gottespräsenz, ohne dass die Frage nach Übereinstimmung mit dem Vorbild/Urbild eine eigenständige Rolle spielte".[13] Damit das Bild die Gottheit repräsentieren konnte, waren umfangreiche Rituale notwendig, die nach der Herstellung aus der handwerklich gefertigten Darstellung erst ein Götterbild machten.[14] Dann aber kam dem Kultbild „Kommunikationsfähigkeit" zu.[15] Es war der privilegierte Ort des Gotteskontakts. Der Verlust eines Kultbildes galt folglich als Katastrophe für Land und Volk.[16]

Das Volk Israel stellt in diesem Kulturraum, der von Mesopotamien bis Ägypten und darüber hinaus reicht, eine eher bescheidene Größe dar. Die Menschen in Israel und Juda verehren in staatlicher Zeit als Hauptgott die Gottheit, die mit den Buchstaben Jhwh geschrieben wird, was als Adonaj ausgesprochen werden kann. Was die bildliche Vergegenwärtigung dieser Gottheit angeht, scheint es keine einheitliche Position gegeben zu haben. Im Nordreich Israel gab es Stierbilder in den großen Heiligtümern in Bet-El und Dan. Nach meinem Verständnis, für das ich mich auf Klaus Koenen berufe, verkörpert das Stierbild den Gott Jhwh, und zwar in seinem Aspekt der Kraft und Stärke.[17] In Jerusalem dagegen wird derselbe Gott bildlos verehrt. In seinem Tempel steht ein leerer

---

11 Vgl. Hartenstein/Moxter, Hermeneutik des Bilderverbots (o. Anm. 2), 24.

12 Vgl. Berlejung, Angelika, Die Theologie der Bilder. Herstellung und Einweihung von Kultbildern in Mesopotamien und die alttestamentliche Bilderpolemik (OBO 162) Freiburg Schweiz/Göttingen 1998, 58.

13 Hartenstein/Moxter, Hermeneutik des Bilderverbots (o. Anm. 2), 36 (Hervorhebung i.O.).

14 Berlejung, Theologie der Bilder (o. Anm. 12), 178–283.

15 Hartenstein/Moxter, Hermeneutik des Bilderverbots (o. Anm. 2), 40.

16 Hartenstein/Moxter, Hermeneutik des Bilderverbots (o. Anm. 2), 41f.

17 Vgl. Koenen, Klaus, Bethel. Geschichte, Kult und Theologie (OBO 192), Freiburg Schweiz/Göttingen 2003, 95–132.

Thron, über dem die Gottheit unsichtbar thront. Wenn sie sich doch einmal zeigt, wie in der Tempelvision Jesajas (Jes 6), sieht der Mensch trotzdem nicht viel, weil die Gottheit viel zu riesig ist.[18]

Zumindest im Norden scheint die bildhafte Verehrung des Hauptgottes lange Zeit kein Problem gewesen zu sein. Noch beim Propheten Amos, der mit Kritik an den Kultveranstaltungen in Bet-El und Gilgal nicht spart (Am 3,14; 4,4–5; 5,4–5.21–27), spielt die Bilderfrage nicht die geringste Rolle. Erste Kritik an der bildhaften Verehrung Jhwhs zeigt sich beim Propheten Hosea. Da steht sie im Zusammenhang des Kampfes gegen Baal oder besser gegen eine baal-gleiche Jhwh-Verehrung. Auf dem Weg zur Jhwh-Monolatrie spielt die Ablehnung der bildhaften Verehrung der Gottheit eine wichtige Rolle. Über das Stierbild sagt Hosea: „Ihr Silber und ihr Gold machen sie sich zu Götzenbildern, nur damit es vernichtet wird. Verworfen ist dein Stierbild, Samaria ... Ja, von Israel stammt es! Handwerker und Handwerkerinnen haben es gemacht! Kein Gott ist es! Ja, in Stücke geht das Stierbild Samarias“ (Hos 8,4–6; vgl. 10,5; 13,2).[19] In Ex 32,1–6 wird dann – wohl nach dem Untergang des Nordreichs und wahrscheinlich auch schon des Südreichs – die Verehrung Jhwhs in Gestalt eines Stierbilds zur Ursünde Israels, mit der es den eben am Sinai geschlossenen Bund gefährdete.

Die Kritik am Gottesbild vereint zwei Aspekte, die man getrennt betrachten kann, die sich aber schnell miteinander verbinden. Der erste besteht darin, dass durch das Bild *Gottes befreiende Tat*, die sich im Exodusgeschehen gezeigt hat, *eingefangen und instrumentalisiert* wird. Sowohl die Notiz von der Einrichtung des Stierkults durch Jerobeam I. in 1 Kön 12,28–29 als auch die Erzählung vom goldenen Kalb betonen, dass das Stierbild Jhwh darstellt. Er wird prädiziert als der Gott, „der dich aus Ägyptenland heraufgeführt hat“. Besonders in der Jerobeam-Notiz wird dabei deutlich, dass aus dem Gott der Befreiung der Gott des monarchischen Staates geworden ist.[20] So verwundert es nicht, dass Hosea unmittelbar vor der Kritik an den selbst hergestellten Stierbildern sagt: „Sie selbst machen

---

18 Die Position, dass Jhwh in Jerusalem von Anfang an bildlos verehrt wurde, ist nicht unumstritten. Vgl. etwa Niehr, Herbert, Götterbilder und Bilderverbot, in: M. Oeming/K. Schmid (Hg.), Der eine Gott und die Götter. Polytheismus und Monotheismus im alten Israel (AThANT 82), Zürich 2003, 227–247. Zur Kritik an der von Niehr und anderen vertretenen Auffassung siehe Hartenstein, Friedhelm, Das Angesicht JHWHs. Studien zu seinem höfischen und kultischen Bedeutungshintergrund in den Psalmen und in Exodus 32–34 (FAT 55), Tübingen 2008, 26–33.51f., der von einer „mentalen Ikonographie JHWHs“ spricht, die durchaus ohne Kultbild auskommt.

19 Alle Hosea-Zitate hier und im Folgenden in der Übersetzung von F. Crüsemann, Bibel in gerechter Sprache.

20 Dass die Exodustheologie in der israelitischen Königszeit bereits eine Rolle gespielt habe, wird von Berner, Christoph, „Mein Gott von Ägypten her“ (Hos 13,4). Der Exodus als Ursprungsdatum der Jahwe-Verehrung Israels?, in: BThZ 30 (2013) 62–88, bes. 65–72, vehement bestritten, indem er alle Bezugsstellen nachkönigszeitlich datiert. Vgl. dagegen die Rekonstruktion der Exodusüberlieferung bei Frevel, Christian, Wo und wann lernt Israel seinen Gott kennen?, in: WUB Nr. 92 (2019) 36–42.

Könige, doch nicht von mir, machen Regierungen, und ich weiß es nicht" (8,4). Danach geht es direkt wie zitiert weiter: „Ihr Silber und ihr Gold machen sie sich zu Götzenbildern, nur damit es vernichtet wird. Verworfen ist dein Stierbild, Samaria ... Ja, von Israel stammt es!" (V. 4–6). Selbst gemachte Könige und selbst gemachte Gottesbilder, das liegt auf einer Ebene. Zugespitzt formuliert der praktische Theologe Rolf Schieder: „Goldene Götterbilder sind etwas für imperiale Großmächte ..."[21]

Der zweite Aspekt der Kritik am Gottesbild besteht darin, dass Gott und Welt, *Schöpfer und Geschöpf verwechselt* werden. „Ihr Silber und ihr Gold machen sie sich zu Götzenbildern", sagt der Prophet (8,4; vgl. 13.2). An anderer Stelle heißt es: „Das Silber, mit dem ich (sc. Jhwh) sie überhäufte, und das Gold machten sie zum Baal" (Hos 2,10). Es sind die guten Gaben Gottes, die nicht dankbar genutzt, sondern dem Geber der Gaben entfremdet und als Gottesbild des Baal verehrt werden.

Spätestens nach dem Untergang des Nordreichs wird das Verbot, sich ein Bild vom Gott Israels zu machen, zum festen Bestandteil rechter Jhwh-Verehrung. In der Dekalogfassung des Bilderverbots kommen beide Aspekte klar zum Ausdruck, die in diesem Verbot zusammenkommen. Der Wortlaut hebt hervor, dass nichts Geschaffenes Gott abbilden kann: „Du sollst dir kein Bildnis noch irgendein Gleichnis machen, weder von dem, was oben im Himmel, noch von dem, was unten auf Erden, noch von dem, was im Wasser unter der Erde ist" (Ex 20,4). Die Entfaltung des Bilderverbots in Dtn 4 hebt besonders diesen Aspekt hervor (V. 15-19). In dieser Hinsicht ist es auch zu sehen, dass das Bilderverbot im Dekalog aufs engste mit dem Fremdgötterverbot verbunden ist.[22] Jede bildhafte Darstellung des *einen* Gottes würde die Gottheit Gottes, würde seine Einzigkeit und Universalität beschränken.

Im Dekalog kommt aber auch der Aspekt der befreienden Tat Gottes, die durch das Bild funktionalisiert würde, zum Tragen. Denn der erste Satz des Dekalogs ist die Selbstvorstellung des Gottes, der sein Volk aus der Sklaverei befreit hat. Der Dekalog zielt, wie Frank Crüsemann schon vor 35 Jahren formuliert hat, auf die „Bewahrung der Freiheit".[23] Wird Gott ins Bild gefasst, geht seine Freiheit und damit auch seine Fähigkeit zur Befreiung verloren.

Für das nachexilische Israel gehört die Bildlosigkeit der Gottesverehrung zu den unaufgebbaren Kennzeichen seiner Religion. Trotzdem ist damit das anthropologisch begründete Bildbegehren der Menschen nicht gestillt. Das Verlangen, Transzendenz ins Bild zu bringen, ist durch das Bilderverbot nicht obsolet geworden. Die Hebräische Bibel nimmt auf zweierlei Weise darauf Rücksicht. Zum

---

21 Schieder, Rolf, Die Monotheismusthese, oder: Ist Mose für religiöse Gewalt verantwortlich, in: ders. (Hg.), Die Gewalt des einen Gottes. Die Monotheismus-Debatte zwischen Jan Assmann, Micha Brumlik, Rolf Schieder, Peter Sloterdijk und anderen, Berlin 2014, 15–35, 30.

22 Vgl. Jeremias, Jörg, Theologie des Alten Testaments (GAT 6), Göttingen 2015, 371.

23 Crüsemann, Frank, Bewahrung der Freiheit. Das Thema des Dekalogs in sozialgeschichtlicher Perspektive [1983] (KT 128), Gütersloh 1993.

einen benennt sie Größen, die zwar von Gott unterschieden sind, in denen aber Gott gleichwohl weltlich präsent gedacht werden kann. Solche Größen sind sein Name, sein *kābôd* – sein Gewicht, sein Glanz, seine Ehre oder wie wir das übersetzen wollen. Auch in seiner Tora oder in der Weisheit kann Gott als in der Welt anwesend gedacht werden. Neben solchen Größen spielen natürlich die sprachlichen Bilder für Gott weiter eine bedeutende Rolle. In ihnen kann von Gott gesprochen werden, weil er in ihnen nicht festgelegt wird. Das Kult-Bild des Stieres legt Gott auf seine Stierhaftigkeit fest. Das Sprach-Bild aber bleibt offen für andere Bilder. Das Stierbild wird verboten. Im Sprachbild aber heißt es: „Gott hat sie aus Ägypten geführt, ist ihnen wie die Hörner des Wildstiers" (Num 23,22; vgl. 24,8a).

1.2 Die Entwicklung des Bilderverbots in der christlichen Rezeption

In jüdischer und muslimischer Rezeption bleibt das Bilderverbot in Kraft. Auf die unterschiedlichen Ausprägungen, etwa was die Abbildbarkeit des Propheten Mohammed betrifft, gehe ich hier nicht ein. Denn unbestritten ist, dass Gott selbst nicht ins Bild gebracht werden darf.

Im Christentum haben sich die Dinge anders entwickelt. Das hängt damit zusammen, dass sich mit der Vorstellung von Jesus als Sohn Gottes und als „Bild Gottes", als εἰκών τοῦ θεοῦ (2 Kor 4,4; Kol 1,15), ein Einfallstor ergeben hat. Nach der Zweinaturenlehre war Jesus „wahrer Mensch". Warum sollte man den Menschen Jesus nicht darstellen? Aber er war eben auch „wahrer Gott". Lässt sich das trennen? Nach der Dogmatik darf es nicht getrennt werden. Ist dann die Darstellung des Christus als Pantokrator ein Gottesbild im Sinn des Bilderverbots?

Sowohl in der östlichen als auch der westlichen Kirche dauerte der Streit um die Bilder Jahrhunderte an. Er ging vor allem um die Frage, welchen Status Bilder haben sollen. Faktisch lief es darauf hinaus, dass die Bilder verehrt werden durften, wobei die Theologen allerlei Definitionen beibrachten, ob Verehrung eine besondere Form der Anbetung sei oder von dieser noch einmal kategorial unterschieden werden müsse.[24] Dem verehrenden Volk dürfte dies kaum bekannt, und wenn doch, dann gleichgültig gewesen sein.

Eine Frage freilich ging bei der Diskussion um den *Status* der Bilder ganz verloren, nämlich die nach ihrem *Inhalt*, also die Frage danach, was denn eigentlich dargestellt werden sollte.[25] Der Sündenfall der christlichen Bild-Praxis trat für mich nicht da ein, wo man Christus- oder Heiligenbilder verehrte, sondern wo man Gott

---

24 Ich verweise auf die ausführliche und differenzierte Darstellung bei Thümmel, Hans Georg, Art. Bilder IV. Alte Kirche. V. Mittelalter. V/1. Byzanz, in: TRE 6, Berlin/New York 1980, 525–540 und von Loewenich, Walther, Art. Bilder V. Mittelalter. V/2. Im Westen, in: TRE 6, Berlin/New York 1980, 540–546.

25 Auch in den in der voranstehenden Anmerkung erwähnten wissenschaftlichen Darstellungen finde ich kein Wort dazu.

Vater oder die Trinität ins Bild nahm. Jetzt wurde der Schöpfer in Gestalt eines Geschöpfes abgebildet. Er war ein Mann, ein in der Regel alter Mann mit Bart, und er hatte eine helle Hautfarbe. Und aus dem befreienden Gott wurde der gekrönte und im Himmel thronende. Gerade hier können wir sehen, wie wichtig es ist, zwischen Sprach-Bildern und bildlichen Darstellungen zu unterscheiden. Denn natürlich ist das hierarchische Sprach-Bild des königlich thronenden Gottes in der Bibel präsent. Aber es ist eben nicht *das* Bild von Gott, wozu es in der abendländischen Bildtradition wird. In dieser Bildtradition kam das biblische Sprach-Bild der Gottheit, die wie eine Gebärende schreit und nach Luft schnappt (Jes 42,14), nicht mehr vor.

Die Reformation wandte sich gegen die Verehrung der Bilder. In ihrer reformierten Gestalt bekam das Bilderverbot erneut einen Stellenwert, den es in der übrigen Christenheit weitgehend verloren hatte. Für religiöse Sujets kam malerisch nur noch das Historienbild in Frage. Es stellte eine Begebenheit aus der heiligen Geschichte dar, also einer Geschichte von Menschen. Transzendenz durfte in dem Maß in die Welt einbrechen, wie das auch in den biblischen Erzählungen der Fall war. So konnte der Reformierte Rembrandt einen Engel mit Flügeln malen, der einschwebt, um Abraham das Messer aus der Hand zu schlagen, mit dem er im Begriff ist, Isaak zu schlachten. Aber die jenseitige Welt bleibt ansonsten außerhalb des Bildes. Ein Musterbeispiel ist die Darstellung der Gotteserscheinung vor Abraham durch Pieter Lastman, den Lehrer Rembrandts. Abraham mag auf dem Bild Gott sehen. Wir aber sehen nur seinen Glanz.

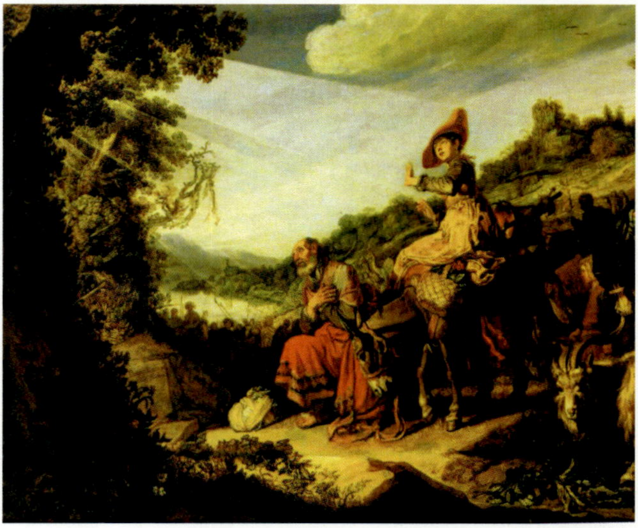

Bild 1

Trotzdem ist die jenseitige Welt auch für die reformierten Niederländer des Goldenen Zeitalters eine Wirklichkeit, aus der Boten in die diesseitige Welt kommen können und deren Glanz zumindest als Widerschein darstellbar ist. An diesem Weltbild kamen vom 16. bis zum 18. Jh. zunehmend Zweifel auf. Die klassische Metaphysik geriet in die Krise. Descartes versuchte, das Denken ganz vom

Subjekt her zu begründen. Empiristen wollten sich nur noch auf das verlassen, was empirisch wahrnehmbar ist. Und immer mehr Atheisten bestritten schlicht die Existenz von Gott und Jenseits. Wo eine transzendente Welt geleugnet oder zumindest für prinzipiell unerkennbar erklärt wird, erübrigt sich die Frage, wie Transzendenz ins Bild gebracht werden kann.

Allerdings wäre es naiv zu meinen, derartige geistesgeschichtliche Entwicklungen verliefen einlinig und zielgerichtet. Das 16. bis 18. Jh. ist auch die Zeit der Gegenreformation. Diese reißt den Himmel weit auf. Sie lässt uns einen Blick nach oben tun, der bis zu Gott dem Vater reicht.

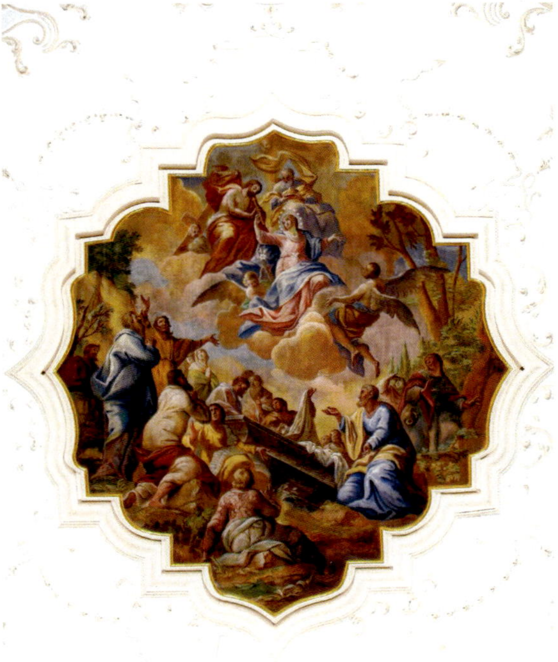

Bild 2

Das Jenseits wird uns in all seiner Sinnlichkeit und Körperlichkeit vor Augen gestellt. Der Preis ist, dass Gott im Bild des Geschöpfes dargestellt wird und dass die himmlische Hierarchie als geradlinige Verlängerung der irdischen erscheint.

Solche Bilder hat man bis zum Ende des 18. Jhs. in großer Zahl gemalt. Gewiss hat man sie auch noch im 19. Jh. gemalt, und mancherorts tut man das bis heute. Aber diese Form, die Transzendenz ins Bild zu nehmen, indem man sie wie eine verdoppelte Welt malt, in die der Künstler hineinblickt, hat ihre Überzeugungskraft verloren. Mit der Wende zur Moderne um 1800 ist der direkte Zugriff aufs Jenseits verloren gegangen.

Aber Transzendenz ist weiter ins Bild gebracht worden. Allerdings ganz anders. Damit komme ich zu dem „Mönch am Meer“ von Caspar David Friedrich, gemalt in den Jahren 1808-1810.

2. Caspar David Friedrich, Der Mönch am Meer

Was sehen wir? Wir sehen drei Streifen, die übereinander liegen. Der unterste ist bräunlich, der mittlere schwarz-blau-grün und der obere blau-grau. Die drei Streifen sind ungleich breit. Offenkundig dominiert der oberste Streifen. Die Horizontlinie, die zwischen dem oberen und dem mittleren Streifen verläuft, befindet sich außerhalb des Goldenen Schnitts. Läge sie auf der Höhe des Goldenen Schnitts, müssten die beiden unteren Streifen zusammen etwa doppelt so hoch sein. Sie würden dann 4/11 der Bildhöhe einnehmen, der Himmel 7/11 – so errechnet man grob über den Daumen gepeilt den Goldenen Schnitt. Der Effekt dieser Verletzung des Goldenen Schnitts, mit dem die Empfindung eines harmonischen Bildaufbaus verbunden wird, liegt auf der Hand: Der oberste Streifen, der Himmel, beherrscht das Bild, er überwältigt. Dagegen liegt der Horizont, unterhalb dessen der Mensch auf dem Boden stehen oder das Meer befahren kann, sehr tief. Es bleibt nicht viel Raum.

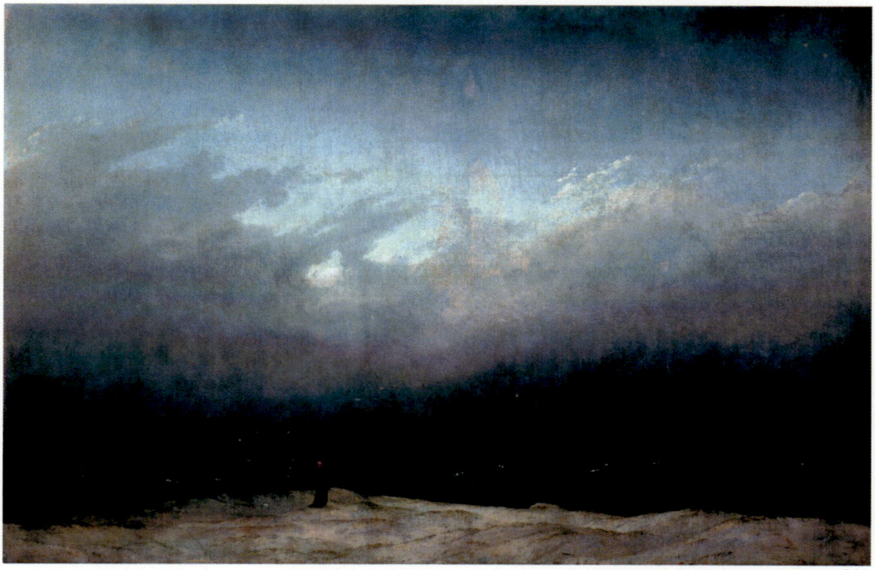

Bild 3

Ein weiteres Stilmittel unterstreicht die Bedeutung des oberen Streifens, des Himmels. Die beiden unteren Streifen sind fast monochrom gehalten. Der Boden hat dunklere Einsprengsel, die andeuten, dass er nicht glatt, sondern gewellt ist. Dasselbe gilt für das Meer, wo wenige weiße Lichter Schaumkronen sich brechender Wellen andeuten. Der Himmel dagegen enthält eine Vielzahl von Farbschattierungen. Auch die Helligkeitsgrade sind auf einer Skala von hell bis dunkel weit gespreizt.

Anders als der große Bildaufbau, der sich der Harmonie des Goldenen Schnitts verweigert, befindet sich die Figur, die nach links verrückt auf dem Boden steht, genau im Goldenen Schnitt. Links von ihr haben wir 4/11, rechts 7/11 der Bildbreite. Die Figur steht nicht am Rand. Sie steht harmonisch im Bild.[26] Sie lädt uns damit ein, sich mit ihr zu identifizieren. Wir können uns leicht an ihre Stelle versetzen. Das wird zudem dadurch gefördert, dass die Figur in Rückenansicht wiedergegeben ist. Wir blicken mit dieser Figur in die Weite. Wir sind diese Figur.[27]

An der Figur kann man kaum etwas erkennen. Ob es sich hier wirklich um einen Mönch handelt, wie der geläufige Titel besagt, ist aus der Abbildung nicht ersichtlich.[28] Man hat die Figur als „eine Art Maßstabsfigur" bezeichnet, die in ihrer „Kleinheit das Überwältigende von Meer und Himmel" betone.[29] Das ist fachlich sicher korrekt. Aber die Bedeutung der Figur geht darin nicht auf. Ohne sie würden wir von außen eine Landschaft betrachten. Mit dieser Figur, dank dieser Figur aber sind wir Teil des Bildes. Dabei hat dieser Eintritt ins Bild insofern etwas Gewaltsames und Unwiderstehliches, als „der Vordergrund fehlt" und damit „die vermittelnden Brücken der Perspektive",[30] die es der Betrachterin und dem Betrachter erlauben würden, das Bild vorsichtig zu betreten oder seinem Bildraum doch lieber fern zu bleiben.[31]

Bildet das Bild etwas ab? Man muss die Frage mit „ja – aber" beantworten. Ja, das Bild bildet etwas ab. Wir sehen außer dem Menschen Erde, Meer und Himmel, dazu ein paar Möwen. Der Himmel ist bewölkt, kein strahlendes Blau. Welche Tageszeit er allerdings wiedergibt, ist schon nicht mehr eindeutig zu sagen. Das Meer ist ruhig, aber äußerst dunkel. Das schwere Schwarz-Blau-Grün dieses Wassers lässt sich nicht entfernt mit den glitzernden, reflektierenden und lichtdurchfluteten Wasseroberflächen impressionistischer Bilder vergleichen. Aber wer die Ostsee kennt, weiß: So kann es da aussehen. Insofern also bildet das Bild etwas ab.

---

26 Zu den Proportionen des Bilds vgl. auch Hofmann, Werner, Caspar David Friedrich. Naturwirklichkeit und Kunstwahrheit, München [3]2013, 56f.

27 Sollte zutreffen, was Jensen, Jens Christian, Caspar David Friedrich. Leben und Werk, Köln 1999, 88 schreibt: „Friedrich hat sich in der Mönchsgestalt selbst dargestellt", dann würden die Betrachtenden dazu eingeladen, sich mit dem Blick des Künstlers zu identifizieren.

28 Friedrich selbst spricht in seiner Beschreibung nur von einem „Mann, im schwarzen Gewande"; Friedrich, Caspar David, Da hier einmal von Beschreibungen die Rede ist, in: H. Uerlings (Hg.), Theorie der Romantik (Reclams Universalbibliothek 18088), Stuttgart 2000, 282.

29 Schwebel, Horst, Die Kunst und das Christentum. Geschichte eines Konflikts, München 2002, 76.

30 Hofmann, Caspar David Friedrich (o. Anm. 26), 57.

31 Vgl. Beyer, Andreas, Die Kunst des Klassizismus und der Romantik, München 2011, 52: „... dem Betrachter wird weder ein bestimmbarer Zugang gewährt noch eine eindeutige Position vor dem Bild zugewiesen."

Das erste Aber mischt sich ein, wenn wir den untersten Streifen betrachten. Er bildet den Strand ab. Aber ist das ein flacher Sandstrand, der sanft ins Meer übergeht? Oder steht die Figur auf einer der an der Ostsee auch zu findenden Steilküsten, die dann scharf ins Meer abfallen? Steht die Figur „am Abgrund", und lässt sich das ausdeuten? Ich denke, das vermag niemand zu entscheiden. Offenbar kommt es darauf nicht an.

Worauf kommt es dann an? Caspar David Friedrich hat zwar viel in der Natur skizziert. Aber er hat nicht nach der Natur gemalt, schon gar nicht in der Natur. Sein Arbeitsplatz war das Atelier. Und er ist mit dem, was er skizziert hatte, frei umgegangen. Berühmt ist Friedrichs Gemälde „Ruine im Riesengebirge". Es zeigt die Klosterruine Eldena, die direkt bei Greifswald liegt, wo die Umgebung bretteben ist. Auf Friedrichs Bild aber ragt direkt hinter der Ruine das Riesengebirge hoch auf. Friedrich will offenbar kein Abbild einer identifizierbaren Landschaft geben. Nicht anders ist es beim „Mönch am Meer".[32]

Was aber malt Friedrich dann, wenn er kein Abbild der Außenwelt gibt? Es wäre nun leicht zu sagen, er malte sein Inneres. Nimmt man traditionelle Versuche, Transzendenz ins Bild zu bringen, dann ist ganz offensichtlich, dass Friedrich damit nichts zu tun hat. Horst Schwebel hat völlig recht, wenn er feststellt: „An die Stelle einer verbindlichen religiösen Ikonographie ist die Subjektivität des Künstlers getreten, der sein religiöses Fühlen in dem dafür neuen Medium der Landschaft zum Ausdruck bringt ..."[33] Aber was bringt Friedrich eigentlich zum Ausdruck?

Liest man Beschreibungen des Bildes, dann stellt man eine auffällige Konstante fest. Die Betrachter geben in aller Regel gar nicht wieder, was sie vermuten, das Friedrich zum Ausdruck bringen wollte. Sie geben vielmehr wieder, was sie selbst empfinden, wenn sie das Bild sehen. Heinrich von Kleist als einer der ersten Betrachter des Bildes hat dies in Worte gefasst: „... was ich in dem Bilde selbst finden sollte, fand ich erst zwischen mir und dem Bilde ...". Viel zitiert ist, was er da fand; als er das Bild zum ersten Mal sah, habe er den Eindruck gehabt, „als ob einem die Augenlider weggeschnitten wären". „Nichts kann trauriger und unbehaglicher sein, als diese Stellung in der Welt: der einzige Lebensfunke im weiten Reiche des Todes, der einsame Mittelpunkt im einsamen Kreis. ... Das Bild liegt ... wie die Apokalypse da ...".[34]

Horst Schwebel als ein mit uns zeitgenössischer Betrachter empfindet, dass auf dem Bild „ein dunkles Meer und der dunkel drohende Himmel" „eine helle Landzunge ... bedrängen". Er erlebt „das Überwältigende von Meer und Himmel".[35] Ein anderer heutiger Betrachter, Jörg Lauster, erfährt vor dem Bild,

---

32 Vgl. die Bemerkung von Jensen, Caspar David Friedrich (o. Anm. 27), 85: „Hier ... gab es nun nichts mehr zu sehen ...".

33 Schwebel, Die Kunst und das Christentum (o. Anm. 29), 77.

34 von Kleist, Heinrich, Empfindungen vor Friedrichs Seelandschaft, in: H. Uerlings (Hg.), Theorie der Romantik (Reclams Universalbibliothek 18088), Stuttgart 2000, 283–284, 284.

35 Schwebel, Die Kunst und das Christentum (o. Anm. 29), 76.

„wie die Unfassbarkeit und Unendlichkeit der Welt dem Menschen Demut abnötigt und ihn zugleich schützend umfängt".[36] Was den einen traurig, unbehaglich und drohend erscheint, hat für den andern zumindest auch einen schützenden Aspekt. Offenkundig kommt alles auf den Betrachter des Bildes an. Zu Recht hebt Lauster die „von Friedrich angelegte Sinnoffenheit" des Bildes hervor.[37] Sie ermöglicht es, dass sich Betrachterinnen und Betrachter in das Bild hineinlesen. Die Figur am Strand ist die gemalte Einladung dazu, dies zu tun.

Was also sehe oder empfinde ich, wenn ich dieses Bild betrachte – und zugleich das biblische Bilderverbot im Sinn habe? Mit dem Bilderverbot, das ausdrücklich nur das Gottesbild verbietet, habe ich bei Friedrichs „Mönch am Meer" kein Problem. Wie schon gesagt, verlässt Friedrich jede verbindliche religiöse Ikonographie.[38] Und der Himmel, den er malt, wird sich nie öffnen wie die barocken Himmel in den Kuppeln der gegenreformatorischen Kirchen. Dieser Himmel ist kein Vorhang, den der Künstler beiseite ziehen kann, um den wirklichen Himmel mit der heiligen Dreifaltigkeit, der Gottesmutter Maria, den Seraphim und Cherubim und allen Heiligen zu zeigen. Dieser Himmel ist ein Himmel über dem Meer und sonst nichts.

Trotzdem empfinde ich – und bin da ja nicht der Erste und Einzige – dieses Bild als ein religiöses Bild, als ein Bild, in dem Transzendenz ins Bild gebracht wird. In der Betrachtung dieses Bildes, vor allem in der theologisch motivierten Betrachtung macht man in der Regel auf zwei Bezugsrahmen aufmerksam. Der erste ist die Theorie des Erhabenen.[39] In der „Kritik der Urteilskraft" schreibt Immanuel Kant 1790, also rund 20 Jahre, bevor Friedrich sein Bild malt, was er unter dem Erhabenen versteht: „Erhaben nennen wir das, was schlechthin groß ist. ... das, was über alle Vergleichung groß ist."[40] Wenn etwas „über alle Vergleichung groß ist", kann es in der Natur nichts geben, was als Vergleichsmaßstab dienen könnte, denn man könnte ja immer noch etwas größeres finden. Der Himmel oder das Meer mögen uns unendlich vorkommen, vom Weltall aus gesehen sind sie doch sehr beschränkt. Dass etwas erhaben ist, ist keine Eigenschaft der Dinge, sondern unserer subjektiven Empfindung. Für Kant folgt, „[d]aß das Erhabene also nicht in den Dingen der Natur, sondern allein in unsern Ideen zu suchen sei".[41]

Dadurch aber verbindet sich mit dem Erhabenen die Erfahrung von Transzendenz. In der „Kritik der reinen Vernunft" hat Kant gezeigt, dass wir die Natur nie erkennen können, wie sie „an sich" ist, sondern immer nur so, wie sie uns

---

36 Lauster, Jörg, Die Verzauberung der Welt. Eine Kulturgeschichte des Christentums, München [3]2015, 489.

37 Lauster, Verzauberung der Welt (o. Anm. 36), 490.

38 Vgl. Schwebel, Die Kunst und das Christentum (o. Anm. 29), 77.

39 Vgl. Schwebel, Die Kunst und das Christentum (o. Anm. 29), 77.

40 Kant, Immanuel, Kritik der Urteilskraft [1790], in: ders., Werke in zehn Bänden, hg. v. W. Weischedel, Band 8, Darmstadt [3]1968, 233–620, 333.

41 Kant, Kritik der Urteilskraft (o. Anm. 40), 335.

erscheint. Indem wir nun die Natur als erhaben erleben, wird in uns durch den Gegenstand, den wir als erhaben erleben – das Meer, den Himmel oder was immer –, die „Idee des Übersinnlichen“ erweckt, dessen, was hinter diesem Gegenstand steht, was wir nie erkennen können, wohl aber denken. „Diese Idee des Übersinnlichen ... wird in uns durch einen Gegenstand erweckt, dessen ästhetische Beurteilung die Einbildungskraft bis zu ihrer Grenze ... anspannt ...“[42] Jenseits dieser Grenze wohnt die „Idee des Übersinnlichen“ – oder auch des Heiligen. In diesem Sinn schreibt Thomas Mann im Schnee-Kapitel des Zauberbergs von „Empfindungen der Erhabenheit und des Heiligen, die der hereinschauende fernere Hintergrund, die getürmten Standbilder der verschneiten Alpen erweckten“.[43]

Erfahrung der Grenze und Ahnung eines hinter dem Wahrnehmbaren stehenden Übersinnlichen oder Heiligen, so möchte ich für mich den Kantschen Gedanken aufnehmen, wenn ich zu erklären versuche, warum ich im „Mönch am Meer“ ein religiöses Bild sehe, in dem Transzendenz ins Bild gebracht wird.

Was der Philosoph auf den Weg gebracht hat, führt der Theologe Schleiermacher weiter. Neun Jahre nach Kant und zehn Jahre vor Friedrichs Bild veröffentlicht er 1799 seine „Reden über die Religion“. Im Anschluss an Kant verwirft er es, die Religion aus der Metaphysik oder der Moral zu begründen. Er spricht von „dem schneidenden Gegensatz ..., in welchem sich die Religion gegen Moral und Metaphysik befindet“.[44] „Ihr Wesen“ – das der Religion – fährt er fort, „ist weder Denken noch Handeln, sondern Anschauung und Gefühl. Anschauen will sie das Universum, in seinen eigenen Darstellungen und Handlungen will sie es andächtig belauschen, von seinen unmittelbaren Einflüssen will sie sich in kindlicher Passivität ergreifen und erfüllen lassen.“[45] In einer Fußnote zum Wort „Universum“ erklärt er, dass darunter „die Gesamtheit des Seins und Geschehens“ zu verstehen ist: „Welt, Natur, Menschheit, Geschichte“. Die sollen wir einerseits rational erforschen, andrerseits gestaltend verändern. „Aber daneben gibt es ein Drittes: Das Universum rein passiv erleben, anschauen, empfinden in seiner Größe, nach seinem ewigen idealen Gehalte und Wesen, als Erscheinung des Unendlichen im Endlichen, des Ewigen im Zeitlichen.“[46] Später in der Glaubenslehre wird Schleiermacher vom Gefühl oder Bewusstsein der „schlechthinigen Abhängigkeit“ reden.[47]

---

42 Kant, Kritik der Urteilskraft (o. Anm. 40), 358.

43 Mann, Thomas, Der Zauberberg. Roman, Frankfurt am Main ^{5}2005, 645.

44 Schleiermacher, Friedrich, Über die Religion. Reden an die Gebildeten unter ihren Verächter, hg. v. R. Otto, Göttingen ^{4}1920. 31.

45 Schleiermacher, Reden (o. Anm. 44), 32.

46 Schleiermacher, Reden (o. Anm. 44), 32 Anm. **.

47 Schleiermacher, Friedrich, Der christliche Glaube nach den Grundsätzen der evangelischen Kirche im Zusammenhange dargestellt. Zweite Auflage (1830/31), hg. v. R. Schäfer, Berlin/New York 2008, § 4.

Hier ist es wieder, was Kant im Gedanken des Erhabenen ausdrückt. In der Erfahrung des Erhabenen, in der Anschauung des Universums wird Transzendenz erfahrbar. Das Unendliche erscheint im Endlichen, das Ewige im Zeitlichen. In dem Bild, das Friedrich zwanzig Jahre nach Kants „Kritik der Urteilskraft" und zehn Jahre nach Schleiermachers „Reden" malt, bekomme ich eine Vorstellung, was das heißen kann.[48]

Ich habe schon im Anschluss an Kant formuliert, was für mich Friedrichs Bild zu einem Lieblingsbild macht. Es ist zum einen die Erfahrung der Grenze, meiner Begrenztheit, die ich mache, wenn ich mich in die Betrachtung dieses Meeres und Himmels versenke, vor allem wenn ich es mit der Figur als Teil des Bildes tue. Dies entspricht im Übrigen den „Gedanken", die Friedrich selbst zu seinem Bild vorgebracht hat: „Und sännest du auch vom Morgen bis zum Abend, vom Abend bis zur sinkenden Mitternacht; dennoch würdest du nicht ersinnen, nicht ergründen, das unerforschliche Jenseits!"[49]

Für mich kommt aber beim Betrachten des Bildes noch ein Zweites hinzu, die Ahnung von einer Wirklichkeit, die hinter dem steht, was sich zeigt. Was sich zeigt, ist das Endliche und Zeitliche. Aber indem ich mich ihm aussetze, erahne ich in ihm und hinter ihm das Unendliche und Ewige. Ich könnte auch sagen: Beim Betrachten dieses Bildes erlebe ich Überwältigung und zugleich ein Gefühl von Geborgenheit und Vertrauen. Beides sind für mich zutiefst religiöse Empfindungen.

Ich formuliere bewusst: „erlebe *ich*". Es geht um subjektive Erfahrung. Jede Betrachterin und jeder Betrachter erlebt vor diesem Bild anderes. Die Begegnung mit Gott muss vor diesem Bild durch mich hindurch. Mir wird kein Jenseits vor Augen gestellt, zu dem ich mich dann verhalten kann. Sondern was an diesem Bild aufs Jenseits verweist, muss ich in mir selber mobilisieren. Aus diesem Grund ist dieses Bild für mich ein Lieblingsbild, gerade angesichts des Bilderverbots.

---

48 Zu Friedrich und Schleiermacher generell vgl. Rosenblum, Robert, Die moderne Malerei und die Tradition der Romantik. Von C.D. Friedrich zu Mark Rothko, übers. v. R. Kaiser, München 1981, 14 und Hofmann, Caspar David Friedrich (o. Anm. 26), 50–52, besonders aber Busch, Werner, Caspar David Friedrich. Ästhetik und Religion, München [2]2008, für den Friedrichs Kunst insgesamt durch „die das Verhältnis von Religion, Individualität und Kunst auf der Basis einer unverzichtbaren protestantischen Überzeugung reflektierende Religionsauffassung Friedrich Schleiermachers" (S. 8) bestimmt ist. Speziell zum Bezug des Bildes zur Theologie Schleiermachers vgl. Schwebel, Die Kunst und das Christentum (o. Anm. 29), 77 und Lauster, Verzauberung der Welt (o. Anm. 36), 489.

49 Friedrich (o. Anm. 28), 282.

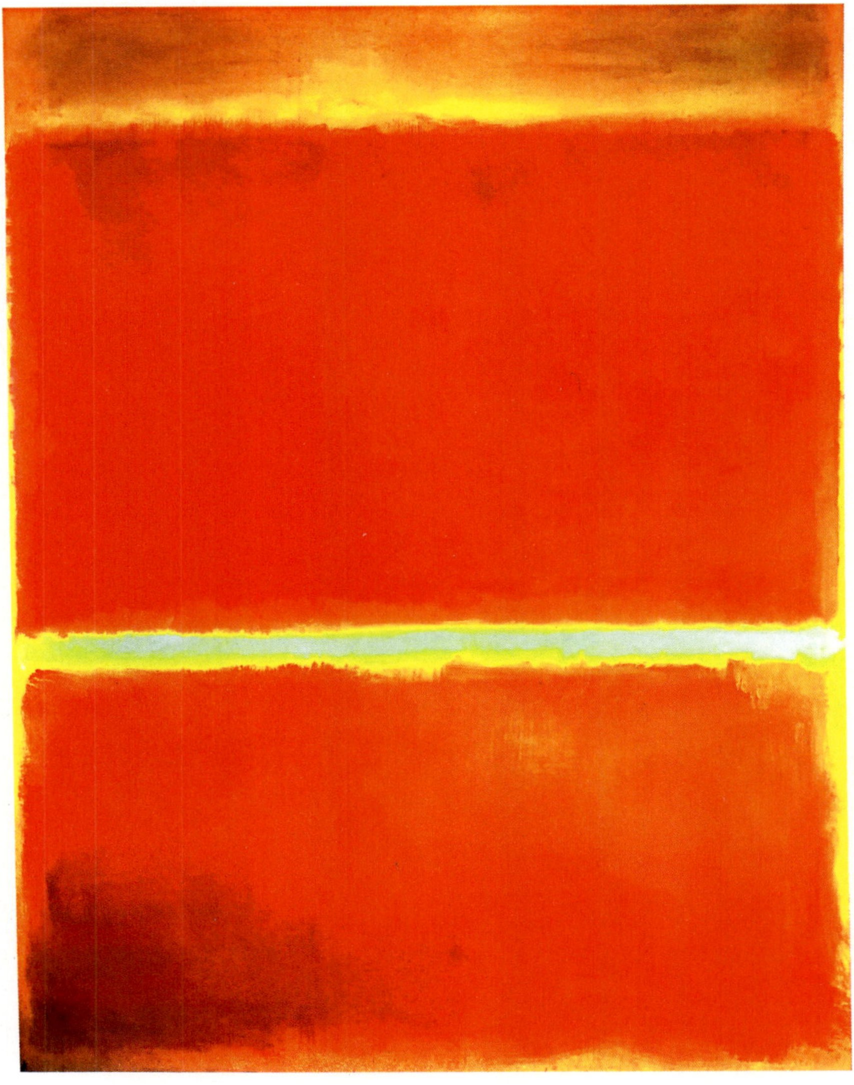

Mark Rothko: Saffron

Das ausgemalte Bilderverbot
Notizen zu (m)einer „companionship" mit Bildern Mark Rothkos

Magdalene L. Frettlöh

Frank Crüsemann
zum 80. Geburtstag am 9. Juli 2018[1]

„Es heißt,
‚du sollst dir kein Bildnis machen';
Ich male mir aus, was es heißt."
Elazar Benyoëtz[2]

„Die authentischen Künstler der Gegenwart sind die,
in deren Werken das äußerste Grauen nachzittert."
Theodor W. Adorno[3]

„Von C.D. Friedrich zu Mark Rothko", so lautet der Untertitel des 1981 auf Deutsch erschienenen Buches „Die moderne Malerei und die Tradition der Romantik"[4] des amerikanischen Kunsthistorikers Robert Rosenblum, mit dem dieser die Rezeption Mark Rothkos in Deutschland wesentlich beeinflusste. Für Oliver Wick, den Kurator der großen Mark-Rothko-Retrospektive 2008 in Rom, München und Hamburg gab das Buch den Anlass, in einem Raum der Hamburger Kunsthalle Bildern Mark Rothkos erstmalig drei Werke Caspar David Friedrichs

---

1 Vortrag am Symposion „Lieblingsbilder – und das Bilderverbot?" anlässlich des 80. Geburtstags von Frank Crüsemann an der Kirchlichen Hochschule in Wuppertal am 6./7. Juli 2018. Die Nachlese des Vortrags bleibt aus vielerlei Gründen hinter seinem Hörereignis zurück: Nicht nur, dass sie des Blicks auf manche der gezeigten Rothko-Bilder entbehren muss (die meisten sind allerdings im Internet zugänglich) und die dichte, anregende Atmosphäre des Symposions nicht einholen kann – auch mein Versuch, eine angemessene, Deutung ermöglichende Entfernung zu Bildern Rothkos einzunehmen, ist, weil jener Versuch sich nicht nur sprachlich äußerte (vgl. dazu unten Anm. 92), im Lesen des Textes deutlich weniger wahrzunehmen als in der Hörsicht auf den Vortrag. Eine companionship mit Rothkos Bildern lässt sich, selbst wenn sie sich nicht an die Vorschriften hält, die er ihren Betrachterinnen machte, eben nur notdürftig in Worte fassen.

2 Finden macht das Suchen leichter, München/Wien 2001, 13.

3 Jene zwanziger Jahre, in: ders., Kulturkritik und Gesellschaft II (GS 10/2), Frankfurt a. M. 1997, 499–506, 506.

4 Amerikanische Originalausgabe: Robert Rosenblum, Modern Painting and the Northern Romantic Tradition: Friedrich to Rothko, Boulder/Colorado 1977.

zuzugesellen: „Wanderer über dem Nebelmeer" (1818), „Meeresufer im Mondschein" (1836) und eben „Mönch am Meer" (1808–1810). Eine Gemeinsamkeit zwischen C.D. Friedrich und M. Rothko sieht Wick vor allem im Umgang beider Künstler mit den Betrachterinnen ihrer Bilder – nämlich darin, dass diese jene in die Bildräume hineinziehen oder aus ihnen hinauswerfen.[5] Jens Ullheimer hält in seinem Artikel zur Rothko-Retrospektive fest: „In der Romantik stand der Mönch am Meer stellvertretend für den Betrachter im Bild vor der unendlichen Weite und der bedrohenden dunklen Leere. Rothko führt mit den späten Black and Gray Gemälden unmittelbar an diese Schwelle des Bedrohlichen und Überwältigenden heran."[6]

Nun also auch an diesem Symposion von Caspar David Friedrich zu Mark Rothko ...[7]

1. Nicht-figürliche Kunst als Wahrung des Bilderverbots

Saffron, 1957 (177 x 137 cm)[8]

Für eine Festschrift zum 50. Geburtstag des Schweizer Architekten, vielseitigen Künstlers und Politikers Max Bill (1908–1994) trug Kurt Marti vor 60 Jahren einen kurzen Text zum Thema „Das zweite Gebot und die konkrete Kunst" bei. Darin heißt es:

> „Auf die negativen Auswirkungen d[...]er Bilderinflation reagierte die moderne Kunst [...] schon früh, fast providentiell, mit einer Abkehr von der Wirklichkeitsproduktion. Sie wurde nicht figurativ. Diese Reaktion war logisch und alles andere als Verlust der Mitte.

---

5 Kurator Oliver Wick über die von ihm organisierte große Mark-Rothko-Retrospektive, in: Kunstzeitung 144 (August 2008), 7: „Vorrangig sehe ich diese [sc. die Verbindung zwischen Friedrich und Rothko, MLF] auch wieder im Umgang mit dem Betrachter. Im Frühwerk Friedrichs gibt es Bezugspunkte, über die er die Rezipienten in die Landschaft, den Bildraum hineinzieht. Beim ‚Mönch am Meer' ist dies schon ein Abnehmen. Im späteren ‚Meeresufer im Mondschein' fehlt die konkrete menschliche Präsenz. Der Betrachter wird aus dem Bild ausgeschlossen und auf sich selbst zurückgeworfen. Bei Rothko findet man eine ähnliche Entwicklung von der wolkigen pulsierenden, atmenden Räumlichkeit seines klassischen Werks der fünfziger Jahre, das die Betrachter umhüllt ins Bild hineinführt, bis zu der dunklen Strenge des Spätwerks, das sie abprallen lässt und förmlich hinauswirft." Diesen Eindruck der späten Brown- and Black-on-Grey-Paintings teile ich allerdings nicht (siehe unten Abschnitt 3.5).

6 Jens Ullheimer, Mark Rothko-Retrospektive – URL: https://kunstschau.netsamurai.de/mark-rothko-retrospektive/, 1–5, 3 (14.07.2018).

7 Das Symposion wurde mit dem Vortrag Rainer Kesslers „Transzendenz ins Bild bringen. Caspar David Friedrichs ‚Mönch am Meer' und das biblische Bilderverbot" eröffnet.

8 Jacob Baal-Teshuva, Mark Rothko 1903–1970: Pictures As Drama, Köln 2003, 55.

Im Gegenteil, auf der profanen Ebene der Kunst erneuerte sich damit der Widerstand des zweiten Gebotes gegen die Kapitulation des Geistes vor dem Bild.
Echte Kommunikation mit der Wirklichkeit bedarf geistiger Spannung und Anspannung, fordert Auseinandersetzung mit und darum dialektisches Verhalten zur Wirklichkeit. [...] Wie das biblische Bilderverbot das lebendig-geistige Verhältnis des Einzelnen zu Gott, so will die moderne Kunst das lebendig-geistige Verhältnis des Einzelnen zu seiner Mitwelt anregen. Am konsequentesten tut das die konkrete Kunst, die keine Gegenstände mehr reproduziert [...]. Der Betrachter [...] erlebt diese Kunst inmitten einer Welt unaufhörlich reproduzierter Bildbestätigungen als Provokation zu eigener geistiger Tätigkeit, zu eigenem produktivem [...] Weltverhalten. Mehr noch: Aus dem Betrachter wird hier ein Mitspieler und ein Mit-Denker, aus dem Konsumenten ein Co-Produzent. Konkrete Bilder können nicht ‚genossen', sie müssen ‚mitgemacht' werden, sonst erschließen sie sich nicht. [...]
Das Anliegen der konkreten Kunst ist somit nicht der Mensch in Effigie, sondern die Schaffung und Gestaltung von Raum, in welchem der wirkliche, lebendige und freie Mensch atmen, sich bewegen, arbeiten und ruhen, kurzum: leben kann. Darum täuschen die konkreten Bilder nicht Raum vor, sie stellen realen Raum her dadurch, daß ihr Fluchtpunkt im beweglichen Betrachter liegt, und dadurch, daß ihre Fläche zum vornherein als Bestandteil eines Raumes behandelt wird."[9]

Was Kurt Marti hier für die sog. konkrete Kunst Max Bills festhält, lässt sich, insbesondere was die topologischen Motive betrifft[10], auch auf Mark Rothko beziehen: Der Verzicht auf eine bloße Abbildung oder Repräsentation der Wirklichkeit in der Hinwendung zu non-figurativer Kunst, die gleichwohl – nämlich dialektisch – die Wirklichkeit ins Bild setzt, steht im Dienst der Wahrung des Bilderverbots.

Nicht selten wird der aus dem baltischen Dwinsk/Dünaburg (heute Daugavpils in Lettland) stammende jüdische Künstler Mark Rothko, insbesondere aufgrund der charakteristischen Bilder der letzten 20 Jahre seines Schaffens, mit dem Bilderverbot in Verbindung gebracht.[11] So bildeten Werke

9 Kurt Marti, Grenzverkehr. Ein Christ im Umgang mit Kultur, Literatur und Kunst, Neukirchen-Vluyn 1976, 173–184, 174–176. Dass es gerade die profane Kunst ist, die das Bilderverbot zu Ehren bringt, ist für den christlichen Theologen und Schriftsteller Marti (inkarnations-)christologisch begründet: „Seit Christus, seitdem es Gott gefallen hat, nicht mehr in einem Raum, sondern in einem Menschen Wohnung zu nehmen, gibt es keine sakralen Räume und deshalb auch keine sakrale Kunst im Sinne des Alten Testaments mehr. Mit Christus wird alle Kunst grundsätzlich profan, das heißt, sie tritt völlig in den Dienst des Menschen. Sie dient dem Menschen, wie sie vorher Gott diente, dadurch, dass sie ihm raum schafft. Das ist ihre humane und soziale Funktion" (a.a.O., 175). Vgl. auch ders., Christus, die Befreiung der bildenden Künste zur Profanität (1958), in: ders., Grenzverkehr, 178–184; ders., Plädoyer für die Entsakralisierung der kirchlichen Kunst (1970), in: ders., Grenzverkehr, 185–189.

10 Vgl. dazu unten Abschnitt 4.

11 Siehe etwa Georg Syamken, Mark Rothko und Barnett Newman. Ihr Verhältnis zu 2. Mose 20,4, in: Eveline Goodman-Thau/Wolfgang Schmied-Kowarzik (Hg.), Messianismus zwischen Mythos und Macht, Berlin 1994, 253–262, 259: „Die minimalen Strukturen, die absolute Ungegenständlichkeit sind Praktiken, die nicht nur im Einklang mit dem Bilderverbot stehen, sondern [...] meditativen Anspruch erheben." Oder Ralf Frisch, Islamisch-

Mark Rothkos den Fluchtpunkt der Bochumer Ausstellung zum Thema „Das Recht des Bildes – Jüdische Perspektiven in der modernen Kunst“ vom September 2003 bis Januar 2004. Im Urteil Thomas Assheuers steht Mark Rothko „für den zutiefst paradoxen Wunsch, dem Bilderverbot strikt Tribut zu zollen, um es im Ästhetischen feierlich zu verwandeln. Rothko ist der Mann vor Kafkas *Gesetz*. Seine Kunst besteht darin, sich vom Türhüter, dem Bilderverbot, nicht abweisen zu lassen. Er tritt ein und hebt das Gesetz auf, indem er ihm strikt Folge leistet.“[12] Im Hintergrund dieser Rothko-Interpretation steht das Diktum Max Horkheimers und Theodor W. Adornos aus der *Dialektik der Aufklärung*: „Gerettet wird das Recht des Bildes in der treuen Durchführung seines Verbots.“[13]

Allerdings würde Rothko die Betrachter seiner Bilder nicht, wie Marti dies für die Werke Bills sieht, als Ko-Produzenten verstehen. Vielmehr lädt er sie zu einem empathisch-sinnlichen Eingehen auf, mehr noch: *in* die Bilder ein. Diese sollen – in einer wechselseitigen *companionship* von Betrachterin und Bild – das Eis von Anonymität und Apathie, von Einsamkeit und Gleichgültigkeit zum Schmelzen bringen und starke Emotionen als Antidot zur Erstarrung freisetzen:

> „I'm interested only in expressing basic human emotions – tragedy, ecstasy, doom and so on – and the fact that lots of people break down and cry when confrontated with my pictures shows that I communicate those basic emotions. [...] The people who weep before my pictures are having the same religious experience I had when I painted them. And if you, as you say, are moved only by their color relationship, then you miss the point.“[14]

Wer ist der Mann, der mit 20 Jahren die Malerei für sich entdeckt – „[...] und plötzlich wusste ich: das war mein Leben“[15] – und der bisweilen auch „der letzte Rabbi der abendländischen Kunst“[16] genannt oder als „eine Art agnostischer

jüdisch-christlich-abendländische Bildstörungen. Bilder und Blickverbote in Religion und bildender Kunst, in: Peter Bubmann/Eckart Liebau (Hg.), Die Ästhetik Europas. Ideen und Illusionen, Bielefeld 2016, 135–164, bes. 152f.

12 Thomas Assheuer, Verhüllte Wahrheit, lautloses Licht. Eine Ausstellung in Bochum fragt nach den jüdischen Perspektiven in der Kunst, in: DIE ZEIT Nr. 43 (16.10.2003) – URL: https://www.zeit.de/2003/43/Recht_d_Bilder (4.07.2018).

13 Max Horkheimer/Theodor W. Adorno, Dialektik der Aufklärung. Philosophische Fragmente (1947), in: Theodor W. Adorno, Gesammelte Schriften 3, Frankfurt a. M. 1997/ Darmstadt 1998, 40.

14 Notes from a conversation with Selden Rodman, 1956, in: Mark Rothko, Writings on Art, ed. and with an Introduction, Annotations, and Chronology by Miguel López-Remiro, New Haven/London 2006, 119f.

15 Zitiert nach James E. B. Breslin, Mark Rothko. Eine Biographie. Aus dem Amerikanischen von Elisabeth Schneider, Klagenfurt ²2001, 79.

16 So der Dichter Stanley Kunitz in seiner Trauerrede auf Mark Rothko am 27. Februar 1970, zitiert nach: Lee Seldes, Das Vermächtnis Mark Rothkos. Aus dem Amerikanischen von Marcus Mohr, Berlin 2008, 18.

Mystiker“[17] bezeichnet wird, der „mit Farbe über Farbe hinauswill“ und dessen Kunst auf die Wahrnehmung von „etwas [zielt], das mehr wäre“[18] als das, was uns vor Augen liegt?

2. Von Marcus Yakovlevich Rothkovicz zu Mark Rothko (1903–1970)

Rothko in seinem Atelier, West 53rd Street, um 1952, während er No. 25 (1951) betrachtet[19]

So wenig wir die verschiedenen Phasen von Rothkos Werk ohne den jeweiligen zeitgeschichtlichen Bezug verstehen können, so sehr schreibt sich zugleich sein Leben in seine Bilder ein.[20] Dem widerspricht nicht, dass er den Entstehungsprozess eines Bildes erst dann als beendet ansieht, wenn er sich als sein Schöpfer – nach stundenlanger stierer Betrachtung – aus ihm zurückgezogen hat, um es seinen – hoffentlich empfindsamen – Betrachterinnen und deren *companionship* mit ihm zu überlassen.

Selbstportrait, 1936 (81,9 x 65,4 cm)[21]

In einem Gespräch, das Claus Leggewie und Navid Kermani im Mai 2009 in der Frankfurter Rundschau über Multi- und Interkulturalität führen, kommt Leggewie überraschend auf Mark Rothko zu sprechen. Ich zitiere sein Rothko-Narrativ aus diesem Gespräch und ergänze es dann im nächsten Abschnitt um einige weitere Informationen zu den Lebensstationen Mark Rothkos.

> „Im Dezember 1913 kam ein gewisser Markus Rothkowitz aus dem russischen Minsk in Alice [sic!] Island an, der Sehnsuchtsinsel von New York.
> Der zehnjährige Markus, der von Haus aus Jiddisch, Hebräisch und Russisch spricht, lernt rasch Englisch. Als der Vater stirbt, schlägt Markus sich als Zeitungsverkäufer und schafft mit 17 einen glänzenden Abschluss an der Lincoln Highschool in Portland. Er sucht die

---

17 Willibald Sauerländer, Der verborgene Gott. Mark Rothko in München – URL: https://www.sueddeutsche.de/muenchen/mark-rothko-in-muenchen-der-verborgene-gott-1.265788, [1–4] (12.07.2018).

18 Mark Rothko, zitiert nach: Peter Eden, Mark Rothko in Den Haag – Etwas, das mehr wäre – URL: http://www.fr.de/kultur/kunst/mark-rothko-in-den-haag-etwas-das-mehr-waere-a-529440 (12.07.2018).

19 Mark Rothko Retrospektive, hg. von Hubertus Gaßner, Christiane Lange und Oliver Wick – mit Beiträgen von Gottfried Boehm u.a., München 2008, 185.

20 Einen informativen Überblick über Rothkos Leben und Werk bietet Jessica Stuart, Biografie, in: Mark Rothko Retrospektive (s.o. Anm. 19), 196–206; ausführlich: Breslin, Mark Rothko (s.o. Anm. 15).

21 Mark Rothko Retrospektive (Anm. 19), Katalog Nr. 1.

jüdische Gemeinde auf, begeistert sich für die russische Revolution, tritt für die Rechte von Arbeitern und Frauen ein. Rothkowitz erhält ein Stipendium an der renommierten Yale University, aber wie verspießert und rassistisch er sie empfindet, kann man einem von ihm begründeten Satiremagazin entnehmen, der Yale Saturday Evening Pest.
Im zweiten Jahr steigt er aus, übernimmt Gelegenheitsjobs in New York, wo er mit dem Künstlermilieu Bekanntschaft macht. Er schreibt sich an der New School of Design ein, versucht sich als freier Künstler. Leben kann er von seiner Kunst nicht. Im New Deal findet er Anstellung bei einer staatlichen Agentur, die Aufträge zur Verschönerung öffentlicher Gebäude vermittelt. Rothkowitz wird amerikanischer Staatsbürger. 1940 nimmt er den Namen Mark Rothko an, unter dem er einer der bedeutendsten Künstler des 20. Jahrhunderts wird. 1970 nimmt er sich – schwer erkrankt – das Leben. Heute ist er einer der meistbekannten und teuersten Künstler der Welt. [...]
Was Rothkowitz zu Rothko machte, war allem voran das Bestreben, mit seiner Kunst ein universelles menschliches Drama auszudrücken. Er wollte nie die Weltsicht einer ethnisch-religiösen Gemeinschaft widerspiegeln, sondern alle der Kunst aufgeschlossenen Menschen sehen lehren. [...] Die Erfahrung der Migration und die Leidensgeschichte des jüdischen Volkes bleiben an vielen Stellen in seinem Werk spür- und sichtbar. Aber sie lassen sich nicht propagandistisch ausschlachten für einen Minoritäten- und Opferdiskurs.“[22]

3. Der Maler als (geblendeter) Seher – oder: die Wirklichkeit realistisch, prophetisch, dramatisch im Bild (wid)erfahren lassen

Es ist das Verdienst der großen, als Ringkomposition aufgebauten Mark-Rothko-Retrospektive von 2008[23], den inneren Zusammenhang der verschiedenen Stile und Perioden im künstlerischen Schaffen Mark Rothkos deutlich gemacht zu haben. So ist es seither kaum noch möglich, ein sog. metaphysisches, kunstreligiöses Haupt- und Spätwerk von früheren, vermeintlich die Realität *abbildenden* Werken zu trennen. In seinem gesamten Schaffen ist Rothko ein hellwacher Zeitgenosse, der seine Wahrnehmung der Wirklichkeit in Bildern verarbeitet, um ihren Betrachterinnen neue Erfahrungen mit der eigenen Erfahrung zu ermöglichen. Meist wird das Werk Rothkos in drei Hauptphasen eingeteilt. Begrifflich aufgespreizt (und kaum hilfreich) nennt Hartwig Bischof „als erste Periode eine rationalistische Abbildontologie des Akademismus, als zweite eine ir- bzw.

---

22 „Was Rothkowitz zu Rothko machte“. Der Orientalist Navid Kermani und der Kulturwissenschaftler Claus Leggewie im Gespräch über Multikulturalismus und das Multiple der Künste, in: Frankfurter Rundschau 9./10. Mai 2009, 34f., 34.

23 Neben dem Katalog (Mark Rothko Retrospektive, Anm. 19) gibt es auch auf Youtube eine instruktive Einführung des Kurators Oliver Wick in diese Ausstellung – URL: https://www.youtube.com/watch?v=yclyyVmxnsM (4.07.2018).

antirationalistische Subjektontologie des Surrealismus und als dritte eine transrationale Ungegenständlichkeit der Xenologie“[24]. In nüchternerer Begrifflichkeit unterscheide ich im Folgenden fünf Phasen.

3.1 *Die figürlich-gegenständliche Phase – urbane Bilder elementarer Entfremdung und Einsamkeit*

Entrance to Subway, 1938 (86,4 x 117,5)[25]
Untitled (Subway), 1939 (48,3 x 35,5 cm)[26]

Die urbanen Straßen- und Subway-Szenen[27] der figürlichen Phase Rothkos und überhaupt die

> „frühen, in den dreißiger Jahren entstandenen Bilder sind das, was man heute ‚romantische Modernekritik‘ nennt. Sie sprechen von einer elementaren Entfremdung, von Entzweiung und ungeschminkter Einsamkeit. Mark Rothko [...] taucht ab in die Unterwelt der Moderne, in die [...] Gleichgültigkeit New Yorks und ihrer Subways. Seine Serie mit U-Bahn-Bildern sind [sic!] Allegorien des Verschwindens; mit blicklosen Blicken steigen die Figuren in die Eingeweide der babylonischen Stadt, in der Orpheus seine Eurydike erst gar nicht erkennt, weil der moderne Autist sein Gesicht in einer Zeitung vergräbt. [...] die Figuren wirken wie Fremdlinge in einer Welt, die sie doch aus freien Stücken geschaffen haben“[28],

wie Thomas Assheuer trefflich charakterisiert. Der junge Künstler, der seine Bilder seit Ende der 1930er Jahre mit Mark Rothko signiert – eine Namensänderung, die erst 1959 legalisiert wird –, erkundet „die Kältezonen der Gesellschaft“[29], malt seine eigene Einsamkeit, vor allem aber die Entfremdung und Gefühlskälte, die er in New York wahrnimmt, in seine Bilder ein. Die langgezogenen Körper der Figuren erinnern an Skulpturen Alberto Giacomettis (1901–1966). Ihre Beziehungen, eher Nichtbeziehungen, in denen sie nebeneinander her oder

---

24 Hartwig Bischof, Mit den Farben der Unendlichkeit ... Zugänge zur Malerei Mark Rothkos, in: Edith Stein Jahrbuch Bd. 3: Das Judentum, Würzburg 1997, 228–235, 228. Nicht nur, dass diese Charakterisierungen die Kontinuität im Werk Rothkos zum Verschwinden bringen, sie entbehren auch je für sich der Sachgemäßheit und wirken manieriert.

25 Mark Rothko Retrospektive (s.o. Anm. 19), Katalog Nr. 10.

26 Mark Rothko Retrospektive (s.o. Anm. 19), Katalog Nr. 14.

27 Zu Rothkos subway-Bildern siehe auch Jeffrey Weiss, Unterwelt, in: Fondation Beyeler (Hg.), Mark Rothko. „A consummated experience between picture and onlooker“, Riehen/Ostfildern-Ruit 2001, 37–44.

28 Thomas Assheuer, Gekreuzigt, erschossen, verbrannt, verscharrt. Der Maler Mark Rothko wird gern als religiöser Künstler und metaphysisches Genie gefeiert. Eine Münchner Ausstellung zeigt: Das ist höchstens die halbe Wahrheit, in: Die ZEIT (14. Februar 2008), 44.

29 Ebd.

aneinander vorbei leben, lassen mich an Bilder Edward Hoppers (1882–1967) denken.[30]

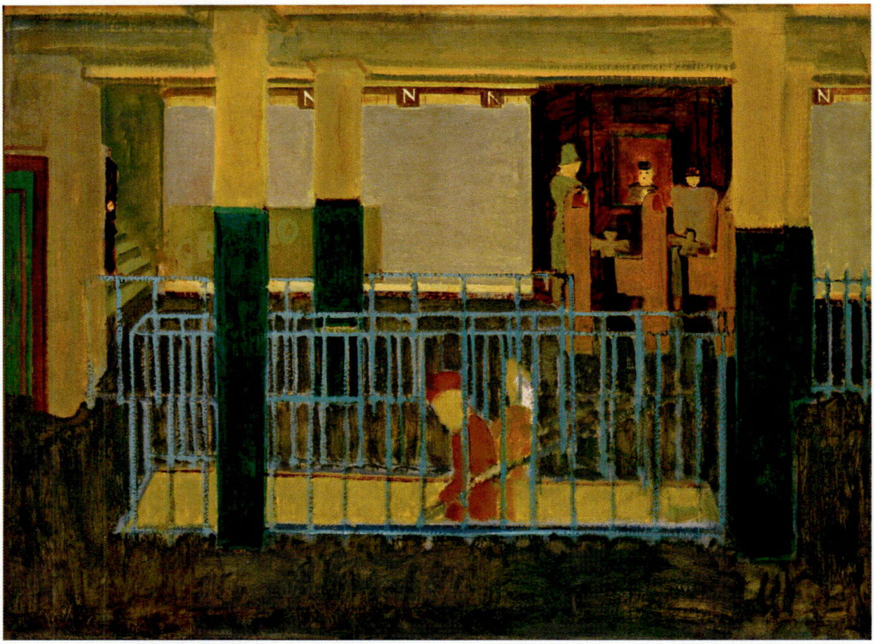

Bild 1: Entrance to Subway, 1938 (86,4 x 117,5)

3.2 *Die surrealistisch-mythologische Phase – der Seher Teiresias als Identifikationsfigur*

Untitled, 1941–1942 (76 x 91,3 cm)[31]

Anfang der 1940er Jahre ändern sich Sujets und Stil der Bilder des als 10-jähriger mit seiner Familie aus Osteuropa vor den zaristischen Judenpogromen geflohenen und trotz Annahme der US-amerikanischen Staatsbürgerschaft 1938 und vielfältiger Künstlerbeziehungen, etwa zu Barnett Newman, Robert Motherwell, Clifford Still und Adolph Gottlieb, dort nie heimisch gewordenen Künstlers. Es schreiben sich nun die Gräuel des Zweiten Weltkriegs und der Schoa in seine Bilder ein. Die surrealistisch-mythologische Phase gilt als die abgründigste im Werk Rothkos. „Seine Bilder senden Botschaften aus der ‚Vorhölle'"[32], wie er

[30] Zur Beziehung zwischen den Bildwelten Rothkos und Hoppers siehe David Anfam, Rothkos Hopper. Eine fremdartige Geschlossenheit, in: Edward Hopper, hg. von Sheena Wagstaff, Ostfildern-Ruit 2004, 49.

[31] Mark Rothko Retrospektive (s.o. Anm. 19), Katalog Nr. 28.

[32] Assheuer, Gekreuzigt (s.o. Anm. 28), 44.

eines seiner Bilder betitelt.[33] Rothko setzt den Untergang des Abendlandes ins Bild. Ein unbetiteltes Ölbild von 1941/42 zeigt „abgehackte, mit Nägeln durchbohrte, aufgestapelte Körperteile“[34] und deutet darin förmlich eine Kreuzigung an. Das jüdische Volk und mit ihm sein Gott werden vernichtet; der assyrische Stier, den ein weiteres Bild zeigt[35], hat gesiegt.[36]

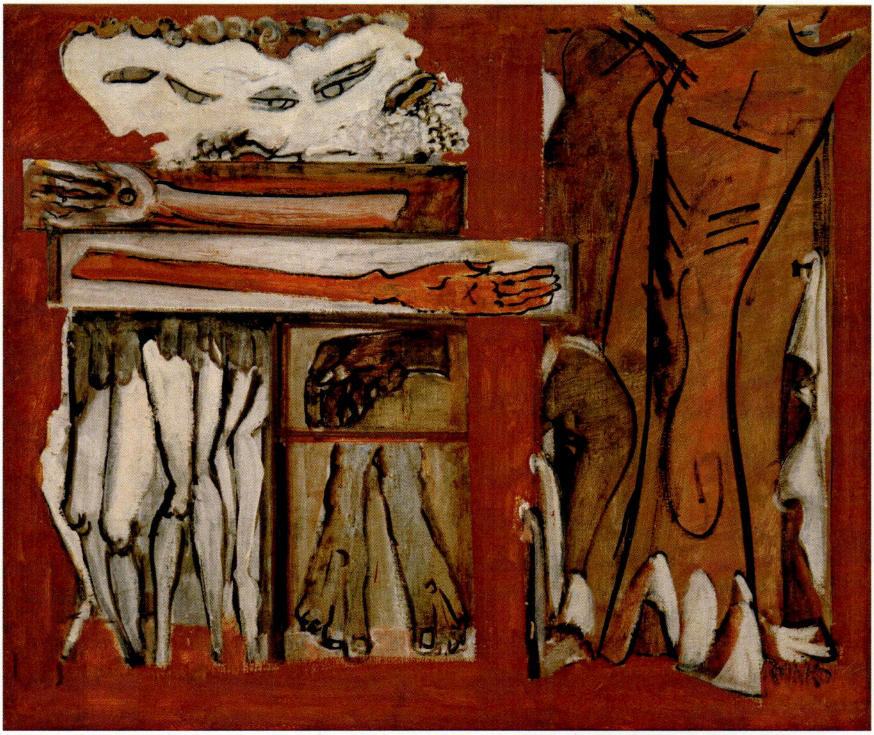

Bild 2: Untitled, 1941–1942 (76 x 91,3 cm)

Gleichzeitig wendet sich Rothko Motiven der von ihm hochgeschätzten griechischen Mythologie zu, malt etwa eine Antigone mit hervorquellenden blutigen Eingeweiden.[37] Mag auch die Lektüre von Friedrich Nietzsches *Die Geburt der Tragödie*[38] an der Wiege dieser Hinwendung zur Antike stehen, mag auch die

---

33 „In der Vorhölle“ (1941–1942), in: Mark Rothko Retrospektive (s.o. Anm. 19), Katalog Nr. 25.

34 Assheuer, Gekreuzigt (s.o. Anm. 28).

35 Mark Rothko Retrospektive (s.o. Anm. 19), Katalog Nr. 29.

36 Vgl. Oliver Wick, „Do they negate each other, modern and classical?“ Mark Rothko und die Sehnsucht nach Tradition, in: Mark Rothko Retrospektive (s.o. Anm. 19), 12–28, 18.

37 A.a.O., Bilder 16–18.

38 Friedrich Nietzsche, Die Geburt der Tragödie aus dem Geiste der Musik (1872), in: ders., Sämtliche Werke. KSA 1, München 1980, 9–156. Zum Einfluss dieser Schrift Nietzsches auf Rothko siehe etwa Breslin, Mark Rothko (s.o. Anm. 15), bes. 234–238; Mark Rothko, Whenever one begins to speculate (ca. 1954), in: ders., Writings (s.o. Anm. 14), 109f.

Verbundenheit des Künstlers mit der Renaissance eine Rolle spielen – es geht hier nicht um eine Flucht in die Welt der antiken Tragödien und um eine Beruhigung bei ewigen Wahrheiten des Mythos. Vielmehr sucht Rothko in der abendländischen Tradition nach Ausdrucksformen für die Bezeugung der unsäglichen, eigentlich unbezeugbaren Gräuel der Gegenwart. Die ganze Fassungslosigkeit über das Geschehen in Europa, wo – der Anachronismus sei gestattet – der Tod zum „Meister aus Deutschland“[39] geworden ist, machen Rothkos Bilder, die die zerrissenen Menschen zeigen, zu fassungslosen Zeug_innen.

Teiresias, 1944 (202,6 x 101,3 cm)[40]

Eine Gestalt der antiken Mythologie zeichnet und malt Rothko in den 1940er Jahren immer wieder in verschiedenen Variationen: Es ist der blinde Seher Teiresias, dem Rothko etwa in Sophokles‘ Tragödien *Antigone* und *König Ödipus*, bei Homer, Hesiod und Euripides oder in T.S. Eliots Gedicht *The Waste Land* (1922) begegnet sein mag. Der Seher Teiresias gilt als eine Schlüsselfigur für Rothkos Werk überhaupt und als Identifikationsfigur für den Künstler selbst. Das große *Teiresias*-Gemälde von 1944 kann als eine Art Selbstbildnis verstanden werden.[41]

> Die griechische Mythologie hat mehrere Erklärungen für die Erblindung des Teiresias. Erwähnt sei hier nur die, die sich in Rothkos Bild von 1944 eingeschrieben hat: Als jugendlicher Priester des Zeus sah Teiresias zwei Schlangen bei der Paarung zu und tötete die weibliche. Daraufhin wurde er in eine Frau verwandelt und Priesterin der Hera. Sieben Jahre später traf Teiresias erneut auf ein Paar kopulierender Schlangen. Dieses Mal tötete er die männliche und wurde wieder in einen Mann rückverwandelt.
>
> Weil er nun Erfahrungen am eigenen Leib als Mann und Frau hatte, wurde er von Zeus und Hera mit der Klärung der Frage beauftragt, welches der beiden Geschlechter in der Liebe mehr Lust empfinde. Zeus hatte sich für die Frauen, Hera für die Männer entschieden. Aufgrund eigener Erfahrung stimmte Teiresias Zeus zu und gab preis, als Frau neunmal so viel Lust denn als Mann empfunden zu haben. Daraufhin blendete die aufgebrachte Hera Teiresias. Zeus konnte diese Blendung nicht rückgängig machen und verlieh darum Teiresias zum Ausgleich die Gabe des Sehers und eine siebenfache Lebensdauer. Die Prophezeiungen des Teiresias galten als unfehlbar, doch gab er sie nur unwillig preis.

Mark Rothko malt 1944 Teiresias als doppelgeschlechtlich Einäugigen – mit großen Brüsten, Vagina und angedeutetem Penis, vor allem aber mit einem riesigen, pupillenlos blinden Auge, das in den Himmel ragt, während der Seher vor einer Seenlandschaft auf festem Boden steht, in seiner monumentalen, stelenförmig aufragenden Gestalt also Erde und Himmel verbindet. Das große ovale

---

39 Paul Celan, Todesfuge, in: ders., Gesammelte Werke in sieben Bänden. Bd. 3, Frankfurt a. M. 1983, 63f., 64.

40 Mark Rothko Retrospektive (s.o. Anm. 19), Katalog Nr. 37.

41 Zur Bedeutung der mythologischen Teiresias-Figur für Rothko siehe Hubertus Gaßner, „Das Entsetzen oder die Hoffnung“. Mark Rothko sieht Pierre Bonnard, in: Mark Rothko Retrospektive (s.o. Anm. 19), 166–178, bes. 167–169.

Auge im Kopf des blinden Sehers mag als Hinweis auf sein inneres Auge gedeutet werden, mit dem er – nach dem Verlust des Augenlichts – die Gabe eines zweiten Gesichts hat. In der Verbindung von Blindheit und Sehergabe sieht er mehr, als Menschen sonst zu sehen möglich ist. Er kann – durch seine Verbindung mit dem Himmel – die Zeichen der Zeit deuten, was sich in seinen Namen eingeschrieben hat.

Wenn Mark Rothko sich selbst in der tragischen Gestalt des blinden Sehers Teiresias porträtiert hat, dann lässt dies den Hinweis darauf zu, dass er, dessen sehbehinderte Augen stets hinter dicken Brillengläsern hervorschauen, sich in seinen Bildern selbst als Zeichendeuter versteht. Seine Bilder können – wie die Prophezeiungen des Teiresias – als Schlüssel zum Verstehen der Wirklichkeit gedeutet werden. So räumt Rothko über sich selbst ein, „[n]ot a mystic" zu sein, „[a] prophet perhaps – but I don't prophesy woes to come. I just paint the woes already here."[42]

Für mich läge es nahe, Rothkos Teiresias, der ganz Auge ist und offenbar gebannt von dem, was er zu sehen bekommt, mit Paul Klees *Angelus Novus*[43] in der Deutung, die Walter Benjamin ihm in These IX seiner Geschichtsphilosophischen Thesen gegeben hat[44], ins Gespräch zu bringen.[45]

Nur erwähnt sei an dieser Stelle, dass die Zweigeschlechtlichkeit der Teiresias-Figuren auch als ein programmatisches Element im Schaffen Mark Rothkos gesehen werden kann, geht es ihm doch überhaupt um die Überwindung von in

---

42 Zitiert nach John Fischer, The Easy Chair: Mark Rothko, Portrait of the Artist as an Angry Man (1970), in: Rothko, Writings (Anm. 14), 130–138, 135.

43 Abgebildet etwa in Paul Klee, Die Engel, hg. vom Zentrum Paul Klee Bern, Ostfildern 2012, 20f.; zu Klees *Angelus novus* siehe Perdita Rösch, Die Hermeneutik des Boten. Der Engel als Denkfigur bei Paul Klee und Rainer Maria Rilke, München 2009, 51–74; Eveline Hasler, Todesengel, irdische Hebamme, in: Der kleine Bund, 9. Mai 2015, 37; Reto Sorg, Der Engel der Engel. Zu Paul Klees *Angelus novus*, in: Paul Klee, Die Engel, 114–133.

44 Walter Benjamin, Über den Begriff der Geschichte, in: ders., Gesammelte Schriften I/2, Frankfurt a.M. 1991, 691–704, 697f. Dazu etwa: Gershom Scholem, Walter Benjamin und sein Engel (1972), in: ders., Walter Benjamin und sein Engel. Vierzehn Aufsätze und kleine Beiträge, hg. von Rolf Tiedemann, Frankfurt a. M. 1992, 35–72; Stéphane Mosès, Der Engel der Geschichte: Franz Rosenzweig – Walter Benjamin – Gershom Scholem, Frankfurt a. M. 1992, bes. 134–160; Sigrid Weigel, Entstellte Ähnlichkeit. Walter Benjamins theoretische Schreibweise, Frankfurt a. M. 1997, 52–79; Ralf Konersmann, Erstarrte Unruhe. Walter Benjamins Begriff der Geschichte, Frankfurt a. M. 1991, 121–127; zur theologischen Rezeption siehe Jürgen Ebach, Der Blick des Engels. Für eine „Benjaminische" Lektüre der hebräischen Bibel, in: Norbert W. Bolz/Richard Faber (Hg.), Walter Benjamin. Profane Erleuchtung und rettende Kritik, 2., vermehrte und verbesserte Aufl., Würzburg 1985, 67–101; ders., „Ein Sturm vom Paradiese her". Walter Benjamins Geschichtsphilosophie und die hebräische Bibel, in: ders., Ursprung und Ziel. Erinnerte Zukunft und erhoffte Vergangenheit. Biblische Exegesen, Reflexionen, Geschichten, Neukirchen-Vluyn 1986, 48–74; ders., Vergangene Zeit und Jetztzeit. Walter Benjamins Reflexionen als Anfragen an biblische Exegese und Hermeneutik, in: EvTh 52 (1992), 288–309.

45 In der Rothko-Rezeption habe ich dazu noch keinen Hinweis gefunden.

Antagonismen erstarrten Dualen, nicht nur eines heterosexistischen Geschlechterduals von Mann und Frau, und um die Vereinigung vermeintlich unversöhnlicher Gegensätze. Hier könnte auch eine genderspezifische Deutung Rothkos ansetzen. Ohnehin sind der antike, Rothkos und auch T.S. Eliots *Teiresias* für die gegenwärtigen Queer-Diskurse noch zu entdecken.

3.3 *Die Multi-Forms in der Übergangsphase – schwebende Gewebe wolkiger Farbformen*

Untitled, 1948 (152,5 x 126,5 cm)[46]

Gegen Ende der 1940er Jahre ändern sich Rothkos Bilder radikal. „Aus den wässrig durchsichtigen, eher ins Graue abgetönten als intensiven Farben der surrealistischen Periode, die schleierhafte und körperlose Bilder des Unbewussten im Halbdunkel heraufbeschwören, werden farbintensive Fleckenteppiche von einer solchen Intensität und Leuchtkraft bei gleichzeitiger Dichte einzelner Farbflecke, dass ihnen der Anschein haptischer Materialität zuwächst"[47], wie Hubertus Gaßner beobachtet. Es entstehen die sog. *multi-forms* – bewegtbewegende Bilder mit schwebenden, schwimmenden Flecken aus hell leuchtenden und dunkel glühenden Farben, die in einer amorphen Formensprache alles Figürliche hinter sich lassen, deren Farbwolken aber bald eine blockhaft geordnete Struktur annehmen und so den Weg bereiten zu den großen meist rechteckigen Farbfeld-Bildern, die als das charakteristische Werk Rothkos gelten.

Untitled (Plum, Orange, Yellow), 1949 (172,3 x 106,7 cm)[48]

Für diesen in Form und Farbe radikalen Neuaufbruch Rothkos werden ganz unterschiedliche Gründe geltend gemacht. Kunsthistorisch sieht man Rothko hier in der Nachfolge des französischen Symbolisten und Koloristen Pierre Bonnard (1867–1947) stehen, dessen Bildern Rothko im Dezember 1946/Januar 1947 in einer New Yorker Ausstellung begegnete.[49] Von ihm habe er besonders die leuchtenden mediterranen Gelb-, Orange- und Rottöne übernommen.

---

46 Mark Rothko Retrospektive (s.o. Anm. 19), Katalog Nr. 49.

47 Gaßner, Das Entsetzen (s.o. Anm. 41), 170.

48 Mark Rothko Retrospektive (s.o. Anm. 19), Katalog Nr. 56.

49 Vor allem Hubertus Gaßner sieht in der Begegnung mit den Bildern Bonnards den eigentlichen Auslöser für das charakteristische Werk Rothkos: „Das entscheidende Moment des Wandels geht von der Bekanntschaft und intensiven Auseinandersetzung mit dem malerischen Werk des französischen Symbolisten und Koloristen Pierre Bonnard (1867–1947) aus. Mit der Verve einer Initialzündung erfindet sich Rothko als Maler neu [...]" (Gaßner, Das Entsetzen, s.o. Anm. 41, 169).

Individuell-biographisch wird Rothkos Durchbruch zu seiner eigenständigen Formen- und Farbensprache mit seiner neuen, sehr glücklichen Beziehung zur Buchillustratorin Mary Alice Beistle, gen. Mell, in Verbindung gebracht, die er 1945 heiratet. 1944 war die 1932 geschlossene Ehe mit der Künstlerin Edith Sachar nach manchen Trennungen geschieden worden. 1950 wird die Tochter Katy Linn (Kate) geboren, 1963 der Sohn Christopher.

Eine dritte Deutung geht davon aus, dass dem Künstler unter der Wucht der Schrecken des Zweiten Weltkriegs und der Schoa alles Figurative vergeht, die Formen gesprengt werden:

> „Die Abstraktion in Rothkos Bildern geht aus einer geschichtlichen Erfahrung hervor, aus der Imagination des Grauens. [...] Mit Recht hat sich Rothko erbittert dagegen verwahrt, als abstrakter Maler verbucht zu werden. Für ihn hat das scheinbar ‚Abstrakte' einen konkreten Grund, nämlich ein singuläres, ihn überwältigendes Gefühl, dem nur so und nicht anders Ausdruck verliehen werden kann. [...] Rothko unterstellt sich dem Bilderverbot, fortan schweigen seine Bilder über die gegenständliche Gegenwart. Nun kehrt auch das Licht zurück, und das Licht wird Raum und Versprechen. Das Werk hellt sich auf [...]. Rothko [...] invertiert und verwandelt die Abstraktion, in die der Vernichtungskrieg sein Werk getrieben hat; er sucht in ihr eine lichte, der Düsternis abgerungene Ordnung"[50],

wie Thomas Assheuer den Umbruch im Werk Rothkos erneut aus dessen passionierter Zeitgenossenschaft als Künstler heraus interpretiert.

Mit dem Aufkommen der *multi-forms* prägt Rothko selbst den Begriff der „breathingness", der „Durchatmetheit", der neben „Plasticity"/ „Plastizität" die non-figurativen Werke bezeichnet und sie zu einem dynamischen Gegenüber für ihre Betrachter werden lässt.[51]

3.4 *Die charakteristischen Farbfelder – durchatmete Bilder als Dramen*

Orange and Tan, 1954 (206,4 x 160,6)[52]
Orange and Yellow, 1956 (232,4 x 181,3)[53]

Nachdem aus den Farbwolkenteppichen der *multi-forms* zunächst eine kompositorische Struktur von meist rechteckigen, aber noch weitgehend uneinheitlichen Farbfeldern entstanden ist, die zwar alles Figürliche hinter sich lassen, gleichwohl wie Türen, Fenster oder Durchgänge wirken, elementarisiert Rothko seine Bilder wenige Jahre später noch einmal, indem er sie auf eine Struktur von meist zwei oder drei horizontal gelagerten, übereinander liegenden Rechtecken

50 Assheuer, Gekreuzigt (s.o. Anm. 28), 44.
51 Wick, Sehnsucht nach Tradition (s.o. Anm. 36), bes. 19f.
52 Fondation Beyeler (Hg.), Mark Rothko (s.o. Anm. 27), 96.
53 Rothko. Die Color Field Paintings, Köln 2017, 52f.

reduziert. In immer neuen Farbkompositionen entstehen gleichsam liturgische Wiederholungen quicklebendiger, leuchtender Farbräume, in denen sich Rothkos Mission erfüllt, „[d]ie Kunst von allem schmückenden Beiwerk zu befreien“[54]. Es sind pulsierende Bilder, die leben und atmen, voller Bewegung sind und so ihre Betrachterinnen in sich hineinziehen. Den Rezensionen der Rothko-Retrospektive 2008 spürt man das diesen Bildern zugeschriebene „Überflutungsfühl“ ab:

> „Farben wie luftige Watte überlagern dichte, leuchtendrote Farbbretter, Abgründe tun sich auf, Zonen dampfen ineinander, ein schrilles Rosa glüht unter einem grellen Orange hervor, ein Matisseblau diffundiert in ein Monetsches Seerosengrün und sinkt in ein mattes Schwarz.“[55]
> „Rothko erfüllt seine Bilder mit dem ganzen Farbkreis: mit allen Brechungen von Rot, Orange und Purpur, aber auch mit dem gefährlichen, stechenden Gelb, selten nur mit dem unspirituellen Grün, aber gerne mit Braun- und Pflaumentönen, am liebsten wohl mit dem dunklen, nächtigen Blau, der Farbe der Romantik. Die Ränder seiner Bilder zeigen eine neutrale, verfestigte Farbigkeit. Sie bilden die Grundlage. Im Inneren der Bilder bettet Rothko die Farben übereinander, lässt sie aus der Tiefe aufleuchten, in Gründe einsinken. Lastend legen sich schwarze Kissen auf die Bunttöne wie Ankündigungen von Auslöschungen und Tod.“[56]

Diese farbkräftigen Bilder sind aber weder abstrakt noch monochrom. Beide häufig begegnenden Charakteristika werden der dramatischen Lebendigkeit der neuen Bilder nicht gerecht:

> „I am not an abstractionist.”[57] „Abstract art never interested me; I always painted realistically. My present paintings are realistic.“[58] „Ich möchte vorbehaltlos sagen, dass es meiner Meinung nach keine Abstraktion gibt. Jede Form, jede Fläche, die nicht das Pulsieren von Fleisch und Blut besitzt, nicht Empfindsamkeit für Freude und Schmerz, ist nichts wert. Jedes Bild, das nicht den Atem des Lebens spürbar macht, interessiert mich nicht.“[59]
> „I do not believe that there was ever a question of being abstract or representational. It is really a matter of ending this silence and solitude, of breaching and stretching one's arms again.“[60]

---

54 Zitiert nach Sauerländer, Der verborgene Gott (s.o. Anm. 17), [1].

55 Niklas Maak, Der amerikanische Raum. Er karikierte Hitler und malte Zwitter; in München zeigt eine brillante Ausstellung mehr als hundert Gemälde und Zeichnungen von Mark Rothko, in: FAZ vom 7. Februar 2008, 33.

56 Sauerländer, Der verborgene Gott (s.o. Anm. 17), [3].

57 Notes from a conversation with Selden Rodman (s.o. Anm. 14), 119.

58 Notes from an Interview by William Seitz, January 22, 1952, in: Rothko, Writings (s.o. Anm. 14), 75–79, 77.

59 Mark Rothko, zitiert nach Breslin, Mark Rothko (s.o. Anm. 15), 293.

60 Mark Rothko, The romantics were prompted (1947), in: ders., Writings (s.o. Anm. 14), 58f., 59.

An einem Bild Rothkos, das mir gegenwärtig besonders nahe ist (von nur *einem* Lieblingsbild zu sprechen, trifft meine Passion für Bilder Rothkos nicht), möchte ich etwas von der Machart und der Wirkung dieser Bilder Rothkos zeigen.

3.4.1 *Das Tiefenlicht der reifen Bilder Rothkos und ihre innere Dramaturgie*

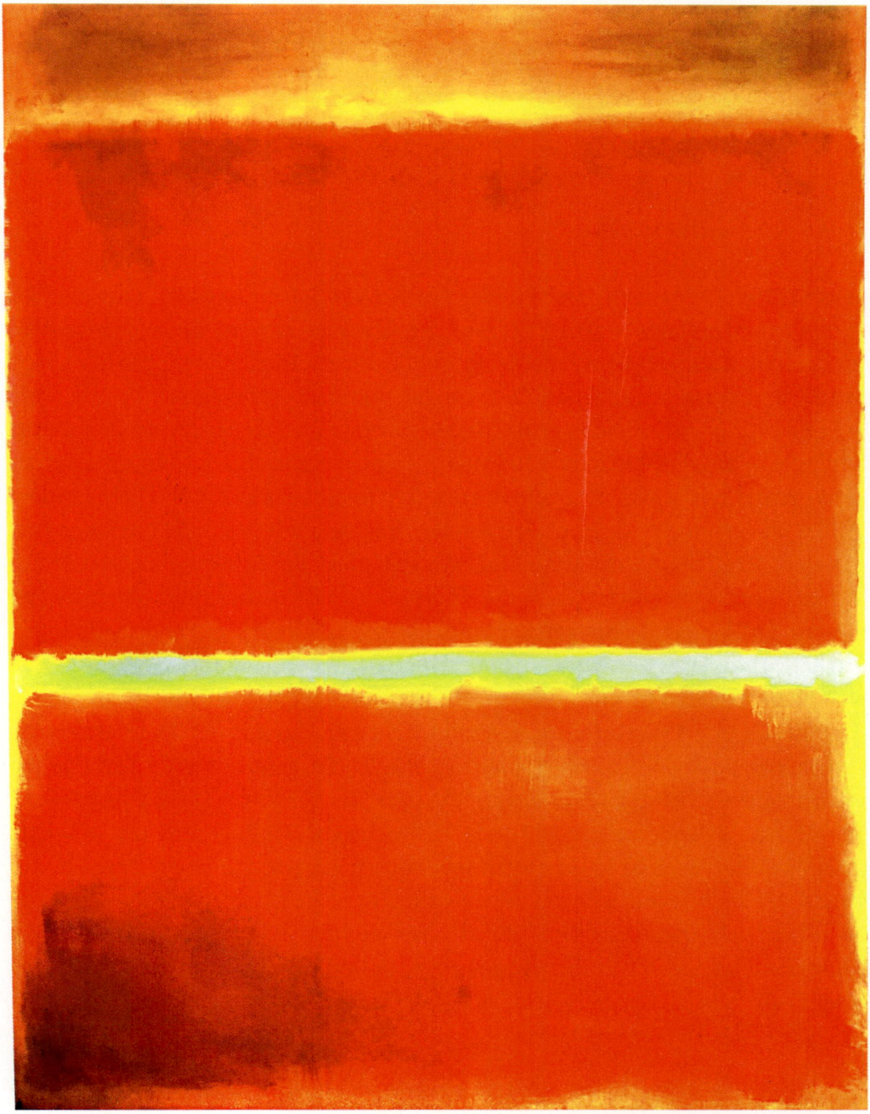

Bild 3: Saffron, 1957 (177 x 137 cm)

Wie entsteht die dramatische Dynamik, die Durchatmetheit und taktile Plastizität der charakteristischen Bilder Mark Rothkos, die den Betrachtenden helfen sollen, an der schrecklichen Wirklichkeit des Lebens nicht zugrunde zu gehen, sondern Gegenkräfte des Lebendigen gegen die Erstarrung zu schöpfen?
Rothko verwendet eine lasierende Maltechnik: Er grundiert seine Bilder einigermaßen monochrom und trägt darauf in meist zwei bis drei Teilflächen verschiedene dünne Farbschichten auf, die zwar den Grund

> „oft weiträumig überdecken, aber niemals ganz verschwinden lassen. Die Präsenz seiner Energie interagiert sehr verschieden mit derjenigen der darüber gemalten Flächen, zum Teil erscheint sie wie ein seitlicher Rahmen, zum Teil dringt sie zwischen den Feldern durch oder sie macht sich in ihnen durchscheinend bemerkbar. [...] Man kann den Bau dieser Bilder nicht verstehen, ohne jenes untergründige Durchscheinen, die Transluzenz des Flächengrundes zu analysieren. [...] Sehr dünne Farbschichten werden übereinander gelegt, die sich langsam verdichten, ohne freilich in der Tiefe liegende Farbwerte völlig abzuriegeln. Ein Teil ihrer koloristischen Energie dringt von hinten auf die Oberfläche durch und wird dort wirksam.“[61]

Im mit 177 x 137 cm noch recht kleinen Format von *Saffron* ist es ein safrangelber Hintergrund, auf den Rothko in zwei Rechtecken verschiedene orange-rote Farbschichten aufgetragen hat, die durch die unterschiedliche Dichte der Übermalung und die in verschiedene Richtungen gehende grobe Pinselführung Tiefe und Bewegung in die Fläche bringen. Der safrangelbe Flächengrund schimmert durch die orangerot-gefärbten Resonanzräume, zeigt sich an ihren unscharfen Rändern und bricht sich oberhalb des unteren Rechtecks leuchtend Bahn, indem Rothko hier in einem horizontalen Streifen das Gelb mit Weiß überstrichen hat. In diesem Streifen unterhalb der Bildmitte, wo meist der Schwerpunkt der Bilder Rothkos liegt, konzentriert sich die Energie des Bildes, während oberhalb des zweiten, größeren rot-orangen Rechtecks kleine safranfarbige Eruptionen in ein deutlich schmaleres Rechteck eines warmen Ockerbraun übergehen, das das Bild nach oben abschließt.

Das Bild glüht von innen, von einem Licht her, das aus der Tiefe und Ferne mehrdeutig auch in der Nähe spielt. Es macht die geschichteten Farbflächen halbtransparent, bringt sie in Bewegung, lässt sie oszillieren und diffundieren, ein- und ausatmen, verhindert jede monochrome Uniformität der Flächen. Rothkos Bilder werden so zu einem lebendigen Körper, zu einem Organismus, gerade als nicht-figürliche zu einem gleichsam personalen Gegenüber. Das Tiefenlicht bewirkt, dass sich Farbflächen auf die Betrachterin zubewegen, während sich andere von ihr wegbewegen. In den Bildern Rothkos spielen sich Dramen ab:

---

[61] Gottfried Boehm, Das Lebendige. Rothkos Zugänge zum Bild, in: Mark Rothko Retrospektive (s.o. Anm. 19), 180–184, 182.

> „I think of my pictures as dramas; the shapes in the pictures are the performers. They have been created from the need for a group of actors who are able to move dramatically without embarrassment and execute gestures without shame."[62]

Ohne damit Rothko schon religiös zu vereinnahmen, lässt sich diese belebende Lebendigkeit des Tiefenlichts als Transzendenz verstehen, die – wie gebrochen und vermischt auch immer – in der Immanenz aufscheint. Rothkos Bilder sind Epiphanien.[63] Im Tiefenlicht „wird das Ferne in der Nähe präsent gehalten"[64], doch man kann seiner in keiner Reproduktion habhaft werden. Rothkos Bilder entziehen sich in dieser von ihrem Tiefenlicht und ihrer Lasurtechnik evozierten Lebendigkeit in hohem Maße der Reproduktion, auch wenn es von Rothko-Kunstbänden, -kalendern und -karten nur so wimmelt. Diese Erfahrung erinnert an Walter Benjamins Bestimmung der Aura „als einmalige Erscheinung einer Ferne, so nah sie sein mag"[65].

3.4.2 *Die Größe der Bilder und die Intimität der „consummated experience" zwischen Bild und Betrachterin*

Mark Rothko hat sich zeitlebens geweigert, seine Bilder zu interpretieren. Daher auch der zunehmende Verzicht auf Titel, die ja schon eine Interpretation darstellen und den Blick lenken. Ebenso wenig verlangte er Interpretationen von der Betrachterin, sondern eine „companionship":

> „A picture lives by companionship, expanding and quickening in the eyes of the sensitive observer. It dies by the same token. It is therefore a risky and unfeeling act to send it out into the world. How often it must be permanently impaired by the eyes of the vulgar and cruelty of the impotent who would extend their affliction universally!"[66]

Diese Gefährdung seiner Bilder hat Rothko nicht nur zurückhaltend gemacht, sie aus der Hand zu geben, sondern hat auch dazu geführt, dass er jede öffentliche Ausstellung eines Bildes an penible Vorschriften und strikte Bedingungen geknüpft hat. Für Galeristinnen und Kuratoren war er ein mühsamer Gesprächs-

---

[62] Rothko, The romantics (s.o. Anm. 60), 58. Vgl. auch das eindrückliche Vorwort von Christopher Rothko, Farbe, Form und Drama, in: Rothko. Die Color Field Paintings (s.o. Anm. 53), 6f.

[63] Sauerländer, Der verborgene Gott (s.o. Anm. 17), [3]: „Diese Epiphanien von Farben sind eine Gratwanderung zwischen Kunst und Philosophie, Kunst und Transzendenz, ja sogar Kunst und Religion."

[64] Boehm, Das Lebendige (s.o. Anm. 61), 184.

[65] Walter Benjamin, Das Kunstwerk im Zeitalter seiner technischen Reproduzierbarkeit. Erste Fassung, in: ders., GS I/2, Frankfurt a. M. 1980, 431–469, 440.

[66] Mark Rothko, The Ideas of Art: The Attitudes of Ten Artists on Their Art and Contemporaneousness (1947), in: ders., Writings (s.o. Anm. 14), 57.

und Geschäftspartner, weil er jeden Schritt bis ins Detail zu kontrollieren suchte.[67]

Die *companionship* zwischen Bild und Betrachterin hat Rothko auch – nicht ohne sexuelle Konnotationen – als eine „consummated experience" verstanden, als eine „vollzogene Erfahrung", wie es 1943 in einem Brief Rothkos und Gottliebs an den New York Times-Kunstkritiker Edward Alden Jewell heißt:

> „We do not intend to defend our pictures. They make their own defense. We consider them clear statements. Your failure to dismiss or disparage them is a prima facie evidence that they carry some communicative power. [...] No possible set of notes can explain our paintings. Their explanation must come out of a consummated experience between picture and onlooker. The appreciation of art is a true marriage of minds. And in art, as in marriage, lack of consummation is ground for annulment."[68]

Mit dieser sinnlich-erotisch konnotierten Beziehung zwischen Bild und Betrachterin hängt auch das große Format der Bilder zusammen:

> „I paint very large pictures, I realize that historically the function of painting large pictures is something very grandiose and pompous. The reason I paint them however [...] is precisely because I want to be intimate and human. To paint a small picture is to place yourself outside your experience, to look upon an experience as a stereopticon view or with a reducing glass. However you paint the larger picture, you are in it. It isn't something you command."[69]

Mit der Größe der Bilder verbindet sich also Rothkos Intention nach kein heroischer Gestus. Vielmehr will er es verhindern, dass deren Betrachter zu distanzierten Zuschauern werden, die über die Bilder urteilen und sie mit ihren Blicken taxieren und beherrschen. Statt um *Über*blicke geht es Rothko um *Ein*blicke, ja *Eingänge* in seine Bilder. Darum sollen diese so tiefgehängt werden, dass ihr unter der Mitte liegender Schwerpunkt etwa auf Höhe des Bauchnabels der Betrachterinnen (oder noch etwas tiefer) zu hängen kommt. Rothko empfiehlt, gerade seine großformatigen Bilder in einem Abstand von nicht mehr als 45 cm zu betrachten – in jener knappen Distanz, die er selbst zu ihnen einnahm, als er sie malte. Erst in dieser geringen Entfernung nimmt der Betrachter die Lebendigkeit, die leuchtende Tiefe und dynamische Bewegtheit des Bildes wahr, sieht er die Spuren einer mal ruhigen, mal aufgewühlten Pinselführung, nimmt er an den menschlichen Dramen teil, die Rothko in seinen Bildern ausgemalt hat, lässt er sich buchstäblich von den Bildern ein- und auf eine Reise durch sie mitnehmen. Statt sprachlicher Deutung ist es Rothko um eine sinnliche Verschmelzung, ein gegenseitiges Ineinanderaufgehen von Betrachter und

---

67 Vgl. etwa die Briefe an Katherine Kuh, in: Rothko, Writings (s.o. Anm. 14), 89–108.113.

68 Rothko['s] and Gottlieb's letter to the editor (1943), in: Rothko, Writings (s.o. Anm. 14), 35f.

69 Mark Rothko, How to combine Architecture, Painting, and Sculpture (1951), in: ders., Writings (s.o. Anm. 14), 74.

Bild, um eine „Hochzeit der Sinne“[70] zu tun – und allemal um ein langsames Sehen.[71]

Fast überflüssig zu sagen, dass Rothkos Intention einer geradezu intimen Beziehung zwischen Bild und Betrachterin sich nur schwer verträgt mit der Präsentation seiner Werke in öffentlichen Räumen.[72] Darum auch sein zunehmendes Interesse daran, eigene Räume zu finden, in denen die Betrachter ausschließlich mit einer kleinen Auswahl seiner Bilder konfrontiert sind.

3.5 *Die Braun-auf-Grau- und Schwarz-auf-Grau-Serien der letzten Lebensjahre – Ende oder Neuanfang?*

Untitled (Brown on Grey), 1969 (158,3 x 122,1 cm)

In den letzten beiden Lebensjahren Rothkos, 1969–1970, entstehen zwei Serien von dunklen Bildern, die Brown-on-Grey-Paintings auf Papier und die Black-on-Grey-Paintings auf Leinen, die meist aus seiner Biographie heraus erklärt und als Vorboten des Endes gesehen werden. Nach einem Aneurysma verschlechtert sich Rothkos Gesundheitszustand zusehends und er beginnt mit einer Bestandsaufnahme seiner Werke und mit seiner Nachlassregelung.[73] 1969 verlässt er seine Familie, lebt in seinem Atelier, einer umgewidmeten New Yorker Feuerwehrwache, und beginnt eine Beziehung mit der Witwe von Ad Reinhardt, Rita Reinhardt. Seine Alkoholsucht, das Kettenrauchen und der Missbrauch von Psychopharmaka verschlimmern seine Situation weiter, bis er sich am 25. Februar 1970 in seinem Atelier den Tod gibt.

---

[70] So übersetzt Gottfried Boehm „the marriage of minds“ und deutet diese als „unwiderstehliche Beziehung zwischen dem Auge des Betrachters und dem Bild“ (Das Lebendige, s.o. Anm. 61, 180).

[71] Vgl. etwa Janet Bishop, Mark Rothko: Der langsame Blick, in: Rothko. Die Color Field Paintings (s.o. Anm. 53), 8–12; Sauerländer, Der verborgene Gott (s.o. Anm. 17), [4]: „In optisch hastiger Zeit bieten Rothkos ‚Epiphanien‘ die schwierige Chance zum langsamen Sehen.“

[72] Mit Recht fragt Peter Iden in seinem FR-Artikel zur bisher letzten Ausstellung von Rothko-Werken in Europa: „Wie aber nun Bilder öffentlich ausstellen, die das hohe Maß an Intimität der Beziehung zwischen einem Bild und dem davon umfangenen Betrachter verlangen, das Rothko sich vorgestellt hat?“ – Mark Rothko in Den Haag: Etwas, das mehr wäre – URL: http://www.fr.de/kultur/mark-rothko-in-den-haag-etwas-das-mehr-waere-a-529440 (3.07.2018).

[73] Dass diese zum Verscherbeln zahlreicher Bilder Rothkos nach seinem Tod, zu einem der größten Kunstskandale und einem Aufsehen erregenden Prozess führte, gehört mit zur tragischen Lebensgeschichte Rothkos; vgl. dazu Seldes, Das Vermächtnis Mark Rothkos (s.o. Anm. 16).

Bild 4: Untitled (Brown on Grey), 1969 (158,3 x 122,1 cm)

Doch entgegen jenen Interpretationen, die in den dunklen Bildern der letzten Lebensphase nur einen Ausdruck der tiefen Depressionen und anderer Erkrankungen und Krisen des Künstlers erkennen können, möchte ich mich dieser einseitigen Deutung nicht anschließen, legt sie doch den Künstler in seinen letzten beiden Lebensjahren vor seinem Suizid auf *ein* Bild fest.[74] Dieser Interpretation widerspricht schon die Tatsache, dass er dunkle Bilder auch schon Jahre zuvor gemalt hat und dass es auch aus den letzten Lebensjahren Ölbilder auf Leinen mit leuchtenden roten, gelben, orangen, weißen Farbflächen und Acrylbilder auf Papier in pastellhellen Tönen gibt. Sein allerletztes Bild (Untitled, 152 x 145 cm, 1970) besteht aus kräftigen Rottönen und nimmt gleichsam den Anblick vorweg, der sich Oliver Steindecker, dem Assistenten Rothkos, zeigt, als er am Morgen des 25. Januar 1970 den Künstler leblos in seinem Atelier in einer großen Blutlache vorfindet.

Hoffnung und Entsetzen lassen sich bei Rothko nicht einseitig auf farbenfrohe und dunkle Bilder verteilen. In einer auf Youtube zu sehenden Einführung in die Rothko-Ausstellung in Rom 2006–2008 hat Kate Rothko – gegen den *main stream* der Auslegung und auch gegen ihre erste Wahrnehmung nach dem Tod des Vaters (sie war damals 20) – in den dunklen Bildern der letzten beiden Lebensjahre einen schöpferischen Neuanfang gesehen und sie nicht für das Ende

---

[74] Darum ist Werner Post beizupflichten, der in den späten dunklen Bildern eine deutliche Kontinuität zur surrealistisch-mythologischen Schaffensphase sieht: „Sie lassen sich viel eher als geronnene Form von nachzitterndem Schrecken dechiffrieren, in der sowohl biographische wie politisch-historische Erschütterungen, die er früher etwa in seinen Darstellungen des antiken Sehers Teiresias unmittelbar dramatisch artikulierte, ihre reife künstlerische Form gefunden haben" – Werner Post, „... das bereits bestehende Leiden": Zur Retrospektive über *Mark Rothko* (1903–1970), in: Orientierung 72 (2008), 161–163, 162.

seines Schaffens gehalten[75], während etwa Georges Waser – in Anspielung auf Samuel Beckett – vom „Endgame" spricht.[76]

Auch der Basler Kunsthistoriker und ehemalige Kunsthauskurator Oliver Wick, einer der besten Kenner des Rothko-Oeuvres, nimmt die dunklen Bilder in Kontinuität zum früheren Schaffen wahr:

> „Dunkelheit, Blackness, ist eine Konsequenz des Werkes. Etwas, das in Rothkos Malerei immer zugegen war, als Kontrast zu Farbe und Licht. In der Radikalität der letzten Schaffensjahre ist sie weit mehr willentlicher Entschluss als die unbewusste Folge einer schleichenden Depression und Melancholie. Der tragische Suizid hat damit wenig zu tun. In der konzentrierten Kraft wird Dunkelheit zu einem den Bildern geradezu eingeschriebenen Akt der Verweigerung: die Summe jahrelanger Enttäuschungen und schmerzlicher Erfahrungen. In diesem Sinne ist die Dunkelheit eigentlich eine Antwort an den Betrachter. In ihr spiegelt sich deutlich Rothkos Wunsch nach Anerkennung wie auch seine Angst, nicht verstanden zu werden. [...] In der Reduktion auf Nicht-Farbe, auf Schwarz, wird nun eine maximale Betrachterleistung eingefordert."[77]

Allerdings sieht Wick in diesen Bildern eine andere Beziehung zu den Betrachtenden als in den farbenfrohen großflächigen Rechtecken. Die meist scharfkantigen weißen Ränder dieser Bilder erzeugen für ihn „eine Bild im Bild Wirkung, die den Betrachter auf Distanz hält und ihn nicht mehr, wie bei seinen bisherigen Werken mit dem Bildraum umhüllt"[78]. „Isolation zwingt [den Betrachter, MLF], beim Sehen vor allem in sein inneres Ich zu schauen."[79] Mir aber ist es fraglich, ob damit diese späten dunklen Bilder die fast magische Attraktion und Sogwirkung früherer Werke verloren haben. Meine Erfahrung ist eine andere: Je schärfer der Binnenmeridian zwischen den beiden bisweilen turbulent bewegten Farbflächen gezogen ist, desto mehr wird die Betrachterin wie über eine planetare Kante in den schwarzen Abgrund gezogen. Die Betrachter verlieren beim Hineingehen in die Bilder ihrerseits den Boden unter den Füßen.

Untitled, 1969 (256,9 x 202,9 cm)[80]
Untitled, 1969 (266,1 x 289,6 cm)[81]
Untitled, 1969 (233,7 x 200,3 cm)[82]

---

75 Kate Rothko, About my father Mark. Part two. Video by Maria Teresa de Vito – URL: https://www.youtube.com/watch?v=4Nr7Mo-3EFA (3.07.2018).

76 Vom Farbenspiel zum Endgame. Mark Rothko – eine Retrospektive in der Tate Modern, in: FAZ vom 18./19. Oktober 2008, 25.

77 Oliver Wick, Mark Rothko, „A consummated experience between picture and onlooker", in: Fondation Beyeler (Hg.), Mark Rothko (s.o. Anm. 27), 23–34, 30f.

78 Flyer zur Ausstellung Mark Rothko Retrospektive in der Kunsthalle der Hypo-Kulturstiftung München vom 8.2.–27.4.2008, [3].

79 Wick, Sehnsucht nach Tradition (s.o. Anm. 36), 24.

80 Mark Rothko Retrospektive (s.o. Anm. 19), Katalog Nr. 110.

81 Mark Rothko Retrospektive (s.o. Anm. 19), Katalog Nr. 111.

82 Mark Rothko Retrospektive (s.o. Anm. 19), Katalog Nr. 112.

Untitled, 1969 (177,2 x 297,2 cm)[83]
Untitled, 1969/70 (203,8 x 175,6 cm)[84]

4. Die Rothko-Chapel in Houston/Texas – die Wahrung des Bilderverbots an einem Ort interkonfessioneller und interreligiöser Spiritualität

Schon vor den Braun-auf-Grau-Bildern auf Papier und den Schwarz-auf-Grau-Bildern auf Leinwand der letzten beiden Lebensjahre hat Rothko begonnen, dunkle Bilder zu malen. Die wohl eindrücklichste Serie stellen dabei die 14 *Murals* dar, die Rothko für eine vom Kunstsammler-Ehepaar John und Dominique de Menil in Auftrag gegebene Kapelle auf dem Campus der St. Thomas Catholic University in Houston von 1966 bis 1969 geschaffen hat.[85] Für Rothko selbst sind diese zu drei Triptychons und fünf Einzelbildern komponierten Werke sein wichtigstes künstlerisches Statement – und geradezu ein Glücksfall, nachdem er sich vom Kunstbetrieb immer mehr zurückgezogen hatte. Schon länger hatte er eine Vision: „It would be good if little places could be set up all over the country, like a little chapel where the traveler, or wanderer could come for an hour to meditate on a single painting hung in a small room, and by itself."[86]

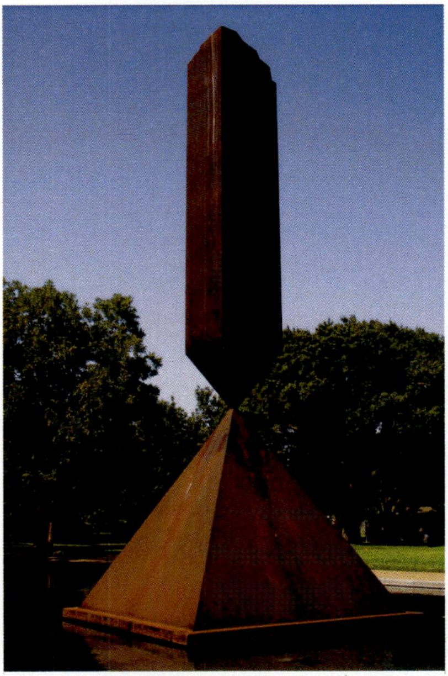

Bild 5: Barnett Newman, Broken Obelisk

Nun, um ein einzelnes Bild und einen kleinen Raum geht es nicht, sondern um ein den oktagonalen Taufkapellen nachempfundenen interkonfessionellen und interreligiösen Andachtsraum, dem alle religiösen Symbole fehlen – auch dies eine Achtsamkeit auf das Bilderverbot, die allererst den interreligiösen Gebrauch der Kapelle ermöglicht. Lediglich puristische

83 Mark Rothko Retrospektive (s.o. Anm. 19), Katalog Nr. 113.
84 Baal-Teshuva, Mark Rothko (s.o. Anm. 8), 90.
85 Zur Rothko-Chapel siehe etwa Breslin, Mark Rothko (s.o. Anm. 15), 553–582; Baal-Teshuva, Mark Rothko (s.o. Anm. 8), 73–79.
86 Zitiert nach Wick, Sehnsucht nach Tradition (s.o. Anm. 36), 27.

Holzbänke ohne Rückenlehne laden zur Meditation vor den dunklen Rothko-Bildern ein, die die Besucherinnen dieses Raumes umgeben. Wer die Kapelle betritt, dessen Blick fällt auf das zentrale, in sanften Brauntönen gehaltene Triptychon an der gegenüberliegenden Wand.

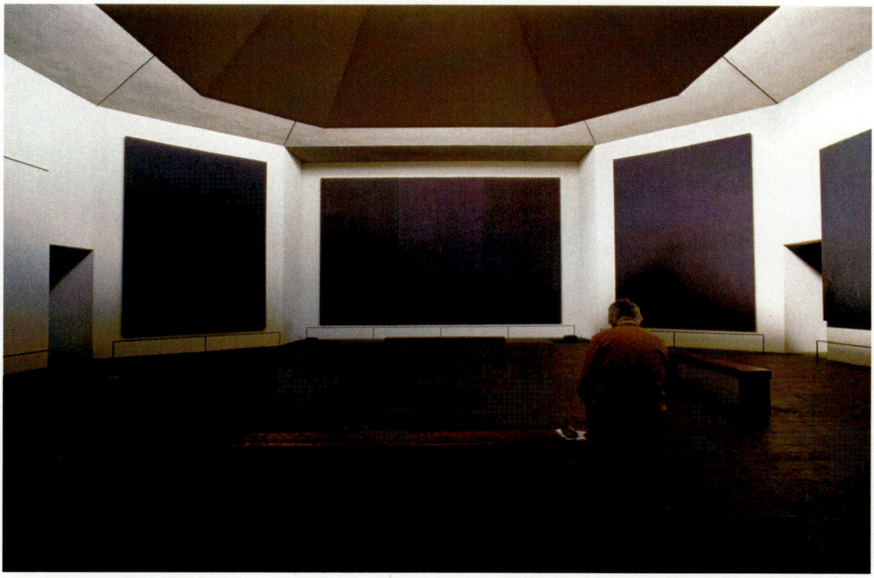

Bild 6: Rothko Chapel

Vor der Rothko Chapel steht eine Skulptur von Barnett Newman, der *Broken Obelisk*, der an Martin Luther King erinnert. Als die Kapelle am 26. Januar 1971 in Anwesenheit von führenden jüdischen, katholischen, protestantischen, griechisch-orthodoxen, muslimischen und buddhistischen Geistlichen eingeweiht wird, leben beide Künstler nicht mehr. Ich zitiere aus der Einweihungsrede von Dominique de Menil:

> „I think the paintings themselves will tell us what to think of them – when we give them a chance. They will educate us to judge them. Every work of art establishes its own base for criticism. Every work of art creates the climate in which it can be understood. [...] The more I live with them, the more impressed I am. Rothko wanted to bring his paintings to the greatest poignancy they were capable of. He wanted them to be intimate and timeless. Indeed they are intimate and timeless. They embrace us without enclosing us. Their dark surfaces do not stop the gaze. A light surface is active – it stops the eye but we can gaze into the infinite. They are warm too.“[87]

Für die Rothko-Chapel gilt, was Rothko auch schon für frühere Wandbilder wie die Havard und die Seagram Murals festgehalten hat: „I have made a place [...].

---

[87] Baal-Teshuva, Mark Rothko (s.o. Anm. 8), 74f.

They are not pictures."[88] Rothkos Bildraumkonzept hat eine neue Dimension gewonnen. Die Zusammenstellung von großformatigen Wandbildern an einem Ort erschafft sich selbst einen neuen Raum, geradezu ein Zuhause, in dem die Betrachter die Bilder nicht nur als eine Art personales Gegenüber wahrnehmen, sondern von ihnen umgeben sind, von ihnen umarmt und gehalten werden. Hier erst vollendet sich jene erotische „consummated experience" zwischen Bild und Betrachterin. Es erfüllt sich für Rothko das Ideal eines „contained space"[89], wie es auch die von ihm noch mit initiierte Einrichtung eines Rothko-Raumes mit den *Seagram Murials* in der Londoner Tate Gallery[90] zum Ausdruck bringt, der im Mai 1970 wenige Wochen nach Rothkos Tod eröffnet wird. Vielleicht könnten wir dieses Phänomen auch so beschreiben: *Ein* Rothko allein ist noch kein Rothko. Mit den Mitteln des Bildes ist Rothko – in einem Konzept der *Überschreitung* unserer traditionellen Sehgewohnheiten – über das Bild hinausgegangen. Dient er nicht auch darin dem Bilderverbot? Allemal ist hier jede museale Funktion von Bildern an ihr Ende gekommen: „Der Maler [...] wollte weder Museen noch schnöde Ausstellungshäuser, er verlangte nach Kunstkapellen, in denen Augen-Wallfahrer und feinsinnige Kunstpilger sich in Betrachtung seines Werkes verlieren sollten", wie Oliver Herwig in seiner klugen Rezension der Münchener Retrospektive erinnert.[91]

---

88 Dore Ashton, Mark Rothko, New York 1983, 155. Rothkos raumkategorischen Aussagen wäre näher nachzugehen; reizvoll erscheint mir hier eine Knüpfung mit dem rabbinischen Gottesnamen ha-maqom, nach dem die Welt nicht länger Ort Gottes, sondern Gott der Ort der Welt ist. Siehe dazu etwa Helga Völkening, Die Gottesbezeichnung HaMakom. Topologie eines Topos oder ein Topos ohne Topologie?, in: Makom. Orte und Räume im Judentum: Real. Abstrakt. Imaginär. Essays, hg. von Michael Kümper u.a., Hildesheim u.a. 2007, 75–86; zur christlichen Rezeption siehe Friedrich-Wilhelm Marquardt, was dürfen wir hoffen, wenn wir hoffen dürften? Eine Eschatologie. Bd. 3, Gütersloh 1996, 424–446; Jürgen Moltmann, Gott und Raum, in: ders./Carmen Rivuzumwami (Hg.), Wo ist Gott? Gottesräume – Lebensräume, Neukirchen-Vluyn 2002, 29–41; Magdalene L. Frettlöh, Von den Orten Gottes zu Gott als Ort. Mâqôm, eine rabbinische Gottesbenennung, und die christliche Lehre von der immanenten Trinität, in: dies./Jan-Dirk Döhling (Hg.), Die Welt als Ort Gottes – Gott als Ort der Welt. Friedrich-Wilhelm Marquardts theologische Utopie im Gespräch, Gütersloh 2001, 86–124; dies., Trinitarische Wohngemeinschaft. Ha-maqom – die geräumige Gottheit, in: dies., Gott, wo bist Du? Kirchlich-theologische Alltagskost. Bd. 2 (Erev-Rav-Hefte: Biblische Erkundungen 11), Wittingen 2009, 79–97; Matthias Wüthrich, Raum Gottes. Ein systematisch-theologischer Versuch, Raum zu denken (FSÖTh 143), Göttingen 2015, bes. 325ff.419ff.

89 „Mir war mein inniges Bedürfnis bewusst, *einen Ort* zu gestalten, der *in sich geschlossen* ist und vollkommen mir gehört" (Mark Rothko, Notizen über den Auftrag für die Seagram Wandbilder, in: Mark Rothko Retrospektive, s.o. Anm. 19, 31, Hervorhebungen im Original unterstrichen).

90 Zu diesem einzigen zu Lebzeiten Rothkos von ihm geplanten Raum allein mit eigenen Werken siehe etwa Breslin, Mark Rothko (s.o. Anm. 15), 609–614.

91 Oliver Herwig, Brennendes Schwarz in dunklen Sonnen. Die weite Welt des Klaustrophobikers: Eine atemberaubende Retrospektive Mark Rothkos in München, in: Frankfurter Rundschau 64/35 (9. Februar 2008), 36.

5. „Companionship" von Bild und (Schrift-)Wort

Für eine „Companionship" mit seinen großformatigen, dramatisch bewegten Farbflächenbildern, wie Mark Rothko sie sich von sensitiven, empathischen Betrachtern gewünscht hat, bedarf es des intimen Blickwechsels mit dem Bild in Originalgröße aus allernächster Nähe. Mein Referat kann darum nicht mehr sein als eine Einladung und Wegbereitung zu einer solchen Begegnung mit dem Original. Die Betrachtung von Reproduktionen, die farblich häufig vom Original abweichen, die die leuchtende Tiefe und die dramatische „Durchatmetheit" der Bilder Rothkos bestenfalls erahnen lassen und allemal viel kleiner als diese ausfallen, ermöglicht keine erfüllende, das Bild vollendende Erfahrung zwischen ihm und seinen Betrachterinnen, keinen Vollzug einer „Hochzeit der Sinne", kein gegenseitiges Ineinanderaufgehen von Betrachter und Bild.

Angesichts dieser engen Grenzen eines Redens von Bildern Mark Rothkos im Horizont des biblischen Bilderverbots möchte ich mich zum Schluss dem nun schon öfter gezeigten Bild *Saffron* auf andere Weise annähern. Ich leihe mir Rothkos Begriff der „companionship" zwischen Bild und Betrachterin und weite ihn aus, indem ich ihn auf eine Gemeinschaft zwischen Bild und Bibeltext und auf eine Gemeinschaft zwischen Bild und Bild appliziere. Nicht, dass damit die „companionship" zwischen dem Bild und mir als seiner Betrachterin aufgehoben wäre; in ihr wurzelt ja meine Wahl einer biblischen Erzählung als Gefährtin des Rothko-Bildes ebenso wie meine Konfiguration zweier Bilder, die Rothko selbst vermutlich nie nebeneinander oder auch nur in einem gemeinsamen Raum hätte aufhängen lassen. Doch durch die Konfiguration mit einem Dritten wird die intime Interne der zweistelligen Bild-Betrachterin-Beziehung aufgebrochen[92], denn – daran hat

[92] Die Beobachtung, dass ich selbst im Vortrag an dieser Stelle einen Schritt vom Katheder zurückgetreten bin, als träte ich beim Betrachten eines Rothko-Bildes – fast erschrocken über dessen Macht – aus der von Rothko gewünschten intimen Nähe zurück, hat Joachim von Soosten zu dem trefflichen Kommentar veranlasst, dass Mark Rothko seine eigene Treue zum Bilderverbot dort gefährdet, wo er eine Bild-Betrachterin-Beziehung intendiert, der jede Distanz abhanden gekommen ist und in der das Bild gleichsam magische Anziehungskraft auf seine Betrachter ausübt. Wo sich das Bild seiner Betrachter bemächtigt, ist das Bilderverbot bereits verletzt. Die von Rothko intendierte „consummated experience" erweist sich als eine schwierige Gratwanderung, will sie aufatmen lassen und die Betrachtenden nicht bannen. Die belebende Macht der lebendigen Bilder darf nicht zur Beherrschung verkommen, in der die Betrachterinnen wehrlos überwältigt werden. Entsprechend mag auch Oliver Herwigs Empfehlung, in die sein Artikel zur Rothko-Retrospektive 2008 einmündet, mit einer kräftigen Prise Ironie gewürzt sein: „Also: Ansehen, Hineinspringen, hemmungslos Weinen" (Herwig, Brennendes Schwarz, s.o. Anm. 93, 36).

Emmanuel Lévinas erinnert[93] – der/die Dritte stört immer, da mit ihm/ihr sich die Frage der Gerechtigkeit stellt: Auf wessen Anspruch soll ich zuerst antworten?

Saffron, 1957 (177 x 137 cm) konfiguriert mit Ex 3,1–7

Ich konfiguriere Rothkos Bild „Saffron“ mit dem Anfang der Erzählung vom brennenden Dornbusch und lese Ex 3,1–7 in der Verdeutschung von Buber/Rosenzweig und überlasse Ihrer Hörsicht die Entfaltung einer *companionship* zwischen Bild und Schriftwort:

> „Mosche war Hirt der Schafe Jitros seines Schwähers, Priesters von Midjan.
> Er leitete die Schafe hinter die Wüste – er kam an den Berg Choreb.
> Sein Bote ließ sich von ihm sehen in der Lohe eines Feuers mitten aus dem Dornbusch.
> Er sah: da, der Dornbusch brennt im Feuer, doch der Dornbusch bleibt unverzehrt.
> Mosche sprach: Ich will doch hintreten und ansehn dieses große Gesicht –
> warum der Dornbusch nicht verbrennt.
> Als Er aber sah, dass er hintrat, um anzusehn, rief Gott ihn mitten aus den Dornbusch an,
> er sprach: Mosche! Mosche! Er sprach: Da bin ich.
> Er aber sprach: Nahe nicht herzu, streife deine Schuhe von deinen Füßen,
> denn der Ort, auf dem du stehst, Boden der Heiligung ists.
> Und sprach: Ich bin der Gott deines Vaters,
> der Gott Abrahams, der Gott Jizchaks, der Gott Jaakobs.
> Mosche barg sein Antlitz, denn er fürchtete sich, zu Gott hin zu blicken.
> Er aber sprach: Gesehn habe ich, gesehn die Bedrückung meines Volks, das in Ägypten ist,
> ihren Schrei von seinen Treibern habe ich gehört, ja, erkannt habe ich seine Leiden.“

Um zumindest anzudeuten, wie sehr in einer solchen experimentellen Rezeption Rothkos Bild „Saffron“ das Bilderverbot wahrt, stelle ich ihm zwei andere ikonographische Inszenierungen von Ex 3 zur Seite:

Saffron, 1957 (177 x 137 cm) und Nicolas Froment, Triptychon des brennenden Busches (Mittelteil) in der Kathedrale Saint-Siffrein in Aix-en-Provence (um 1475)[94]

Zunächst das mittlere Bild des Triptychons vom brennenden Dornbusch in der Kathedrale von Aix-en-Provence von Nicolas Froment, das die mariologisch-christologisch-ekklesiologische Interpretation von Ex 3 ins Bild setzt: Hier erscheinen die die Kirche repräsentierende Gottesmutter Maria und ihr Sohn im brennenden Busch, während der Gottesbote nicht länger aus den Flammen

[93] Siehe insbes. Emmanuel Lévinas, Jenseits des Seins oder anders als Sein geschieht. Aus dem Französischen übersetzt von Thomas Wiemer, Freiburg/München 1992, bes. 342–353. Dazu: Pascal Delhom, Der Dritte. Lévinas' Philosophie zwischen Verantwortung und Gerechtigkeit (Phänomenologische Untersuchungen 14), München 2000.

[94] Abgebildet etwa in Till Holger Borchert, Jan van Eyck und seine Zeit. Flämische Maler und der Süden 1430–1530, Stuttgart 2002, 43 (Abb. 49).

spricht, sondern sich in personaler Gestalt dem Schafe hütenden Mose zuwendet.[95]

Saffron, 1957 (177 x 137 cm) und Marc Chagall, Mose vor dem brennenden Dornbusch

In einem der Bilder Chagalls zu dieser Erzählung ist es der Gottesname, das Tetragramm, das sich aus dem flammenden Dornbusch dem gehörnten Mose heraus in einem sonnengleichen Lichtglanz, neben dem eine kleine Engelfigur herabschwebt, offenbart. Ich lese dieses Bild auch als Hinweis auf die enge Knüpfung zwischen dem Gebot der Namensheiligung und dem Bilderverbot. Der (unaussprechliche) göttliche Eigenname bewahrt die Gottheit vor der Fixierung in *ein* Bild.

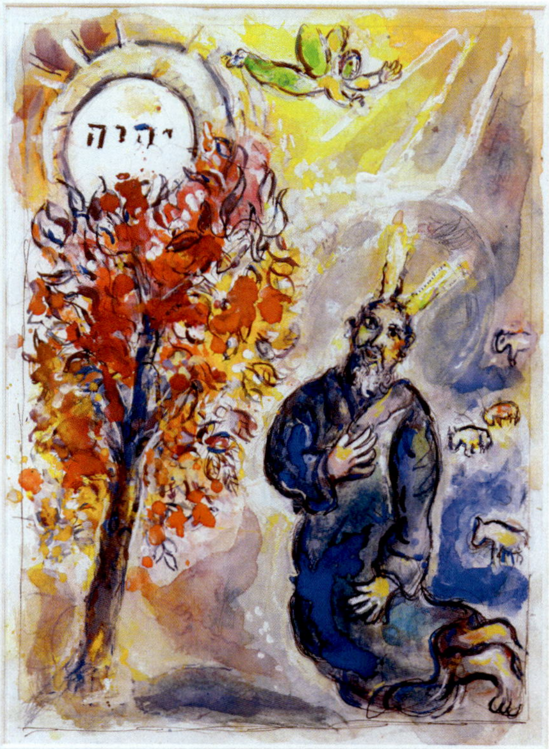

Bild 7: Marc Chagall, Mose vor dem brennenden Dornbusch

Mark Rothkos *Saffron* radikalisiert in meiner Lektüre die das Bilderverbot achtende, aber figürlich bleibende Inszenierung Chagalls von Exodus 3. An die Stelle des Gottesnamens bei Chagall ist bei Rothko das Safrangelb getreten, das aus dem Bildhintergrund hervorleuchtet und sich zwischen den beiden flammenden Rotflächen in einem strahlend hellen Streifen Bahn bricht. *Saffron* gibt – so gedeutet – seinen Betrachterinnen den Blick auf den Einbruch der Transzendenz in die Krisen- und Brandherde unserer Zeit frei.

---

95 Zur Konfiguration der Dornbusch-Erzählung mit dem Triptychon N. Froments siehe auch Magdalene L. Frettlöh, Namhafte Nähe *und* gehörige Distanz. Ex 3,1–10(11–14). Letzter Sonntag nach Epiphanias (13.02.2011), in: GPM 65/1 (2010/11), 128–134.

6. „Companionship von Bild zu Bild“: Rothkos vorletztes Bild und Saffron (1957)

Für Rothko ist die tragische Erfahrung die einzige Quelle von Kunst.[96] Entgegen der Wahrnehmung vieler Betrachter hat er auch in seine leuchtenden farbkräftigen Bilder die Gewaltförmigkeit der Lebenswirklichkeit, die sie bezeugen, eingeschrieben. Die Erfahrung von Gewalt steht an der Wiege nicht nur seiner dunklen Bilder:

> „The manger of my pictures is violence – and the only balance admissible is the precarious moment before the instant of disaster. ... I am (therefore) always surprised to hear that my pictures are peaceful. They are a tear. They are born in violence.“[97]
> „Denjenigen, die meine Bilder für heiter halten, ganz egal, ob sie es aus Freundschaft tun oder weil sie das in den Bildern erkannt zu haben glauben, muss ich sagen, dass ich in jedem Zentimeter dieser Bilder die äußerste Gewalt eingefangen habe.“[98]

Schon im zuletzt gezeigten unbetitelten Bild der Schwarz-auf-Grau-Serie aus dem Jahr 1969/70 schimmerte am oberen Rand des bewegten dunkelgrauen Rechtecks der hellgraue Hintergrund des Bildes durch, der dort aber – in meiner Wahrnehmung – den Sog der gewichtigen schwarzen oberen Bildhälfte nur noch verstärkte.

Saffron, 1957 (177 x 137 cm) und
Untitled (Black on Grey), 1969/70 (175,3 x 235 cm)[99]

Anders lese ich Rothkos wohl vorletztes Bild, das ebenfalls eine tiefschwarze obere Bildhälfte zeigt, aber im unteren bewegten hellgrauen Teil und vor allem am Übergang beider Farbrechtecke den weißen Bildhintergrund hervorscheinen lässt. Am Zusammentreffen beider Farbflächen zeigt sich so eine Art Silberstreifen am Horizont, der dem Sog in die schwarze Tiefe Einhalt zu gebieten scheint, wie der Einbruch der Transzendenz im hellen Streifen von *Saffron* in meiner Konfiguration mit Ex 3,1–7 Mose Einhalt gebietet, damit er nicht dem Dornbusch als dem Ort der verborgenen, aber lichterloh brennenden Epiphanie Gottes zu nahekommt.

Gewiss, anders als Mose, der sich auf Hörsicht zu dem heruntergekommenen Gott hält und die von Gott hervorgerufene Grenze nicht überschreitet, hat dieser lichte Streifen zwischen dem Grau und dem Schwarz seines vorletzten Bildes nicht ausgereicht, um Mark Rothko davon abzuhalten, Hand an sich zu legen und

---

96 Siehe Mark Rothko, Personal Statement (1945), in: ders., Writings (s.o. Anm. 14), 45.
97 Mark Rothko, zitiert nach: Wick, Sehnsucht nach Tradition (s.o. Anm. 36), 26.
98 Mark Rothko, zitiert nach Breslin, Mark Rothko (s.o. Anm. 15), Umschlagrückseite.
99 Baal-Teshuva, Mark Rothko (s.o. Anm. 8), 17.

sich den Tod zu geben und dabei ein letztes Mal ein kräftiges Blutrot ins Bild zu bringen.

Untitled (Black on Grey), 1969/70 (175,3 x 235 cm)
und Saffron, 1957 (177 x 137 cm)

Doch spricht dies gegen eine *companionship* des vorletzten Bildes von 1970 mit *Saffron* aus dem Jahr 1957? Entspricht es nicht vielmehr dem Bilderverbot, die Bilder aus den verschiedenen Schaffensphasen Rothkos und damit auch die farbenflammenden und die dunklen Werke der reifen Lebensphase Rothkos zusammenzusehen und zwischen ihnen hin und her zu gehen, wenn denn „Du sollst dir *kein* Bild machen" auch bedeutet: „Du sollst dir *nicht nur ein* Bild machen"? So bricht meine improvisierte *companionship* mit Bildern Mark Rothkos ab mit einem Bildwechsel zwischen Rothkos vermutlich vorletztem Bild und *Saffron* 1957 – angesichts des Unheils *und* der Heilung, die Frank und Marlene Crüsemann während der letzten Jahre widerfahren sind, in *dieser* die chronologische Abfolge umkehrenden Konfiguration, denn

> „Spräche ich: Finsternis möge mich decken!
> so muss die Nacht auch Licht um mich sein.
> Denn auch Finsternis nicht finster ist bei dir,
> und die Nacht leuchtet wie der Tag,
> Finsternis ist wie das Licht."
> (Psalm 139,11f. – Luther 1912).

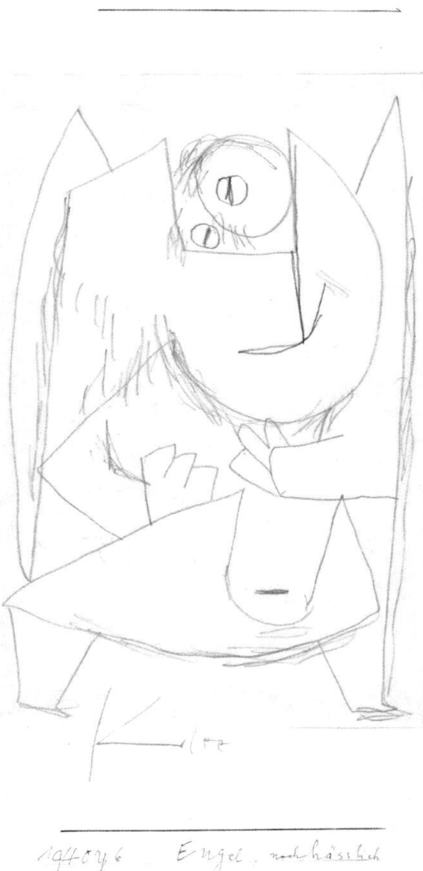

Paul Klee: Engel, noch hässlich

„Diesseitig bin ich gar nicht fassbar …" (Paul Klee) Engel als Verkörperung des Bilderverbots

Michaela Geiger

1. Bilder der Transzendenz

Bilder von Engeln machen Unsichtbares sichtbar. Über die Gestalt des Unsichtbaren herrscht überraschende Einigkeit: Engel sind menschengestaltig und haben Flügel. Die Bandbreite moderner Engeldarstellungen reicht von orthodoxen Engelikonen über niedliche Engelfiguren über dem Kinderbett bis hin zu dekorativen Engelmustern auf Geschirrhandtüchern. Durch ihre vermeintliche Sichtbarkeit scheinen die Engel die persönliche Beziehung zum Göttlichen zu erleichtern, sie verkörpern eine Religion der Nähe – im Kontrast zu dem vermeintlich unnahbaren, unsichtbaren Gott.[1]

Paul Klees Engelzeichnungen gehören zu den Bestsellern unter den modernen Engelbildern. Sie sprechen die Betrachter*innen unmittelbar an, indem sie elementare Emotionen zum Ausdruck bringen: „es weint", „Engel voller Hoffnung", „Zweifelnder Engel". Auf den ersten Blick scheinen sie nichts zu verbergen. Bei genauerem Hinsehen wird das Bild uneindeutiger: Klees Engel verkörpern Metamorphosen, sie üben Grenzüberschreitungen zwischen Diesseits und Jenseits. Darin sind auch sie Bilder der Transzendenz.

Klees Engelbilder und die alttestamentlichen Erzählungen über Gottes Boten verbindet, dass sie von der Spannung zwischen Präsenz und Sich-Entziehen leben und Grenzüberschreitungen ausloten. In den meisten Engelbildern Paul Klees und in manchen alttestamentlichen Erzählungen gelingt es durch das Stilmittel der Ironie, Engel nicht festzuschreiben, sondern ihre Identität in der Schwebe zu halten. Beschriebene und gezeichnete Engelbilder können als Interpretationen des Bilderverbots verstanden werden: Durch das Gezeigte verweisen sie auf das Unsichtbare. Text und Bild ermöglichen eine Ahnung des Unsichtbaren und erweisen sich von dort her als vorläufig und fragmentarisch.

1 Vgl. Michaela Geiger, Engelvorstellungen aus alttestamentlicher Perspektive, PTh 102 (2013), 486–506 (486–490), und Thomas Ruster, Die neue Engelreligion. Lichtgestalten – dunkle Mächte, Kevelaer 2010, 11–27.

2. Der Bote Jhwhs und das Bilderverbot

Das Alte Testament kennt verschiedene Engelwesen. In der göttlichen Sphäre angesiedelt sind die Mitglieder des göttlichen Thronrats (1Kön 22,19–22), des Himmlischen Heers (2Kön 6,17; 7,6), die Cherubim (Ps 18,11; 1Sam 4,4; Gen 3,24) und die Serafim (Jes 6,2–7). Der Bote Jhwhs (*mal'ak jhwh*), auf den ich mich im Folgenden konzentrieren werde, wirkt in der menschlichen Sphäre: Er tritt als Mittler auf der Erde auf und überbringt seinem Adressaten bzw. seiner Adressatin eine göttliche Botschaft. Dabei begegnet er in menschlicher Gestalt und ohne Flügel (Gen 16,7–14; Ri 6,11–24). Erzählungen malen die Begegnung mit dem Boten Jhwhs aus – von einer bildlichen Darstellung ist in den Texten nicht die Rede, und aus der Umwelt des Alten Testaments ist kein Bild eines Boten Jhwhs überliefert.

Das alttestamentliche Bilderverbot verbietet die Darstellung des Boten Jhwhs nicht. Im Dekalog folgt das Bilderverbot direkt auf das Gebot „Du sollt keine anderen Götter neben mir haben.“ (Ex 20,3; Dtn 5,7). Das Bilderverbot „Du sollst dir kein Bild (*pæsæl*) machen“ (Ex 20,4–6; Dtn 5,8–10) bezieht sich darum auf die kultische Verehrung der Statue (*pæsæl*) einer anderen Gottheit, wie die Israelit*innen sie insbesondere im Babylonischen Exil (6. Jh. v.u.Z.) kennengelernt hatten. Der Gott Israels wurde spätestens seit der exilischen Zeit bildlos verehrt – ob es in vorexilischer Zeit eine Statue Jhwhs oder ein symbolische Repräsentation (Stele, Stierbild o.ä.) gab, ist nicht mit Sicherheit zu sagen.[2] Das Bilderverbot untersagt also nicht die Vorstellung Gottes in Sprachbildern („mein Fels“: Ps 18,3; „mein Hirte“: Ps 23,1) oder in Erzählungen. Alttestamentliche Texte lassen Gott am Abend durch den Garten spazieren (Gen 3,8), flankiert von Serafim auf dem Thron sitzen (Jes 6,1), und sie erzählen, wie Gott Israel mütterlich liebt, wegstößt und das eigene Verhalten bereut (Hos 11). Solche Szenen ermöglichen es den Leser*innen, sich lebendige Bilder von Gott zu machen, ohne ihn/sie auf ein Bild festzulegen.

Das Bilderverbot steht in zwei alttestamentlichen Traditionslinien: der Kult- und der Rechtstradition. Beiden ist der Bote Jhwhs ursprünglich fremd. Der Bote Jhwhs begegnet in alltäglichen Situationen an gewöhnlichen Orten (vgl. Gen 16,7; 28,11f.; 32,2f.; Ri 6,11), die in der Folge der Begegnung zu Kultstätten erklärt werden können (Gen 16,13f.; 28,18f.; 32,2f.; Ri 6,24). Mit dem Tempel sind andere himmlische Wesen verbunden: Die Serafim in Jes 6,1–7[3] und vielfach die

2 Vgl. Michaela Bauks, Art. Bilderverbot (AT), WiBiLex, https://www.bibelwissenschaft.de/stichwort/15357/

3 Vgl. dazu Friedhelm Hartenstein, Die Unzugänglichkeit Gottes im Heiligtum. Jesaja 6 und der Wohnort JHWHs in der Jerusalemer Kulttradition (WMANT 71), Neukirchen-Vluyn 1997, 182–205: Die Serafim (*śrf* „brennen“), ursprünglich „Wüstenschlangen“ (Num 21,6–9; Dtn 8,15; Jes 30,6), verkörpern in Jes 6 das bevorstehende Gottesgericht, das „kurz davor

Cherubim (Ex 25,18–22; 1Kön 6,23–35; 1Chr 28,18; Ez 9,3; 10; 11,22): Mit ihren Flügeln bilden sie den Thron des unsichtbaren Gottes, der darum den Beinamen „Cherubenthroner" trägt (1Sam 4,4; Ps 80,2; 99,1 u.ö.), bzw. beschirmen die Lade (Ex 25,19–22; 37,6–9; 2Chr 5,2); außerdem sind sie als Dekoration an Wänden (1Kön 6,29), Türflügeln (1Kön 6,32.35) und Vorhängen (Ex 26,31; 2Chr 3,14) dargestellt.[4] Diese bildlichen Darstellungen der Cherubim im Allerheiligsten rufen in nachexilischer Zeit keinerlei Kritik hervor, sie unterliegen nicht dem Bilderverbot.

Der Bote Jhwhs hat eine andere Funktion: Er repräsentiert eine Form der Gottesbegegnung außerhalb des Kults, die unabhängig von priesterlicher Vermittlung ist. Der Bote Jhwhs kommt überraschend, ohne Voraussetzungen seitens seines Adressaten / seiner Adressatin. Er knüpft seine gute Nachricht nicht an Bedingungen. Mit der alttestamentlichen Rechtstradition hat er ursprünglich keine Berührung. Erst dem nachexilischen Boten des Exodus (Ex 23,20–23) wächst die Rolle zu, als Hüter Israels auch Gebotsübertretungen zu ahnden (vgl. Ri 2,1–5).

Vom Verbot plastischer Gottesdarstellungen im Kult ist der Bote Jhwhs nicht betroffen. Die Intention des Bilderverbotes ist jedoch auch in Bezug auf den Boten Jhwhs relevant: Das Bild darf nicht mit dem Dargestellten verwechselt werden. Das Problem kann sich in dreifacher Weise stellen. Erstens besteht die Gefahr, dass eine Gottesstatue in Menschen-, Tier- oder Gestirnsgestalt die göttliche Macht und Lebendigkeit auf etwas Sichtbares, *von Gott Geschaffenes* reduziert (Dtn 4,15–18). Das zweite Problem besteht darin, dass Kultstatuen *von Menschen gemacht* sind (*ʿśh* „machen" in Ex 20,4; Dtn 5,6); Jes 44,9–20 beschreibt detailliert die handwerklichen Tätigkeiten, die für das „Machen" einer Gottesstatue erforderlich sind. „Der Verweis auf die technische Vorgehensweise unterstreicht die Gebundenheit an die menschliche Sphäre [...]. Laut Deuterojesaja kann das auf irdischem Weg entstandene Bild folgerichtig nur zu *einem* Wirklichkeitsbereich gehören: zur sichtbaren immanenten Welt."[5] Dass im Kultbild Gott selbst sichtbar wird, ist demnach ausgeschlossen.[6] Und drittens untersagt das

---

ist, zu ‚entbrennen'" (a.a.O., 195). Im perserzeitlichen Visionstext Sach 3 ist auch der Bote Jhwhs in einem kultischen Kontext zu sehen.

4 Die Dekoration mit Kerubim hat nicht nur ästhetische Funktion, vielmehr dient ihre Darstellung auf (Zelt-)Wänden und Vorhängen dazu, den Übergang von innen und außen zu schützen. In Name, Funktion und Gestalt stehen sie in der Tradition der assyrischen *kāribu/kāribtu*, die – meist in Gestalt geflügelter Stiere oder Löwen mit Menschenkopf – als Wächterfiguren an den Toren neuassyrischer Paläste standen (vgl. Friedhelm Hartenstein, Cherubim and Seraphim in the Bible and in the Light of Ancient Near Eastern Sources, in: Friedrich V. Reiterer u.a. (Hg.), Angels. The Concept of Celestial Beings – Origins, Development and Reception, Deuterocanonical and Cognate Literature Yearbook 2007, Berlin/New York 2007, 155–188, hier 158).

5 Bauks, Art. Bilderverbot, 5.2.

6 Die in Jes 44,9–20 geschilderte Herstellung einer Gottesstatue hat wenig mit den aufwändigen rituellen Verfahren zu tun, mit denen altorientalische Kultstatuen hergestellt

dekalogische Bilderverbot in Ex 20,4; Dtn 5,6, ein Kultbild *für dich* (*lᵉḵā*) zu machen: „Dieser Dativ/Reflexiv zeigt die Selbstbezüglichkeit einer Handlung an [...]: Es soll kein ‚Bild' *aus eigenem Antrieb und zur Befriedigung eigener Bedürfnisse*“[7] gemacht werden.

Übertragen auf die Rede vom Boten Jhwhs bedeutet das: Der Bote Jhwhs kann und darf nicht auf die menschliche Gestalt reduziert werden, in der er seinen Adressat*innen begegnet. Er entzieht sich menschlicher Verfügungsmacht ebenso wie den Interessen und Wünschen seiner Adressat*innen. Auf welche Weise Unvorstellbarkeit und Unverfügbarkeit in alttestamentlichen Botenerzählungen und in den Engelbildern Paul Klees in Szene gesetzt werden, soll im Folgenden analysiert werden. In beiden Darstellungsweisen spielt das Stilmittel der Ironie eine zentrale Rolle.

3. Ironie als Sprache der Unverfügbarkeit

Zwischen Abbildung und Abgebildetem, Worten und Beschriebenem verweist das Stilmittel der Ironie auf ein Drittes, das zwischen beiden Polen aufscheint, so interpretiert Carolyn Sharp die Wirkung von Ironie: „Irony is a performance of misdirection that generates aporetic interactions between an unreliable ‚said' and a truer ‚unsaid' so as to persuade us of something that is subtler, more complex, or more profound than the apparent meaning.“[8] Dieses Dritte kann raffinierter, komplexer oder tiefer als die offensichtliche Bedeutung sein. Ironie ermöglicht es darum, etwas zu begreifen, das nicht auf andere Weise gesagt werden kann.

Damit diese komplexe Kommunikation gelingen kann, sind bestimmte Voraussetzungen erforderlich. Die mündliche, bildliche oder schriftliche Darstellung („performance“) muss als ironisch erkannt werden: Sprecher*in, Maler*in oder Schreiber*in setzen Ironiesignale, die von den Rezipient*innen erfasst und zutreffend gedeutet werden. Ironiesignale sind nicht allgemeingültig, sondern kultur- und kontextspezifisch[9] – darum kann es schwierig sein, Ironie in biblischen Texten wahrzunehmen und angemessen zu deuten. Als

---

und in ihre kultische Funktion überführt werden, so dass nach altorientalischer Vorstellung „das Bild kein Artefakt mehr war, sondern eine übermenschliche Erscheinungsform des Gottes“ (Friedhelm Hartenstein in: ders./Michael Moxter, Hermeneutik des Bilderverbots. Exegetische und systematisch-theologische Annäherungen, Leipzig 2015, 42; vgl. ausführlich Angelika Berlejung, Die Theologie der Bilder. Herstellung und Einweihung von Kultbildern in Mesopotamien und die alttestamentliche Bilderpolemik, OBO 162, Fribourg/Göttingen 1998).

7 Hartenstein, Hermeneutik, 103 (Hervorhebung dort).

8 Carolyn Sharp, Irony and Meaning in the Hebrew Bible, Bloomington 2009, 24.

9 Vgl. Sharp, Irony, 32.

zentrales Ironiesignal gilt eine beobachtbare Inkongruenz, die die Erwartungen der Rezipient*innen irritiert.[10] Die Erwartungswidrigkeit kann sich auf die Verwendung von Begriffen beziehen,[11] auf die Inkongruenz zwischen Thema und Stil[12] oder auf die Absurdität des Dargestellten.[13] Alle Spielarten sind in Ri 13 ebenso wie in Klees Engelbildern zu entdecken.

Das ironische Irritieren der Erwartungen ermöglicht die Überschreitung eigener Grenzen des Denkens, Glaubens oder Vorstellens, „[...] inviting us into an experience of alterity that moves us toward new insight by problematizing false understandings".[14] Ironie öffnet Deutungsspielräume und führt – im Sinne eines Transzendierens – über die Begrenzungen des Denkens und der Vorstellung hinaus.

Ironie kann ein Weg sein, das Bilderverbot ernst zu nehmen. Sie macht es unmöglich, ein Engelbild oder eine Erzählung über den Boten Jhwhs mit dessen göttlicher Realität zu verwechseln. Ein ironischer Künstler weiß um die Begrenztheit der Darstellung und gibt den Versuch nicht auf, etwas Wahreres hinter dem unverlässlichen Gezeigten aufscheinen zu lassen. Eine ironische Leserin oder Betrachterin heißt die Irritation willkommen und lässt sich auf das Abenteuer ein.

4. Den Boten Jhwhs sehen (Ri 13,2–24)

Die Erzählung Ri 13,2–24 bildet die Ouvertüre zu den Simsonerzählungen (Ri 13–16): Sie nimmt die ganze Zeitspanne von Schwangerschaft (V. 4f.) und Geburt (V. 24) über Simsons Bestimmung als Geweihter Gottes (Nasiräer: V. 5.7) und Retter Israels (V. 7) bis zu seinem Tod (V. 7) in den Blick. Gestaltet ist die Ouvertüre als dreifache Begegnung mit dem Boten Jhwhs, der zunehmend zum eigentlichen Zentrum der Erzählung wird. Die Schilderung dieser Begegnungen trägt

---

10 Vgl. Sharp, Irony, 27: „irony [...] always exploits some sort of disjuncture". Für Edwin M. Good, Irony in the Old Testament, London 1965, 30 besteht die Inkongruenz „between what is and what ought to be". Douglas Colin Muecke, Irony Markers, Poetics 7 (1978), 363–375, 365 spricht von "some form of perceptible contradiction, disparity, incongruity or anomaly which can then be naturalized or assimilated by the addressee's recognizing its metacommunicational function".

11 Vgl. Hannele Kohvakka, Ironie und Text. Zur Ergründung von Ironie auf der Ebene des sprachlichen Textes, Nordeuropäische Beiträge aus den Human- und Gesellschaftswissenschaften 13, Frankfurt a.M. u.a. 1997, 81: „lexematische Erwartungswidrigkeiten".

12 Vgl. Wayne C. Booth, A Rhetoric of Irony, Chicago 2. Auflage 1975, 67; Kohvakka, Ironie, 113.

13 Vgl. Booth, Rhetoric, 24. Kohvakka, Ironie, 201 nennt das Phänomen „situationsbezogene Inkongruenzen zwischen dem Text und der Außenwelt".

14 Sharp, Irony, 24.

ironische Züge[15] und spielt mit Reminiszenzen an andere alttestamentliche Botenbegegnungen (vgl. insbesondere Ri 6,11–24). Viel mehr als für die unverhoffte Schwangerschaft interessieren sich die werdenden Eltern für den überirdischen Besucher: Wer ist er, und wie sieht er aus (V. 6.17f.)? Manoach und seine Frau schauen ihn staunend an (V. 19f.) und befürchten zugleich, dass das Sehen gefährlich ist (V. 22). Alle Versuche, seine Identität zu ergründen, laufen ins Leere – erst sein „Nicht-mehr-Kommen" führt zur Erkenntnis. Das ironische Spiel mit dem „Sehen" (Leitwort *rʾh*: V. 3.6.10.19.20.21.22.23), das gerade nicht zum Verstehen führt, lässt die Möglichkeit eines Verstehens jenseits des Sehens erahnen.

> 2 Es war ein Mann aus Zora, aus der Sippe der Daniter*innen, und sein Name war Manoach. Seine Frau war unfruchtbar und hatte nicht geboren.
> 3 Der Bote Jhwhs erschien der Frau, und er sagte zu ihr: Sieh doch, du bist unfruchtbar und hast nicht geboren. Nun wirst du schwanger werden und einen Sohn gebären.
> 4 Darum nimm dich nun in Acht: Trink weder Wein noch Bier, und iss nichts Unreines!
> 5 Denn sieh, du wirst schwanger werden und einen Sohn gebären. Kein Schermesser soll auf seinen Kopf kommen, denn ein Geweihter Gottes wird der Junge sein, vom Mutterleib an. Er wird beginnen, Israel aus der Hand der Philister zu retten.

Die Erzählung beginnt mit allgemeinen Informationen (V. 2), aber die Erscheinung des Boten wird nicht szenisch eingebettet (V. 3). Unvermittelt, an irgendeinem Ort zu irgendeiner Zeit, lässt sich der Bote Jhwhs von der Frau sehen (*rʾh* Nif.) und setzt zu einer feierlichen Ankündigung der Geburt Simsons an. Wie die Frau auf diese überraschende Rede reagiert, wird erst nach einem Szenenwechsel berichtet.

> 6 Die Frau kam und sagte zu ihrem Mann: Der Mann Gottes ist zu mir gekommen, und sein Aussehen war wie das Aussehen des Boten Gottes, sehr ehrfurchtgebietend. Ich habe ihn nicht gefragt, woher er ist, und seinen Namen hat er mir nicht mitgeteilt.
> 7 Er sagte zu mir: Du wirst schwanger werden und einen Sohn gebären. Darum trink weder Wein noch Bier und iss nichts Unreines! Denn ein Geweihter Gottes wird der Junge sein vom Mutterleib an bis zum Tag seines Todes.

In ihrem Bericht über dieses Ereignis interessiert sich die Frau vor allem für die Identität des Besuchers.[16] Sie bezeichnet ihn als „Mann Gottes" wie Elia oder Elischa[17] und versucht, seinen offenbar höchst beeindruckenden Anblick in Worte zu fassen: „Sein Aussehen (*marʾeh*) war wie das Aussehen des Boten Gottes". Dieses beschreibt sie in seiner Wirkung: als „sehr ehrfurchtgebietend", ein Adjektiv, das sonst für Gott selbst verwendet wird (Ps 47,3; Neh 1,5; Dan 9,4).

---

15 Vgl. auch die Begegnungen mit dem Gottesboten in Num 22,22–34 und 1Kön 19,1–8.

16 Vgl. dagegen die Reaktionen Saras (Gen 18,12), Hannahs (1Sam 1,18) oder der Schunemiterin (2Kön 4,16) auf die Ankündigung ihrer Schwangerschaft.

17 Dazu passt, dass sie das Verb „erscheinen" (*rʾh* Nif.) in ihrem Bericht durch „kommen" (*bōʾ*) ersetzt.

Die von der Frau vermutete Identität des „Mannes“ reicht damit vom menschlichen Gottesmann über den als übermenschlich wahrgenommenen Boten Jhwhs bis zu Gott selbst. Obwohl sich der Bote Jhwhs (V. 3) *sehen* lässt, ist seine Identität für seine Adressatin nicht zu fassen.

Wie die Frau zuvor (V. 3–5) reagiert auch Manoach nicht auf die an ihn gerichtete Rede (V. 6f.) und die Ankündigung der Schwangerschaft, sondern wendet sich an einen Dritten (V. 6.8).

> 8 Da betete Manoach zu Jhwh und sagte: Bitte, Adonaj, der Mann Gottes, den du geschickt hast, möge doch noch einmal zu uns kommen und uns belehren, was wir mit dem Jungen tun sollen, der geboren wird.
> 9 Gott hörte auf die Stimme Manoachs, und der Bote Gottes kam noch einmal zu der Frau, als sie gerade auf dem Feld saß und ihr Mann Manoach nicht bei ihr war.
> 10 Da lief die Frau schnell los und berichtete es ihrem Mann. Sie sagte zu ihm: Sieh, er ist mir erschienen, der Mann, der an dem Tag zu mir gekommen ist.

Manoach bittet Gott um einen weiteren Besuch des Gottesmanns. Die Begründung wirkt wie ein Vorwand, da die Frau bereits alle Informationen erhalten und ihrem Mann auch (fast) vollständig mitgeteilt hat. Manoachs Interesse richtet sich vielmehr auf den Besucher, den er „Gottesmann“ nennt – es wäre nicht der erste Gottesmann, der in die überraschende Geburt eines Kindes verwickelt ist (vgl. 2Kön 4,8–17). Gott nimmt Manoach scheinbar beim Wort, jedoch müssen die Umstände des zweiten Treffens erst Recht den Verdacht des misstrauischen Manoach erregen. Als der Bote zu der Frau kommt,[18] sitzt sie alleine auf dem Feld – dem Ort, an dem Frauen als wehrlos gegenüber einem Vergewaltiger galten (Dtn 22,25.27). Die Frau lässt jedoch keine Zweifel aufkommen; sie lässt den Boten Jhwhs auf dem Feld stehen und rennt zu ihrem Mann – der Höhepunkt einer Kette von abgebrochenen Kommunikationen. Diese unhöfliche Behandlung des Boten ist im Vergleich mit anderen Botenerzählungen ebenso absurd wie dessen Kommen auf Bestellung. Im folgenden Dialog wird deutlich, dass sich der Bote nur scheinbar den Wünschen Manoachs fügt.

> 11 Da stand Manoach auf und ging seiner Frau hinterher. Er kam zu dem Mann und sagte zu ihm: Bist du der Mann, der mit der Frau geredet hat? Und er sagte: Das bin ich.
> 12 Da sagte Manoach: Wenn nun deine Worte eintreffen – wie soll die Bestimmung des Jungen sein und sein Tun?
> 13 Da sagte der Bote Jhwhs zu Manoach: Vor allem, was ich zu der Frau gesagt habe, soll sie sich in Acht nehmen.
> 14 Von allem, was von der Weinrebe kommt, soll sie nicht essen, und Wein und Bier soll sie nicht trinken und alles Unreine soll sie nicht essen. Alles, was ich ihr geboten habe, soll sie beachten.
> 15 Da sagte Manoach zum Boten Jhwhs: Wir möchten dich gern zurückhalten, dann machen wir vor dir („deinem Angesicht“) ein Ziegenböckchen.

---

18 Anstelle von „erscheinen“ (*rʾh* Nif.; V. 3) wird hier die Wendung *bōʾ ʾæl* (V. 9) gebraucht, die auch als Anspielung auf Geschlechtsverkehr verstanden werden könnte (Gen 16,2; 30,3; 38,8).

16 Der Bote Jhwhs sagte zu Manoach: Auch wenn du mich zurückhältst, esse ich nicht von deinem Brot. Aber wenn du ein Brandopfer für Jhwh machen willst, dann opfere es. Denn Manoach wusste nicht, dass er der Bote Jhwhs war.
17 Da sagte Manoach zum Boten Jhwhs: Wie ist dein Name? Wenn dein Wort eintrifft, möchten wir dich ehren.
18 Der Bote Jhwhs sagte zu Manoach: Warum nur fragst du nach meinem Namen? Er ist unbegreiflich.

Als Manoach den „Mann“ endlich trifft, versucht er, dessen Identität mit inquisitorischen Methoden festzustellen. Seine Fragen richten sich zunächst auf den Kontakt mit der Frau (V. 11) und die Anweisungen bezüglich des Jungen. Der Bote Jhwhs wiederholt gegenüber Manoach eine Kurzfassung dessen, was er bereits der Frau gesagt hat – und lässt Manoach wissen, dass er sich wiederholt (Inklusion V. 13b.14b). Die folgende Essenseinladung (V. 15) entspricht den Konventionen nur beinahe. Als Ausdruck ausgesuchter Höflichkeit hätte sie am Anfang der Begegnung stehen können (Gen 18,3; 19,2). Die Formulierung „Wir möchten dich gern zurückhalten (*ʿṣr*)“ verrät Manoachs Intention, den Gast „festzuhalten“ oder sogar zu „verhaften“ (2Kön 17,4). Die Idee, ein Ziegenböckchen anzubieten, wurde aus der Botenbegegnung Gideons entliehen (Ri 6,19) – hatte doch die Essenseinladung dort dazu geführt, dass der Gast seine Identität preisgab. Manoachs Gastfreundschaft mit Hintergedanken kann den Boten Jhwhs nicht überzeugen: Selbst wenn Manoach ihn festhielte, behielte der Bote die Freiheit, nichts zu essen (V. 16). Stattdessen übernimmt der Bote, zum ersten Mal in diesem Gesprächsgang, die Initiative und schlägt Manoach vor, das Fleisch stattdessen als Brandopfer darzubringen (V. 16). Doch auch darauf reagiert Manoach nicht – eine Parenthese entschuldigt sein Verhalten damit, er habe das Gegenüber nicht als Boten Jhwhs erkannt. Ein letztes Mal versucht sich Manoach als Detektiv, kann seine Neugier nach dem Namen des Fremden jedoch nicht überzeugend begründen (V. 17).[19] Der Bote antwortet mit einer Gegenfrage (vgl. Gen 32,30) und lässt zum ersten Mal erahnen, wie er ist, nämlich „unbegreiflich“ (*pælʾij*; vgl. Ps 139,6). Mit all seinen Fragen wird Manoach das Unbegreifliche nicht begreifen. Manoach beendet die Inquisition und bringt Ziegenböckchen und Speiseopfer, die plötzlich zur Hand sind, auf dem Felsen dar, der gerade an der richtigen Stelle auf dem Feld steht.

19 Da nahm Manoach das Ziegenböckchen und das Speiseopfer und opferte es auf dem Felsen für Jhwh. *Und er tat Unbegreifliches*, während Manoach und seine Frau zusahen.
20 Als die Flamme vom Altar Richtung Himmel aufstieg, da stieg der Bote Jhwhs mit der Flamme des Altars hinauf. Als Manoach und seine Frau das sahen, fielen sie zur Erde auf ihr Angesicht.

---

[19] Die Frage nach dem Namen des Boten Jhwhs (V. 6.17f.) stellt, wie in Gen 32,30, einen vergeblichen Versuch dar, den Ungreifbaren zu fassen. Ob dahinter bereits die Vorstellung individueller Engel wie Gabriel (Dan 9,15f.; Lk 1,26), Michael (Dan 12,1) oder Rafael (Tob 3,16f.; 5,4; 12,15) steht, ist nicht mit Sicherheit zu sagen.

Nach dem Opferbericht folgt ein – auch in sprachlicher Hinsicht unbegreiflicher – Satz (etwa: „und der Unbegreifliches Tuende"). Alexandrinus und Vulgata deuten den Partizipialsatz (trotz des „und") als Beinamen Jhwhs, „der Unbegreifliches tut".[20] Der Vaticanus liest ein anderes Verb: „Dann unterbrach er sein Tun".[21] Vom Kontext her liegt es nahe, den Boten als Subjekt zu verstehen: „Und er tat Unbegreifliches".[22] Auf der Ebene des Endtextes entsteht so eine vielsagende Lücke: Die Lesenden erfahren nicht, was Manoach und seine Frau sehen: Wer an dieser Stelle unbegreiflich handelt und worin dieses Handeln besteht, entzieht sich dem Verstehen. Allein, dass Manoach und seine Frau es gesehen haben, muss genügen.

Nach dieser – zumindest von Manoach ersehnten – Begegnung trennen sich die Wege: Der Bote Jhwhs steigt mit der Flamme des Altars hinauf – oder: *an* der Flamme, wie die Gottesboten in Gen 28,12 *an* dem Aufgang hinaufsteigen – und Manoach und seine Frau fallen zur Erde.

> 21 Und der Bote Jhwhs hörte auf, Manoach und seiner Frau zu erscheinen. Damals erkannte Manoach, dass er der Bote Jhwhs war.
> 22 Da sagte Manoach zu seiner Frau: Bestimmt müssen wir sterben, denn wir haben Gott gesehen.
> 23 Da sagte seine Frau zu ihm: Wenn Jhwh Gefallen daran hätte, uns zu töten, hätte er nicht das Brandopfer und das Speiseopfer aus unserer Hand genommen.
> 24 Die Frau gebar einen Sohn und gab ihm den Namen Simson. Und der Junge wurde groß und Jhwh segnete ihn.

Erst nach dem Ende des Sehen-Könnens erkennt Manoach, wer sein Gegenüber ist – obwohl ihm seine Frau von Anfang an berichtet hatte: „sein Aussehen war wie das Aussehen des Boten Gottes". Die Erkenntnis ist nicht von Dauer. In V. 22 sagt Manoach zu seiner Frau: „[...] wir haben *Gott* gesehen". Der Besucher bleibt ungreifbar – ob er göttlich, wie Gott oder von Gott geschickt ist, lässt der Text offen. Manoachs von Ri 6,22 und Ex 33,20 inspirierte Sorge, darum sterben zu müssen, hat innerhalb der Erzählung keinen Anhalt. Sie wird von seiner Frau pragmatisch entkräftet: Ein Gott, der Opfer annimmt, lässt die Geber*innen nicht sterben – und er gibt ihnen nicht den Auftrag, ein besonderes Kind zur Welt zu bringen.

Die Erzählung Ri 13 spielt mit der Neugier der Lesenden, die – ebenso wie Manoach – wissen wollen, wie der Bote Jhwhs aussieht und wer er eigentlich ist.

---

20 LXX A: „dem Herrn, der Wunderbares tut" (so LXX.D); Vulgata: „(Domino) qui facit mirabilia"

21 Anstelle von *plʾ* Hif. liest LXX B *plh* Hif. „besonders behandeln, einen Unterschied machen".

22 In diesem Sinne interpretieren Jürgen Kabiersch/Siegfried Kreuzer/Thomas Schmeller, Kritai/Judicum/Das Buch der Richter, in: Martin Karrer/Wolfgang Kraus (Hg.), Septuaginta Deutsch. Erläuterungen und Kommentare zum griechischen Alten Testament, Band I: Genesis bis Makkabäer, Stuttgart 2011, 690 auch die Variante des Vaticanus: „er tat etwas Besonderes" (vgl. NETS: „And he separated to act, [...]").

Sie lässt ahnen, dass es etwas zu sehen und zu verstehen gibt, ohne es den Leser*innen preiszugeben. Diese können sich über Manoachs uneinsichtige Beharrlichkeit amüsieren – und damit zugleich über ihre eigenen Grenzen des Begreifens. Die ironische Erzählweise deckt das Unvermögen, den Boten Jhwhs zu verstehen, auf liebevolle Weise auf, und würdigt die Freude, dennoch danach zu fragen, mit einer guten Erzählung.

Auch die Engelbilder Paul Klees spielen ironisch mit den Erwartungen der Betrachter*innen. Anstelle erhabener, lichter Engelsgestalten stellt er menschliche, begrenzte Wesen dar. Auch in Klees Bildern verbirgt sich manches hinter dem Offensichtlichen. Der Unterschied zur Interpretation der biblischen Engelerzählungen liegt darin, dass wir im Fall Klees dem Ironiker bei der Produktion seines Werkes über die Schulter schauen können. In seinen Bildern und Texten finden sich eine Fülle von Hinweisen, wie er seine Engelbilder selbst verstanden hat.

5. Engelbilder bei Paul Klee

Paul Klee (1879–1940) hat immer wieder Engel dargestellt, besonders in den Übergangszeiten seines Lebens. Die meisten Engelbilder stammen aus seinem letzten Lebensjahr. „Das Jahr war bildnerisch reich. So viel habe ich nie gezeichnet, und nie intensiver [...]“.[23] Im Jahr 1939 verzeichnet sein Werkverzeichnis 1253 Nummern, davon 47 Engelbilder.[24] Die meisten sind Zeichnungen mit Feder, Bleistift oder Fettstift: Aus einfachen Linien entsteht der Körper des Engels, der durch die spitzen, nach oben zeigenden Flügel als solcher kenntlich wird.

Klee zeichnet „Engel im Werden“, so der Titel eines Ölgemäldes von 1934 (vgl. 6.1).[25] Das spiegelt sich in den Titeln, die das Temporaladverb „noch“ enthalten: „Engel, noch weiblich“ (1939); „Engel, noch tastend“ (1939); „im Schreiten noch unerzogen“ (1940). Auf einen Übergangsprozess deuten auch die Titel „bald flügge“ (1939); „letzter Erdenschritt“ (1939) oder „unfertiger Engel“ (1939). „Werden“ ist für Klee ein Vorgang zwischen Bewegung und Ruhe. Für Bewegung stehen in Klees Kunsttheorie Linien, die eine Richtung haben („linear

---

23 Bern 2. Januar 1940, zitiert nach Karl Gutbrod (Hg.), Lieber Freund. Künstler schreiben an Will Grohmann, Köln 1968, 84.

24 So Harriet Zilch, Die Engelsdarstellungen von Paul Klee. Verwendung und Verfremdung eines religiösen Sujets, Diss. masch. Bamberg 2004, 214f.

25 Öl auf Grundierung auf Leinwand auf Holz. Das Bild entwickelt ein früheres Motiv weiter: In seinen Formen entspricht es der Wachskreidenzeichnung „Heisser Ort (zwischen Kreuz, Kreis und Dreieck)“ von 1933; es ist jedoch um 90° nach rechts gedreht.

aktiv"),[26] während Ruhe durch eine geschlossene Form („linear medial")[27] repräsentiert wird: „der bewegliche Charakter wird durch den Begriff vollkommenster Ruhe abgelöst".[28] Die Wirkung dieser Linien lässt sich gut am „Schellen-Engel" (1939) erkennen.

Die Figur gewinnt ihre Leichtigkeit aus der Verbindung beider Linientypen: Die drei langen Linien biegen sich fast, aber nicht ganz bis zur geschlossenen Form – vom Bauch über den Rumpf bis zum Bein, vom Kinn bis zum Flügelansatz und von der Nase bis zum Ellenbogen. Klee variiert befristete und freie Linienführung: Innerhalb der frei geschwungenen Linien setzen die Spitzen (Nase, Flügel, Hand, Gewandzipfel) Akzente und verleihen der Figur Dynamik. Ergänzt werden die aktiven Linien durch geschlossene Formen: Die Augen, die in verschiedene Richtungen blicken und die Schelle mit grinsendem Gesicht, die die Figur in der Waage hält.

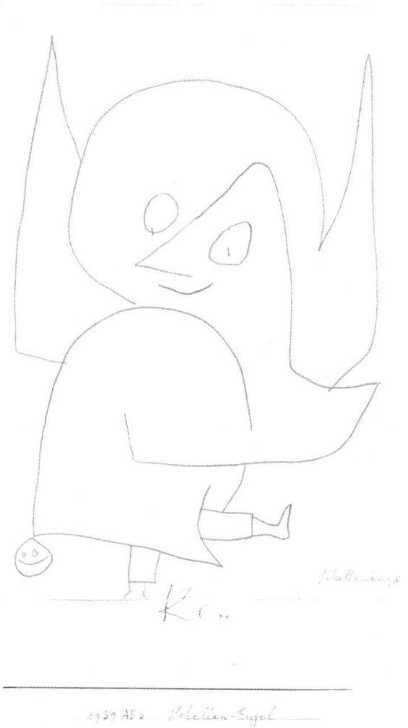

Bild 1

Ein Engelmotiv hat Paul Klee zweimal dargestellt: den „Engel, noch hässlich" (1940).

Er erscheint bereits 1939 auf einem unbetitelten Bild in Farbe (Ölfarbe auf Leinwand), das entweder als „letztes Stillleben" oder „Komposition auf

---

26 Vgl. die Beispiele in: Paul Klee, Beiträge zur bildnerischen Formlehre. Faksimile des Originalmanuskripts von Paul Klees erstem Vortragszyklus am Bauhaus Weimar 1921/22 (hg. v. Jürgen Glaesemer, Paul Klee-Stiftung, Kunstmuseum Bern), Basel 1999, 8f. Klee (a.a.O., 9f.) unterscheidet den „Spaziergang" freier Linienführung vom „Geschäftsgang" befristeter Linien, die nacheinander verschiedene Punkte verbinden.

27 Vgl. Klee, Beiträge, 10f.: „Als Linie kennzeichnet sie sich von beruhigendem Charakter und anfang- oder endlos Elementar betrachtet (als Handlung der Hand) ist sie gewiss noch Linie, aber zu Ende geformt, wird die lineare Vorstellung von der Flächenvorstellung unverzüglich abgelöst. *Damit verschwindet auch der bewegliche Charakter (niemand wird beim Anblick der Mondscheibe versucht sein auf seiner Peripherie Karussel zu fahren) abgelöst durch den Begriff vollkommenster Ruhe (beim Kreis hauptsächlich).*" (11; Rechtschreibung nach Originalmanuskript).

28 Klee, Beiträge, 11.

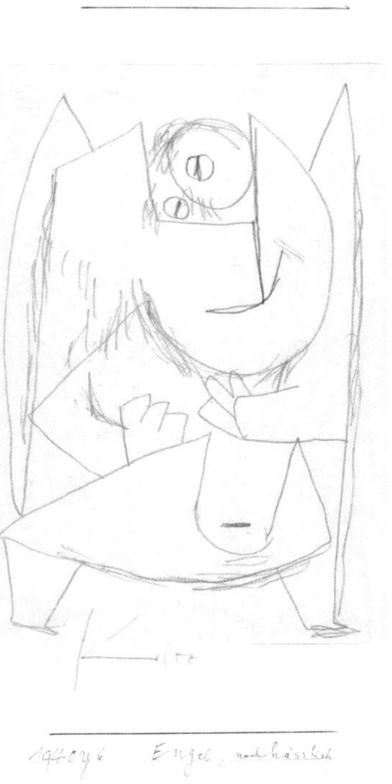

Bild 2

schwarzem Grund“[29] bezeichnet wird (vgl. 6.3). 1940 hat Klee den „Engel, noch hässlich“ dann als Zeichnung in sein Werkverzeichnis aufgenommen.

Die schlichten, skizzenhaften Linien sind Teil der künstlerischen Strategie: Sie erwecken den Anschein, es sei möglich, die Folge der Striche nachzuvollziehen: Von der (aus der Perspektive der Betrachterin) rechten Flügelspitze zum rechten Bein, von der linken Flügelspitze zum unteren Ende der Flügel und wieder hinauf, um den Kopf, über die Nase bis zum Mund. Und vom grinsenden Mund bis zur Schläfe, das Kinn entlang bis zum linken Arm. Die Linien verbinden mehrere Körperteile, so dass die Zuordnung der einzelnen Glieder assoziativ bleibt. Als „Engel“ ist die Figur durch die spitzen Flügel zu erkennen, jedoch wird durch die breitbeinige Schrittstellung und den tiefen Körperschwerpunkt die Erdenschwere betont.[30] Noch ist kaum vorstellbar, dass sich dieser Engel in die Luft erhebt. Die Flügel geben der Figur keine Leichtigkeit, sondern begrenzen ihren Raum. Die – nur bei dieser Engelzeichnung zu sehende[31] – unruhige Schraffur macht die Formen undeutlich, sie lässt den Engel unfertig erscheinen.[32] Durch die Schraffur wird der Effekt der geschlossenen Linien

29 Vgl. Zilch, Engelsdarstellungen, 195.

30 Vgl. auch das „Minus“ (–) auf der Höhe des Bauchnabels, das hier anstelle des „Plus“ (+) bei der Version in Ölfarbe steht. Es betont die horizontale Dimension.

31 Ähnlich nur bei der Zeichnung „Engelpaar“ von 1931.

32 Ein anderes Bild von 1939 heißt „hässlicher Engel“; es enthält (bis auf den Mund) keine Schraffur – diese ist es also nicht, die den Engel „hässlich“ macht. Die größte Parallele liegt darin, dass beide Bilder die Augen eher über- als nebeneinander anordnen und in unterschiedliche Richtungen blicken lassen.

konterkariert; das gilt für den Unterleib ebenso wie für die Augen. Die dadurch entstehende Unruhe verhindert den Eindruck von Leichtigkeit.

„Engel im Werden“ sind Übergangswesen – um welche Art von Übergang es sich handelt, dafür lässt Klee verschiedene Interpretationsmöglichkeiten zu: Zwischen Himmel und Erde, Leben und Tod, nicht mehr Mensch, noch nicht Engel – oder doch: nicht mehr Engel, noch nicht Mensch? Klee hält den Augenblick der Metamorphose fest, wohin die Entwicklung geht, bleibt offen. Vielleicht ist die Unterscheidung zwischen Engel und Mensch auch gar nicht so wichtig: „Dort [bei den Engeln] ist alles wie bei uns, nur englisch“, bemerkte Klee in seinem handschriftlichen Oeuvre-Katalog von 1939.[33]

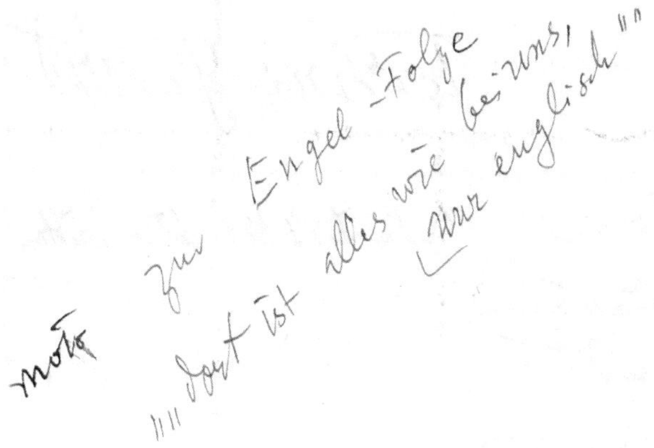

Bild 3

„Engel im Werden“ – das bezieht sich auch auf den Prozess des künstlerischen Schaffens. Am Anfang steht die Zeichnung, die meist als Blattfolge entsteht. Diese serielle Arbeitsweise ist typisch für Klees Spätwerk.[34] Seine Frau Lily Klee schildert das 1937 in einem Brief an Willi Grohmann: „Er sitzt abends bis 11 Uhr, und Blatt für Blatt fällt zu Boden wie einst. Seltsam! Dabei ist er noch immer nicht ganz gesund.“[35] Manchmal notiert Klee sofort eine Titelidee auf die Unterlage („hässlicher Engel“ unten links auf dem Karton)[36] oder auf dem Blatt („Schellenengel“ unten rechts auf dem Blatt). In einem nächsten Schritt zieht Klee die Zeichnung auf einen Karton auf und signiert sie. Die Signatur ist Teil des Kunstwerks. Sie setzt einen Akzent: Beim „Engel, noch hässlich“ verbindet die

---

33 S. 58 verso.

34 Vgl. Pamela Kort, Paul Klee und die Zeichnungen zur „nationalsozialistischen Revolution“, in: dies., Paul Klee 1933 (hg. von der Städtischen Galerie im Lenbachhaus, München, Helmut Friedel), Köln 2003, 183–216, hier 216.

35 Bern, 8. Juli 1937; Lily Klee an Will Grohmann, zitiert nach Jürgen Glaesemer, Paul Klee. Handzeichnungen III: 1937–1940, Bearbeitung von Katalog und Anhang unter Mithilfe von Marcel Baumgartner und Marie-Louise Schaller, Bern 1979, 26.

36 In den meisten Gemäldescans fehlt der untere Bildrand (vgl. aber *Glaesemer*, Handzeichnungen III, 335, Abb. 858, vgl. a.a.O., 450).

auffällige, rote Signatur das Zeichenblatt mit dem Karton; die für Klee ungewöhnliche Gestalt des initialen „K“ betont einerseits die Vertikale als Verbindung zwischen Blatt und Unterlage und spiegelt die Richtung der begrenzenden Flügel, andererseits führt Klee den diagonalen Abstrich des K als lange, waagerechte Linie unterhalb der Zeichnung aus. Diese wird durch die in einem nächsten Arbeitsgang gesetzten Rahmenlinien aufgegriffen: Horizontale Linien begrenzen die Zeichnung nach oben und unten und lassen, zusammen mit der Signatur, die starke Linie des Minus (sowie des rechten Arms und der Nase) hervortreten. Der „Engel, noch hässlich“ steht dadurch in einem Kasten aus Linien, die seine Verbindung zur Umgebung bzw. zum Himmel begrenzen. Im Arbeitsprozess Paul Klees folgt als Nächstes die Beschriftung: Jahresangabe, Werknummer und schließlich der Titel, der von der ersten Idee abweichen kann. Aus „hässlicher Engel“ (unten links auf dem Karton) wird der endgültige Titel „Engel, noch hässlich“.[37] Die Werknummer wird von Klee nicht immer chronologisch vergeben. Sie setzt das Bild in eine Bildfolge und gibt ihm so einen Bezugsrahmen. Als letzten Schritt des Entstehungsprozesses trägt Klee das Werk in seinen handschriftlich geführten Œuvre-Katalog ein.

Der Titel ist keineswegs im Sinne einer künstlerischen Absicht zu verstehen. Vielmehr spiegelt er die Wahrnehmung Klees als erster Betrachter seines Bildes: „Ich bin zum Schluß selber Beschauer und lasse mich beschenken“.[38] Keinesfalls sollen die Titel die Auffassung des Bildes begrenzen, erklärt Klee: „Die Unterschriften schließlich [...] weisen nur in eine von mir empfundene Richtung. Es bleibt Ihnen überlassen, sie anzunehmen, in meiner Richtung zu gehen, sie abzulehnen und eine eigene zu versuchen – oder einfach stehen zu bleiben, nicht mitgehen zu können. Setzen Sie die Unterschrift nicht mit einem Vorhaben gleich.“[39]

Jeder „Engel“ Paul Klees ist also mehr als eine Zeichnung: Er entsteht als Prozess aus Zeichnen, Aufziehen, Signieren, Rahmen, Einordnen und Betiteln als „kreative(r) Prozess des Ordnens“.[40] Klee beschreibt diese Arbeitsweise so: „Der Maler, wenn er wirklich ein Maler ist, bildet, oder besser: er läßt es sich bilden. Er hat keine Absicht, nicht unmittelbar. Es macht ihm Freude, dem Sichbildenden etwas hinzuzufügen, dieses oder jenes, einen Akzent zu Akzenten, zu sichten, um hervorzuheben, zu betonen, zu schwächen, um zu verstärken, zu aktivieren, zu dämpfen. Er weiß sehr viel, aber er weiß es erst ‚nachher‘.“[41]

---

37 Die vorgenommene Modifikation könnte damit zusammenhängen, dass es von 1939 bereits eine Zeichnung namens „hässlicher Engel“ gibt.

38 Paul Klee im Gespräch mit Hans Friedrich Geist, in: Ludwig Grote (Hg.), Erinnerungen an Paul Klee, München 1959, 84–93, hier 90.

39 Geist, 87.

40 Vgl. Glaesemer, Handzeichnungen III, 19.

41 Zitiert nach Geist, 87.

6 Engel deuten

6.1 Biographische Deutungen

Es liegt nahe, Klees Engelbilder biographisch zu deuten. Die Gestalten bringen durch Gestik und Mimik emotionale Zustände und Stimmungen zum Ausdruck. Die Bildunterschriften unterstreichen das: „sitzt und sinnt" (1939); „Belastung – Probe" (1939); „vergesslicher Engel" (1939). Jenseits alltäglicher Erlebnisse und Stimmungen können die Engelbilder als Auseinandersetzung mit zwei bestimmenden Lebenserfahrungen Klees interpretiert werden.

Das ist zum einen die Durchsetzung des Nationalsozialismus in Deutschland. Die damit einhergehende Kulturpolitik hatte bereits dazu geführt, dass Klee das Bauhaus in Dessau verlassen wollte.[42] Seit 1931 als Professor an der Staatlichen Kunstakademie in Düsseldorf tätig, erlebt Klee im Jahr 1933 massive Angriffe gegen seine Person, wird am 21.4.1933 mit sofortiger Wirkung beurlaubt und zum 1.1.1934 gekündigt. In einem Artikel vom 1.3.1933 diffamiert die nationalsozialistische Zeitung „Die Rote Erde" die Düsseldorfer Akademie als Hochburg jüdischer Künstler: „Dann hält der grosse Klee seinen Einzug, berühmt schon als Lehrer des Bauhaus Dessau. Er erzählt jedem, er habe arabisches Vollblut in sich, ist aber typischer galizischer Jude. Er malt immer toller, er blufft und verblüfft, seine Schüler reissen Augen und Maul auf, eine neue, noch unerhörte Kunst zieht in das Rheinland ein."[43] Klees Werk „um den Fisch" (1926) wird Teil der Ausstellung „Kunst, die nicht aus unserer Seele kam", die als Wanderausstellung bis 1937 an verschiedenen Orten zu besichtigen ist.[44] In einem Brief vom 6.4.1933 an seine Frau Lily schreibt Klee: „Ich gebe zu, daß die ganze Ungewißheit um

---

42 Vgl. Kort, Zeichnungen, 194.

43 Zitiert nach Susanne Glasl, Biografie, in: Oliver Kase (Hg.), Paul Klee. Konstruktion des Geheimnisses, München 2018, 410–429, hier 426. Klee beantragt einen Ariernachweis, trotz anfänglichem Widerstand: „In der Blutsfrage habe ich bis jetzt unterlassen, etwas zu tun. [...] Wenn es von mir officiell verlangt wird, dann muß ich es auch tun. Aber von mir aus etwas gegen so plumpe Anwürfe zu unternehmen, scheint mir unwürdig. Denn: wenn es auch wahr wäre, dass ich Jude bin und aus Galizien stammte, so würde dadurch an dem Wert meiner Person und meiner Leistung nicht ein Jota geändert. Diesen meinen persönlichen Standpunkt, der meint, daß ein Jude und ein Ausländer an sich nicht minderwertiger ist als ein Deutscher und Inländer, darf ich von mir aus nicht verlassen, weil ich mir sonst ein komisches Denkmal für immer setze. Lieber nehme ich Ungemach auf mich, als daß ich die tragikomische Figur eines sich um die Gunst der Machthaber Bemühenden darstelle." Brief an Lily Klee vom 6.4.1933; zitiert nach Felix Klee (Hg.), Paul Klee. Briefe an die Familie: 1893–1940, Band 2: 1907–1940, Köln 1979, 1234). Tatsächlich erhält Klee den Abstammungsnachweis erst am 14.6.1935 in Bern (vgl. Susanna Partsch, Paul Klee. 1879–1940, Köln 2003, 74).

44 In der von 1937–1941 gezeigten Schandausstellung „Entartete Kunst" ist Klee mit 15 Werken vertreten; vgl. Glasl, Biografie, 426f.

Amt und Bezüge aufregend wirken kann. Doch das nützt ja nichts, im Gegenteil, es macht krank [...]“.[45] Am 23.12.1933 kehrt Klee in sein Elternhaus nach Bern zurück. Einen Tag vor dem Umzug schreibt er an seinen Sohn Felix: „[...] ich bin jetzt ausgeräumt. Morgen Abend verlasse ich wahrscheinlichst diesen Ort. Es kommen dann die schönen Weihnachtstage, wo in jedem Kindskopf Glocken läuten. ich bin in den letzten Wochen etwas älter geworden. Aber ich will nichts von Galle aufkommen lassen, oder nur humorvoll dosierte Galle.“[46] Aus diesen Worten spricht die Klee eigene Entschlossenheit, auch schwierige Situationen mit Humor zu bewältigen. Ein Engelbild mit dem Titel „Sturz“ stammt aus den ersten Monaten des Jahres 1933: ein grotesker Engel im Sturzflug mit krallenartigen Füßen und Teufelsschwanz, auf dem Kopf Haare oder Hörner, spitze Zähne stehen aus dem Mund. Eines der großen Augen blickt erschreckt oder besorgt in die Tiefe, das andere fokussiert (lieber?) nicht. Der stürzende Engel „scheint sich im Wandel zu befinden. Er ist ein Mischwesen zwischen Engel und Luzifer“, so Zilch.[47]

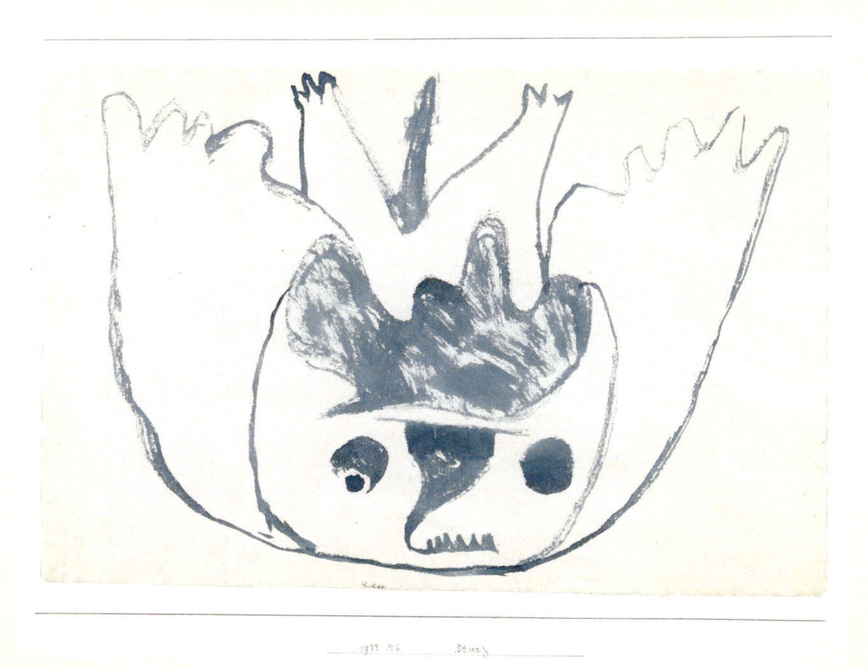

Bild 4

Die Einbürgerung des gebürtigen Deutschen Paul Klee in der Schweiz gestaltet sich als schwierig; auch dort wird Klee wegen der vermeintlichen politischen

45 Klee, Briefe, 1233f.
46 Klee, Briefe, 1240.
47 Zilch, Engelsdarstellungen, 122.

Implikationen seiner Kunst polizeilich überprüft. Der endgültigen Gewährung des Bürgerrechts in Bern kommt sein Tod am 29.6.1940 zuvor.[48] Paul Klees Engelbilder entwickeln sich vor dem Hintergrund der skizzierten politischen Situation, ohne sie explizit darzustellen oder zu kommentieren.

Daneben gibt es eine Werkgruppe des Jahres 1933, von der Klee im Gespräch mit Kollegen sagt, „daß er die nationalsozialistsche Revolution gezeichnet habe."[49] Der Bildhauer Alexander Zschokke beschreibt seinen Eindruck der Bilder so: „Die völlige Ungegenständlichkeit dieser Strichformen erzeugte trotz der lapidaren Bleistiftzeichnung eine Art von apokalyptischem Getöse und von Lärm, die Heftigkeit der Striche ein fast körperliches Unbehagen von Brutalität und Massengefühl, dass einem die verflossenen Wochen voll vor Augen standen."[50] Er vermutet, es handele sich um „an die 200 Blätter". Welche Zeichnungen des Jahres 1933 Klee unter der Überschrift „nationalsozialistische Revolution" zusammenfasste, ist nicht mehr mit Sicherheit zu sagen.[51]

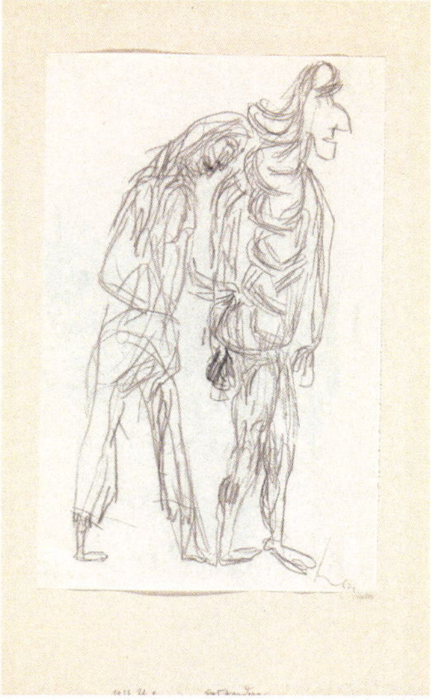

Bild 5

Die „in sich formal und inhaltlich weitgehend geschlossene Gruppe"[52] besteht aus kleinformatigen Zeichnungen mit Bleistift oder Fettkreide auf Detail- oder Konzeptpapier, die durch „rasanten Duktus" und „Schraffuren" charakterisiert werden.[53]

Dieser Stil konterkariert bewusst die antikisierende Vorliebe der NS-Kunst für Monumentalität und Sachlichkeit[54] und erweist sich darin als „scharfe Anklage gegen jede Instrumentalisierung der Kunst für

---

48 In einem Text vom 22.4.1939 („Saudummer Lebenslauf. Entwurf.") schreibt, Klee: „Seitdem lebe ich wieder gerne in Bern, und es bleibt nur ein Wunsch noch offen, Bürger dieser Stadt zu sein." (Klee, Briefe, 1285).

49 Alexander Zschokke, Begegnung mit Paul Klee. Erstveröffentlichung in der Schweizerischen Monatsschrift „Du", 1948, zitiert nach Kort, Paul Klee 1933, 307–309, hier 308.

50 Zschokke, Begegnung, 309.

51 Weitgehende Einigkeit besteht darin, dass diese Gruppe mit der Zeichnung 71 „Erneuerung der Mannszucht" (1933) beginnt. Insgesamt sind es 154 (Glaesemer) oder bis zu 246 (Kort) Zeichnungen. Vgl. Jürgen Glaesemer, Paul Klee. Handzeichnungen II. Bearbeitung von Katalog und Anhang unter Mithilfe von Judith Adank und Stefan Frey, Bern 1984, 343; er bezieht sich auf die Nummern 71–213; 222–226; 228–233; anders Kort, Zeichnungen. Zu sehen ist die Werkgruppe unter: https://paulklee.fr/html/1933a.html#1933 (abgerufen am 10.12.2019).

52 Glaesemer, Handzeichnungen II, 343.

53 Kort, Zeichnungen, 189.

54 Vgl. Kort, Zeichnungen, 192.

politische Zwecke“.[55] Engelbilder sind nicht Teil dieser Gruppe, aber deren skizzenhafter, intuitiver und ironischer Zeichenstil entzieht sich der nationalsozialistischen Kulturpolitik gleichermaßen – in den Jahren 1939/1940 nicht mehr unter dem unmittelbaren Eindruck der politischen Ereignisse,[56] vielmehr in einer stetigen, alternativen Malweise.

Ein Engelbild ist im Übergang zwischen 1933 und 1934 entstanden. Gegen Ende 1933 malt Klee das Wachskreidebild „heisser Ort (zwischen Kreuz, Kreis und Dreieck)“ (Bild 7), das er 1934 in das bereits erwähnte Ölbild „Engel im Werden“ (204, 1934) transformiert: Wird das Bild „heisser Ort“ im Uhrzeigersinn um 90 Grad gedreht, ergibt sich die Formkomposition von „Engel im Werden“ (Bild 6).

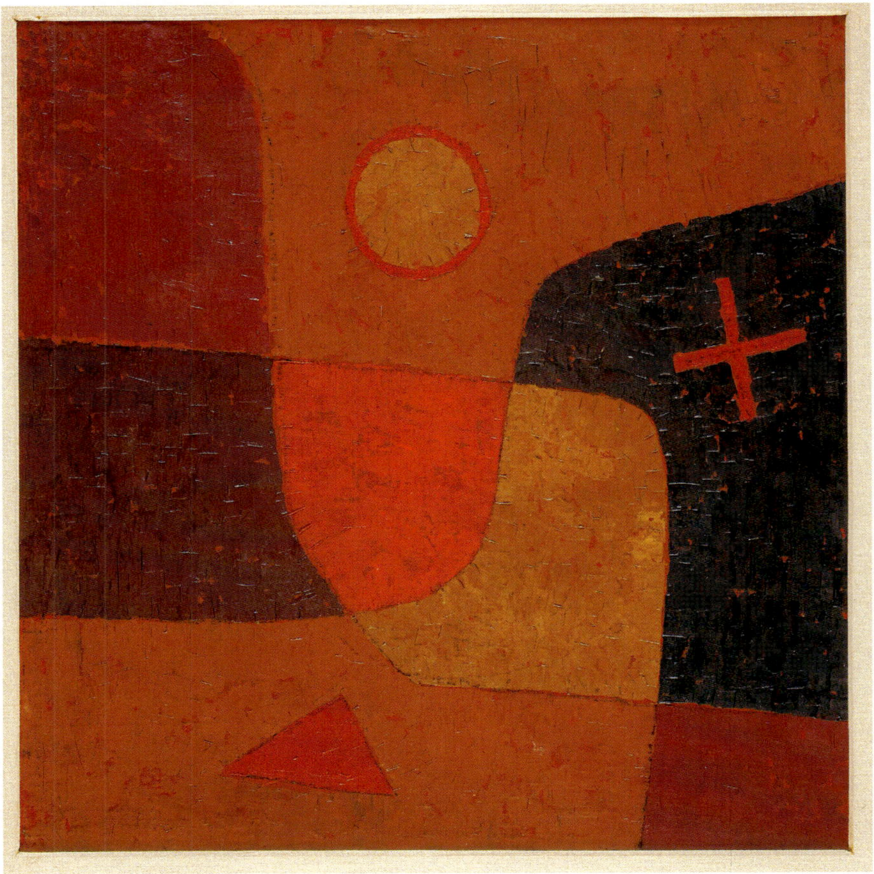

Bild 6

[55] Kort, Zeichnungen, 192.

[56] Dass Klee mit seinen Zeichnungen die Erfahrungen des Jahres 1933 verarbeitet hat, sagt er in einem Brief an Lilly Klee vom 5.2.1933: „Dabei wird manches frei, was Ballast werden wollte. Alles abgeworfen. Da sind einige Zeichnungen, die sich ausdrücklich mit Ballastabwerfen befassen“ (Klee, Briefe, 1228).

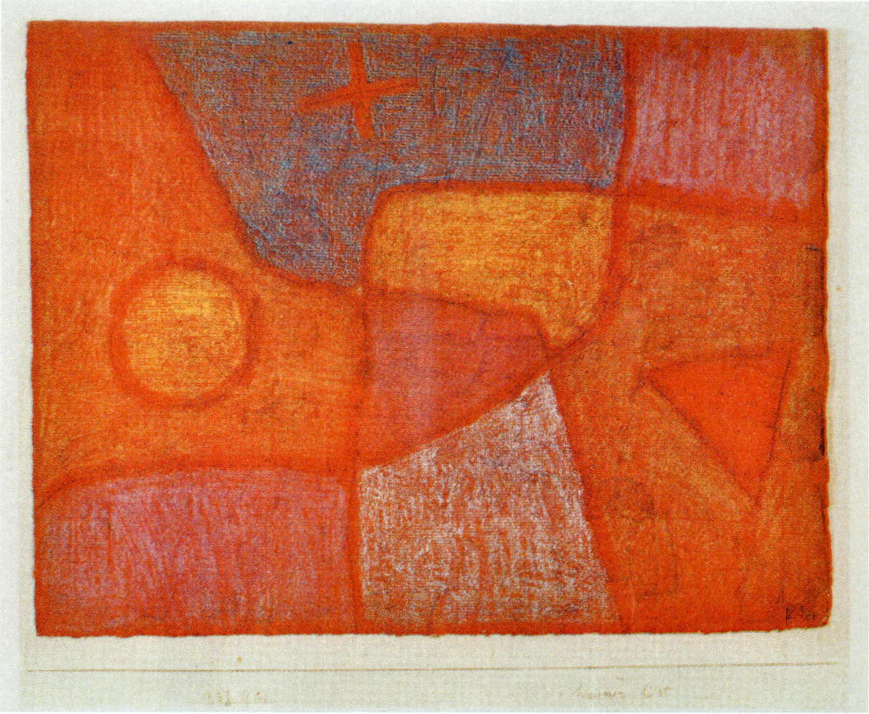

Bild 7

Dieses Bild deutet Klee gegenüber Willi Grohmann nach dessen Erinnerung so: „Der ‚Engel im Werden' (1934) ist kein Engel, sondern eine Genesis, vielleicht auch, wie Klee vor dem Bild erklärte, der Ort der Entstehung. Drei Kurven, die die Fläche durchschneiden, drei rote Zeichen, Kreuz, Kreis und Dreieck, das ist alles: ein wenig mehr hätte aus den freien Formen einen Flügel oder einen Kopf gemacht, es bleibt beim Zwischenreich, das den Engeln wohl zukommt."[57] Dieses Bild eröffnet das Spannungsfeld, in dem sich die später folgenden Engelbilder bewegen. Auf der einen Seite die Grundelemente Kreuz, Kreis und Dreieck, und auf der anderen Seite das nur so darstellbare Werden, immer im Entstehen oder Verschwinden begriffen sein. In seiner Kunst schafft Klee „Zwischenwelten"[58], die ihm eine – oft sarkastische oder humorvolle – Distanz zur politischen Situation wie auch zu seiner individuellen Lage ermöglichen.

Insbesondere gilt das für das zweite Lebensthema seiner letzten Lebensjahre: Seit 1935 ist Klee schwer krank. Die wechselnden Infektionen werden erst posthum als Progressive Sklerodomie diagnostiziert, was Verhärtung von Haut und Schleimhäuten und dadurch Bewegungseinschränkungen zur Folge hatte.

---

57 Will Grohmann, Paul Klee, Stuttgart 1954, 312.

58 So Christine Hopfengart, Schwebendes. Klees Engel als Personifikationen des Übergangs, in: Zentrum Paul Klee, Bern (Hg.), Paul Klee. Die Engel, Ostfildern 2012, 9–15, hier 13.

Die Krankheit verläuft in Schüben mit zwischenzeitlicher Erholung. Die Fülle der Engelbilder in Klees letztem Lebensjahr kann als Auseinandersetzung mit seinem bevorstehenden Tod gedeutet werden. „Mit den Engeln schuf sich Klee eine Art Privatmythologie, einen Figurenkreis, in dem er seine wechselnde Verfassung, seine Gemütsschwankungen und Reflexionen angesichts einer zunehmend ausweglosen Lebensperspektive spiegelte."[59] Die Engelbilder proben Übergänge zwischen Leben und Tod, Diesseits und Jenseits, imaginieren verschiedene Stadien der Engelwerdung. Sie ermöglichen es Klee, den eigenen Gefühlszuständen gegenüberzutreten und eine humorvolle Distanz dazu einzunehmen: Die scheinbar beiläufige, skizzenhafte Ausführung, die vermeintlich kindlichen Proportionen und die elementare Mimik und Gestik der Figuren vermitteln den Betrachtenden Leichtigkeit und lassen sie mit Klee lächeln: Über den „Schellen-Engel", der auf einem nur angedeuteten Fuß steht und sich zwischen dem anderen Fuß rechts in der Luft, der grinsenden Schelle links und den beiden Flügelspitzen mit Leichtigkeit ausbalanciert.

Der „Engel, noch hässlich" unterläuft die in der Kunst verbreitete Annahme, jeder Engel blende die Betrachtenden mit seiner strahlenden Schönheit. Mit einem Mondgesicht und halb geschlossenen Augen ist der „Engel, noch hässlich" keineswegs auf seine Außenwirkung bedacht, sondern grinst in sich hinein. Seine Konturen werden undeutlich hinter der Schraffur. Der „noch hässliche" Engel scheint in diesem Zustand ganz zufrieden und bemüht sich nicht, endlich „schön" zu werden.[60] Sogar über die Engel in Schwierigkeiten: „Belastung-Probe"; „was bringst du, Licht?"; „es weint" (alle von 1939) müssen die Betrachtenden lächeln. Angesichts seiner enger werdenden Handlungsspielräume und abnehmender künstlerischer Möglichkeiten gelingt es Klee mit den Engelzeichnungen, aus der Weite seiner Imagination zu schöpfen. Er setzt eine humorvolle Distanz zu seiner Situation ins Bild und öffnet den Horizont für Möglichkeiten der Wandlung.

6.2 *Der Künstler als Bote*

Neben die biografische Deutung der Engelbilder Paul Klees stellt Perdita Rösch eine andere, m.E. ebenfalls überzeugende Möglichkeit: Die Engelbilder seien für Klee „Reflexionsfiguren für das künstlerische Selbst"[61]. Das legt insbesondere ein Text von 1920 nahe, den Klee für den Katalog zu seiner ersten großen Einzelausstellung 1920 in der Galerie von Hans Goltz in München verfasst hat.

---

[59] Hopfengart, Schwebendes, 11.

[60] Tatsächlich hat Klee die Figur des „Engel, noch hässlich" zunächst „schön" im Sinne von klar und präzise ausgeführt, so dass der „Engel, noch hässlich" eine künstlerische Weiterentwicklung ist (s.u.).

[61] Perdita Rösch, Die Hermeneutik des Boten. Der Engel als Denkfigur bei Paul Klee und Rainer Maria Rilke, München 2009, 100.

Der Text wird handschriftlich abgedruckt, mit dem Zusatz: „aus den Tagebüchern". Tatsächlich ist der Text dort nicht zu finden,[62] sondern wurde offenbar als Programmtext für die Ausstellung verfasst.

> Diesseitig bin ich gar nicht fassbar. Denn ich wohne grad so gut bei den Toten, wie bei den Ungeborenen. Etwas näher dem Herzen der Schöpfung als üblich. Und noch lange nicht nahe genug.

Klee beschreibt sich als Zwischenwesen: zwischen Diesseits und Jenseits, Toten und Ungeborenen, Lebenden und dem Herzen der Schöpfung. „Diesseits" verbindet Klee an anderer Stelle mit dem objektiv Sichtbaren, Körperlichen und Greifbaren, während „Jenseits" für die subjektive Wahrnehmung der Dinge steht.[63] Aus diesem Zwischenraum schöpft er seine Kunst. Als Übermittler, als Medium oder Bote macht er sichtbar, was andere nicht sehen können: „Kunst gibt nicht das Sichtbare wieder, sondern macht sichtbar."[64] Für die Interpretation der Engelbilder bedeutet das: Als Künstler ist Klee ein Bote, der die Figur des Boten für andere sichtbar macht.

Ebenfalls aus dem Jahr 1920 stammt die bekannteste Engeldarstellung Klees: „Angelus novus". Dabei handelt es sich nach Rösch – entgegen der Interpretation Walter Benjamins, die größere Bekanntheit erlangt hat als das Bild selbst[65] – um ein Selbstporträt Klees.

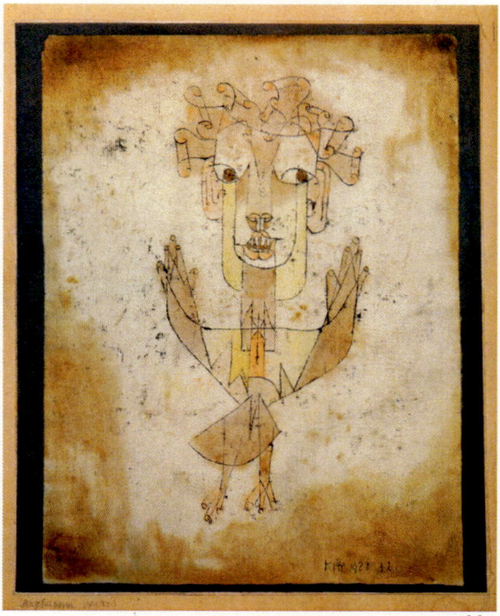

Bild 8

Dafür spricht einerseits, dass die dargestellte Figur ohne die Bildunterschrift nicht eindeutig als Engel zu identifizieren wäre. Es handelt sich um ein Zwischenwesen zwischen Mensch und Vogel, dessen Arme und Hände in Flügelform erhoben sind, während die Beine in Vogelkrallen statt Füßen auslaufen. Die Figur scheint zu schweben. Diese

---

[62] Vgl. Otto Karl Werckmeister, Versuche über Paul Klee, Frankfurt a.M. 1981, 194.

[63] Vgl. Felix Klee (Hg.), Tagebücher von Paul Klee: 1898–1918, Köln 1957, Eintrag 430 (1902), 136 und Rösch, Hermeneutik, 67.

[64] Klee, Schöpferische Konfessionen, 28; https://de.wikisource.org/wiki/Schöpferische_Konfession:_Paul_Klee (abgerufen am 10.12.2019).

[65] Walter Benjamin, „Über den Begriff der Geschichte", in: ders., Abhandlungen, Gesammelte Schriften I.2:, Frankfurt a.M. 1991, 691–704; zum Angelus novus 697f. Zur Rezeption des „Angelus novus" vgl. Reto Sorg, Der Engel der Engel. Zu Paul Klees Angelus novus, in: Paul Klee Zentrum, Bern, Engel, 114–133.

Charakteristika hat der „Angelus novus“ mit dem „Angelus decendens“ von 1918 gemeinsam. Als Selbstporträt erweist sich der „Angelus novus“ durch die Zeichnung des Gesichts, die Ähnlichkeit mit dem Selbstporträt „Versunkenheit“ (1919) hat.[66]

Während Klee seinen Kopf dort ohne Ohren und mit geschlossenen Augen porträtiert, tritt der „Angelus novus“ den Betrachtenden mit offenen Händen und Sinnen – großen Augen und Ohren, auffällig gezeichneten Nasenlöchern und geöffnetem Mund – gegenüber: „Es ist die Geste der Verkündigung; der Künstler ist, der Primärfunktion des Angelus entsprechend, *Bote*.“[67]

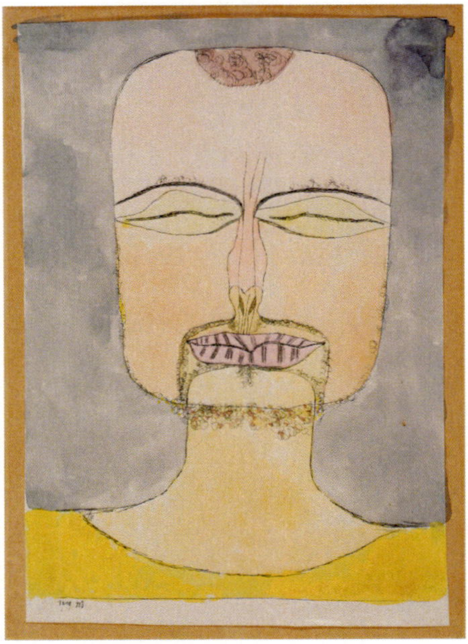

Bild 9

Bevor das Selbstbild Klees zu pathetisch wird, findet er oft eine (selbst-)ironische Wendung. Im zitierten Programmtext von 1920 fährt Klee fort:

> Geht Wärme von mir aus? Kühle?? Das ist jenseits aller Glut gar nicht zu erörtern. Am Fernsten bin ich am frömmsten. Diesseits manchmal etwas schadenfroh. Das sind Nuancen für die eine Sache. Die Pfaffen sind nur nicht fromm genug, um es zu sehn. Und sie nehmen ein klein wenig Ärgernis, die Schriftgelehrten.

Neben die Selbstironie tritt der Spott über die kirchlichen Würdenträger. Seine protestantischen Wurzeln sind Klee bald fremd geworden. Die späteren Engelbilder aus den Jahren 1939/1940 brechen den Selbstanspruch des Künstlers als „neuer Engel“ auf selbstironische Weise. Sie zeigen Engel kindlich, emotional, unfertig – sie zeigen den Künstler in der scheinbaren Rückentwicklung seines Verkündigungsanspruchs.[68] Gerade in dieser Selbstrücknahme geschieht Engelwerdung.

---

66 Vgl. Rösch, Hermeneutik, 53f.

67 Rösch, Hermeneutik, 55.

68 Gregor Wedekind, Im Hinblick auf das Höhere. Paul Klees paraspirituelle Kunst, in: Zentrum Paul Klee, Engel, 107–111, hier 111 setzt einen etwas anderen Akzent: „Die Engel in Klees Bildern von 1939 sind daher das Ergebnis mächtig gesteigerter Spiritualität, die mit sich selbst Schabernack treibt, weil sie über die Tatsache, auf sich selber zurückgeworfen zu sein, aufgeklärt ist. Sie repräsentieren das Selbstgespräch eines Einsamen. Eines, der den Kirchen fremd, doch frommen protestantischen Herzens war.“

Der „Schellen-Engel“ zeigt ein Zwischenwesen, das mit einer vergnügten Leichtigkeit im Raum zwischen hier und dort, zwischen Diesseits und Jenseits, sein Gleichgewicht findet, während der „Engel, noch hässlich“ einerseits fest im Diesseits steht und andererseits hinter der Schraffur verschwindet. Falls auch die Engel des letzten Lebensjahres eine Reflexion der künstlerischen Identität darstellen, stellen sie den Übergang vom Diesseits zum Jenseits als immer stärkere Abwendung vom objektiven Anspruch hin zu Subjektivität und individuellen, emotionalen Momentaufnahmen dar.

6.3 *Schutzengel und Todesengel*

Zwei Engelmotive könnten darauf hindeuten, dass Klee Engel auch als Boten einer transzendenten Wirklichkeit verstanden hat: der Schutzengel und der Todesengel.

Im Jahr 1931 hat Klee mehrere Variationen einer Schutzengelgruppe gezeichnet, die (in verschiedenen Variationen) den Titel „in Engelshut“ tragen.[69] Auch das geschieht in einer Übergangszeit. Im Jahr 1931 verlässt er das Bauhaus in der Hoffnung auf größere künstlerische Spielräume in Düsseldorf, während seine Frau in Dessau bleibt.

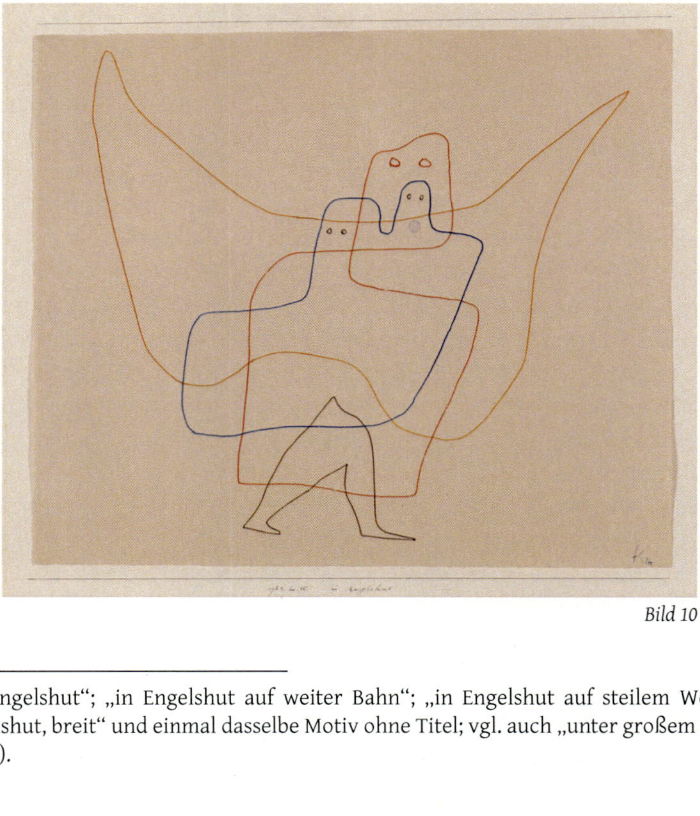

Bild 10

---

69 „In Engelshut“; „in Engelshut auf weiter Bahn“; „in Engelshut auf steilem Weg“; „in Engelshut, breit“ und einmal dasselbe Motiv ohne Titel; vgl. auch „unter großem Schutz“ (1939).

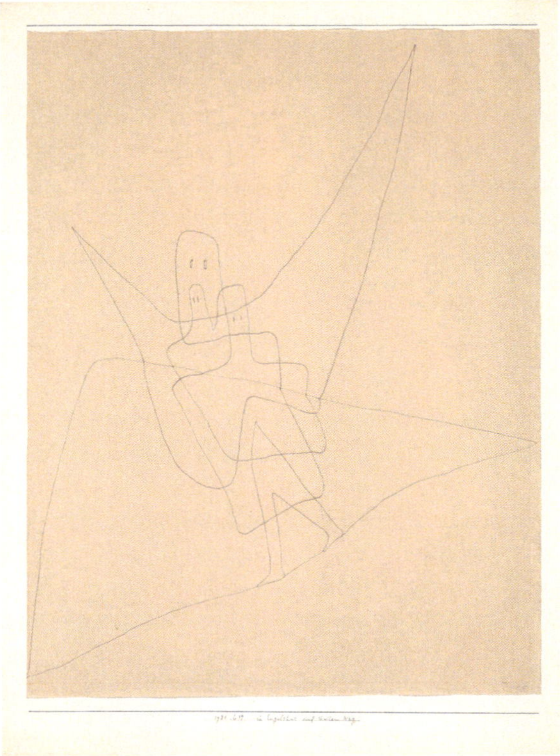

Bild 11

Die Figurengruppe entsteht durch die Überlagerung geschlossener Linien: Eine formt das Flügelpaar des Engels, eine dessen Kopf und Rumpf, eine weitere Köpfe und Rumpf des zu schützenden Paares, und eine Linie formt Beine und Füße, die gleichzeitig die beiden Schutzbedürftigen und den Engel zu tragen scheinen. Alle drei Wesen blicken Richtung Betrachter*in. Die Kombination der geschlossenen Linien strahlt Ruhe und Verbundenheit aus, auf dem Bild „in Engelshut auf steilem Weg“ wird die geschlossene Linie jedoch durch die Horizontlinie gestört und gerät in Unruhe. Nicht ein Einzelner, sondern ein Paar ist hier „in Engelshut“. Aus dessen Verbundenheit (eine Linie) entsteht ein Bild umfassenden Geschütztseins, bei dem die Grenzen zwischen dem Menschen- und dem Engelkörper fließend werden: Wachsen den Menschen Flügel? Werden sie auf den Füßen des Engels getragen? Wie die späteren Engelbilder, stellt auch dieses Engelmotiv eine Metamorphose zwischen Mensch und Engel dar. Insbesondere das Bild „in Engelshut auf steilem Weg“ lässt den Schutz durch den Engel jedoch ambivalent erscheinen: Führt der Engel das Paar auf einem Weg, den es nicht gehen möchte?[70] Oder schützt der Engel das Paar auf diesem abschüssigen Weg? „Engelshut“ ist nur subjektiv wahrnehmbar.

Manches deutet darauf hin, dass die Engelbilder für Klee in seinem letzten Lebensjahr zu Begleitern an der Schwelle zum Tod wurden. Ein Brief an Will Grohmann signalisiert, dass Klee die Nähe seines Todes sehr bewusst war:

[70] Vgl. Rösch, Hermeneutik, 100, Anm. 114: „Angesichts des Ausdrucks der Zeichnungen fühlt man sich veranlaßt, eine andere Konnotation von ‚Engelshut‘ heranzuziehen: ‚auf der Hut sein vor dem Engel‘.“ Sie kommt zu dem Schluss: „In Engelshut wäre damit eine kontrastive Auseinandersetzung mit dem Thema Schutzengel, eine Darstellung der Verlorenheit und Unbehütetheit des modernen Menschen“ (100).

„Natürlich komme ich nicht von ungefähr ins tragische Geleis, viele meiner Blätter weisen darauf hin und sagen: es ist an der Zeit."[71] Ein unbetiteltes Bild aus dem Nachlass (1940) wurde posthum „Der Todesengel" genannt.

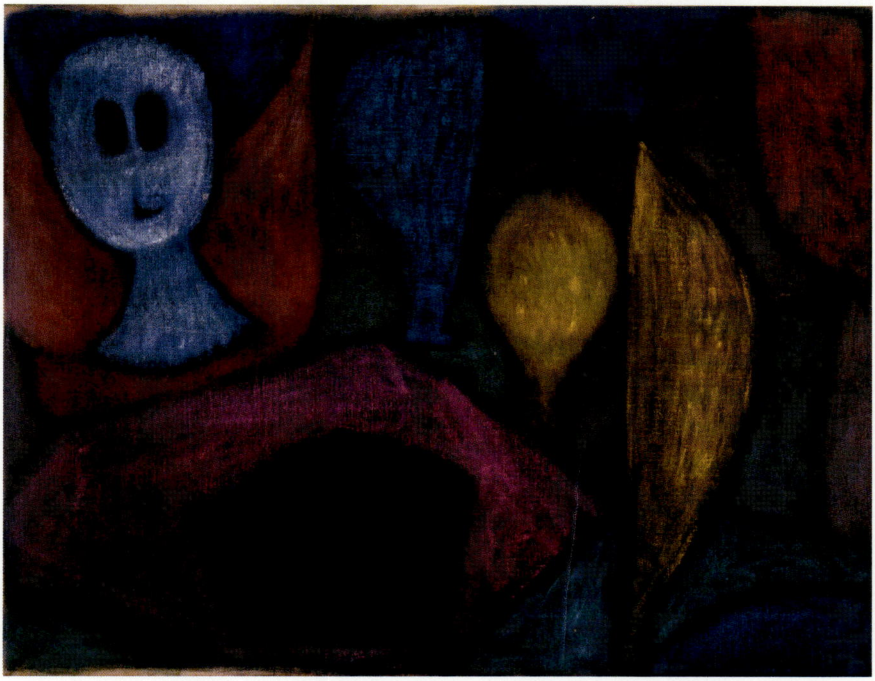

Bild 12

Das Ölbild stellt eine stark vereinfachte Büste dar: Das runde Gesicht richtet seine dunklen (leeren?) Augen zur Betrachterin, den einen Mundwinkel zum Lächeln verzogen. Diese Büste steht auf einem roten Flügelpaar, das Teil der umliegenden, durch Farbflächen angedeuteten Landschaft ist. Vor ihr öffnet sich ein fünfeckiges Loch im Boden, das ein Grab assoziieren lässt. Eine ähnliche Form erscheint auf einem Bild mit dem Titel „Tor zur Tiefe" (1936).[72] Der (vermeintliche) Todesengel legt (mindestens) zwei Assoziationen nahe: Klee stellt den wartenden Todesengel am Grab dar[73] – oder: Klee imaginiert den Weg durch das „Tor zur Tiefe" als Engelwerdung: Der Totenschädel erhält Flügel.[74] Das Grinsen des Schädels warnt davor, eine der beiden Möglichkeiten mit der Wahrheit zu verwechseln. Auch in diesem Bild spielt Klee mit der Möglichkeit,

---

71 Bern 2.1.40, zitiert nach: Gutbrod, Freund, 84.

72 Motivliche Verbindungen zu weiteren Werken stellt Zilch, Engelsdarstellungen, 208–212 dar.

73 Vgl. Zilch, Engelsdarstellungen, 211: „In diesem Fall wäre der Engel ein Begleiter der menschlichen Seele zwischen den Welten, zwischen dem Diesseits und dem Jenseits."

74 „Ich bin gewappnet, ich bin nicht hier, ich bin in der Tiefe, bin fern ... ich bin so fern ... Ich glühe bei den Toten." Klee, Tagebücher, Eintrag 931 (1914), 318.

dass ihn ein Engel begleitet und erwartet.[75] 1920 dichtete er scheinbar eindeutiger:

> Einst werd ich liegen im Nirgend
> bei einem Engel irgend.[76]

In diesem Fall ist es der Reim, der der Vorstellung einen leichten, kindlichen, phantastischen Klang gibt. Insbesondere warnt die Spannung zu den vorangehenden Versen davor, die Vorstellung mit einer Glaubensüberzeugung zu verwechseln.[77]

Das bereits erwähnte titellose Bild „Komposition auf schwarzem Grund“ (auch „Letztes Stilleben“ genannt) scheint für Klee ein wiederkehrender Bezugspunkt gewesen zu sein. Vor diesem Bild lässt sich Klee anlässlich seines 60. Geburtstages 1939 von Walter Henggler fotografieren.

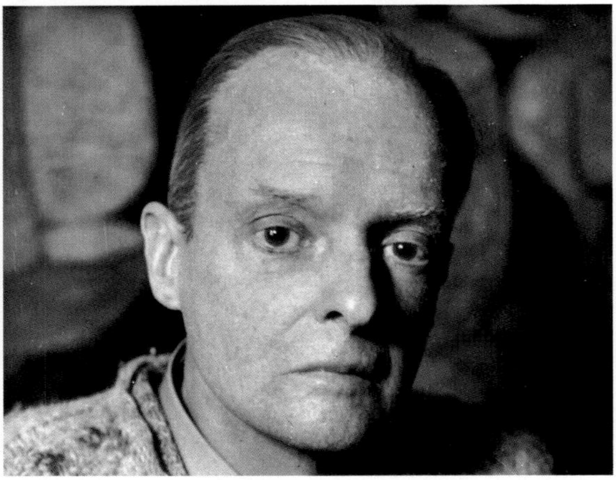

Bild 13

---

75 Eindeutiger Zilch, Engelsdarstellungen, 211: „Es ist festzuhalten, dass es sich bei dieser letzten Engelsdarstellung Klees um eine bildliche Auseinandersetzung mit dem Tod handelt. Der Engel, der über der Friedhofsszenerie schwebt, wird Klee möglicherweise in seiner Funktion als psychopompos gesehen haben. In diesem Fall wäre der Engel ein Begleiter der menschlichen Seele zwischen den Welten, zwischen dem Diesseits und dem Jenseits.“

76 Ende des Textes „Zurufe“, 1920, https://gutenberg.spiegel.de/buch/gedichte-9816/6 (abgerufen am 10.12.2019).

77 „*Zurufe* Krummfahrer! Bösharrer! Schmutzstarrer! / Pelzläuser! Wißbesser! / Schmerling! / Duckmäuserlehrling!! / Alle alle hatt ich gern / und jetzt bin ich kühler Stern. / Großwendig. Schwerhendig / anhaltig – glattfaltig /vieleinig. / ferne Seele bitt um Gnade / mach mich tief. / weil ich ging / ward Abend /Wolkenschleier / hüllten das Licht /dann schattete das nicht / über Allem / Hab Hut / was Glut / sengt dein Blut, /was Kohlen / weiß holen / durch Rinnsal leuchte / Siebenschleier gesiebt Gesicht! / Einst werd ich liegen im Nirgend / bei einem Engel irgend.“

Als er 1940 ein letztes Mal zur Erholung nach Locarno aufbricht, stellt er das Bild auf die Staffelei.

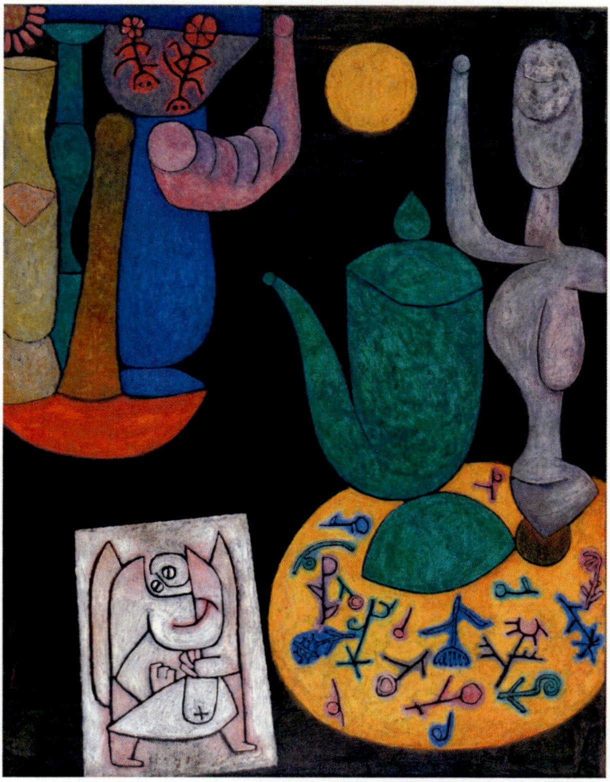

Bild 14

Vor schwarzem Grund arrangiert Klee „Dinge“ aus seiner unmittelbaren Umgebung zu zwei Gruppen: Oben links Vasen und andere undefinierbare Gefäße, unten rechts eine graugrüne Kaffeekanne und eine lavafarbene Statue auf leuchtend orangem, mit Ornamenten verziertem Grund. In der linken unteren Ecke bildet Klee die Engelszeichnung als Bild im Bild ab, die er 1940, im folgenden Jahr, „Engel, noch hässlich“ nennt. Gegenüber der Darstellung im Ölgemälde wirkt die Bleistiftzeichnung skizzenhaft, wie eine Vorlage für das Ölbild. Als hätte Klee die Zeichnung, wie auch die anderen abgebildeten Dinge, abgemalt und in sein Stillleben integriert. Soweit die zeitliche Reihenfolge rekonstruierbar ist, verhält es sich genau umgekehrt: Klee hat den Engel vom Ölgemälde später mit Bleistift gezeichnet und dabei „in einen Zustand der Unfertigkeit und ‚Hässlichkeit‘“[78] versetzt. Der Engel auf dem Ölbild ist ein stillvergnügter Begleiter, der den Betrachter schief, mit halbgeschlossenen Augen angrinst.[79] Die partielle Kolorierung des Körpers mit Rosatönen ruft den Eindruck emotionaler Bewegung hervor. Auffällig ist das gleichschenklige Kreuz auf der Schürze: Es verbindet die Engelsfigur mit dem „Engel im Werden“ (1934; vgl. „heisser Ort“ 1933), wie auch der orange Kreis, der

---

78 Hopfengart, Schwebendes, 15.

79 Grohmanns vielzitierte Deutung des Bildes kann m.E. nicht überzeugen: „Links unten wie in den Rahmen hineingesteckt ein großes weißes Blatt mit einem kräftig ausschreitenden Engel, den zwei derbe Hände festzuhalten scheinen: „Jakob ringt mit dem Engel“ (Grohmann, Klee, 360).

möglicherweise eine Mondscheibe darstellt.[80] Damit steht das Kreuz zugleich für den Prozess des Entstehens wie für den Tod. Auf der Bleistiftzeichnung von 1940 wird auch dieses Symbol ins Unfertige zurückgeführt: Aus dem Kreuz wird ein Minus, das die Erdverhaftung des Engels betont (vgl. 5.). Vom „Engel, noch hässlich“ in zweifacher Gestalt hat sich Klee in seinem letzten Lebensjahr begleiten lassen.

In seinen Bildern greift Klee die traditionellen Motive des Schutzengels und des Todesengels auf, ohne sie christlich zu deuten. Klees „Engel im Werden“ setzen das Transzendieren, das Überschreiten von Grenzen ins Bild – oder sie lassen es gerade „noch“ außerhalb des Sichtfeldes erahnen. Die Engelbilder ermöglichen Klee die Selbsttranszendenz: Sie helfen ihm, eine humorvolle Distanz zur politischen Lage, zu seiner Krankheit und schließlich sogar zum Tod einzunehmen. Die Engelbilder imaginieren Verbundenheit über das menschliche Leben hinaus, auch darin sind sie Bilder der Transzendenz. Als Boten göttlicher Macht hat Klee die Engel nicht verstanden.

7. Verkörperung des Bilderverbots

Die Erzählung Ri 13 kann ebenso wie die Engelbilder Paul Klees als „Verkörperung“ des Bilderverbots interpretiert werden. Beide Darstellungsweisen nutzen die Annäherung an die körperliche Gestalt des Engels, um Lese- oder Sehgewohnheiten zu irritieren und so die Aufmerksamkeit auf das Unfassbare des „englischen“ Wesens zu lenken. Das geschieht mit dem Stilmittel der Ironie: Durch Ironiesignale weisen die Erzählungen und Bilder auf ein Drittes hin, das durch das Geschriebene bzw. Gezeichnete aufscheint. Dieses Dritte kann nur entdeckt werden, wenn Leser*in bzw. Betrachter*in sich in den Prozess der Narration oder Figuration hineinziehen lassen. Dieser verläuft auf mehreren Ebenen gleichzeitig.

Die Erzählung Ri 13 schildert mehrere Begegnungen mit dem Boten Jhwhs, die einen Erkenntnisprozess in Gang setzen. Dabei zeigt sich, dass Sehen und Verstehen nicht wie erwartet zusammenhängen: Sichtbar ist das Unfassbare, erst das Nicht-mehr-Sehen des Boten führt zum erkennen. Als Leser*innen können wir uns in diesen Prozess hineinziehen lassen, in dem sicher Geglaubtes in die Irre geführt wird – bis wir begreifen, dass der Name des Boten „unbegreiflich“ ist. Auch die Engelbilder Paul Klees verwickeln die Betrachter*innen in einen Leseprozess. Sie sehen „Engel im Werden“: Engel, die in dem Moment auf Papier gebannt werden, in dem sie im Begriff sind, sich zu verwandeln. Zugleich können die Leser*innen der Bilder den Prozess der Entstehung von der intuitiven Zeichnung über die Betitelung bis zur

80 So Grohmann, Klee, 360.

Einordnung nachverfolgen. Weder die Engelbilder Klees noch die Engelerzählung wollen eine bestimmte Botschaft vermitteln. Beide verbindet die Freude am Prozess, der eine betrachtende oder lesende Begegnung mit dem Engel ermöglicht.

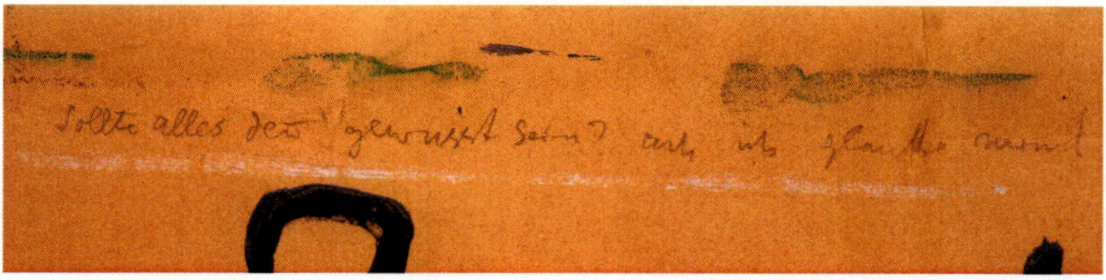

Bild 15

„Sollte alles denn gewusst sein – ach, ich glaube nein“

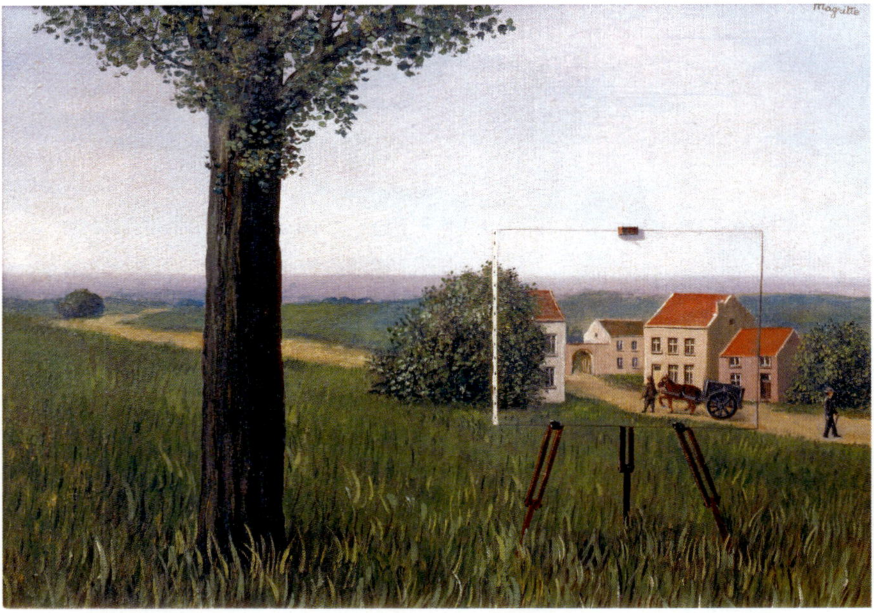

René Magritte : La belle captive

Die Bilderkritik bei René Magritte und im Alten Testament

Johannes Taschner

0. Einleitung

Die Gruppe der belgischen Surrealisten um Edouard Léon Théodore Mesens und René Magritte traf sich regelmäßig zu einem Spiel, bei dem es darum ging, den Bildern, die in jüngerer Zeit aus dieser Gruppe heraus entstanden waren, einen Namen zu geben.

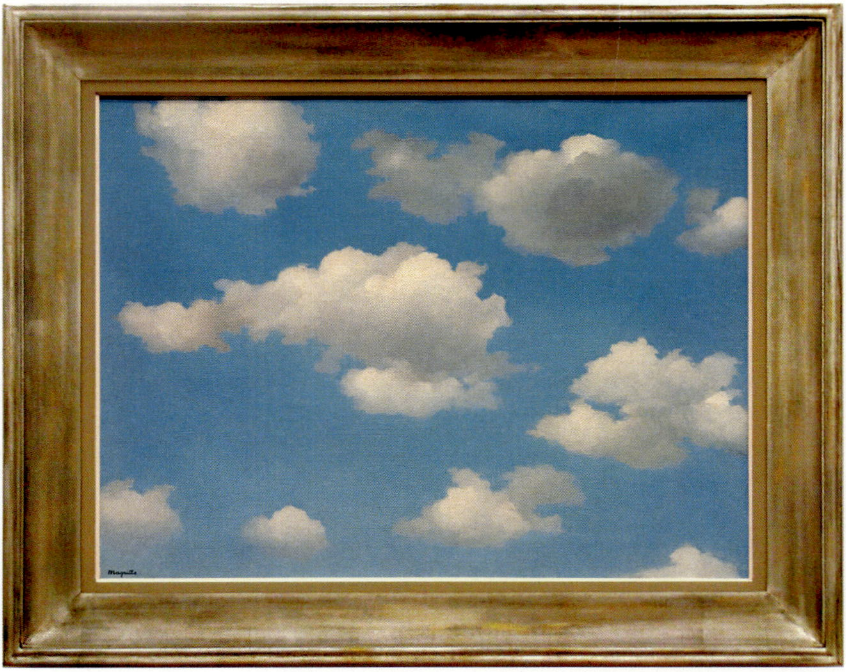

Bild 1

Dieses Bild trägt den Namen „La malédiction" und stammt aus dem Jahr 1931. Wir sehen ein Bild, auf dem ein blauer Himmel mit weißen Wolken abgebildet ist. Kein Grund zum Fluchen – oder? Warum trägt es aber den Namen „Der Fluch"? Er will so gar nicht zum Bild passen. Fragen drängen sich auf: Warum um Himmels willen soll ein blauer Himmel mit weißen Wolken ein Fluch sein? Doch bei Magritte werden wir auf eine andere Ebene gestoßen. Ist der Umstand, dass der Himmel abgebildet ist, ein Fluch? Ein Fluch, weil er einen Verrat darstellt an den dahinziehenden Wolken, an dem Sommerduft, der leichten Brise, die bei einem solchen Himmel einher weht und die wir auf der Haut spüren können, wenn wir wirklich an einem schönen Tag in den Himmel schauen? Vom Verrat der Bilder: Das ist Magrittes Kernthema.

Magritte hat es immer abgelehnt, seine Bilder zu interpretieren. Im ersten Teil meiner Ausführungen möchte ich versuchen zu verdeutlichen, warum das so war. Daran anschließend möchte ich Bilder Magrittes mit dem Bilderverbot des Alten Testaments ins Gespräch bringen. Beide haben immerhin gemeinsam, dass sie ihre Kritik am Bild mit einer Fülle von ausdrucksstarken Bildern zum Ausdruck bringen und dabei das „Sehen" sehr genau reflektieren.

1. Der Surrealismus Magrittes als Methode

Warum hat Magritte es abgelehnt, seine Bilder zu interpretieren? Die Frage ließe sich lapidar so beantworten: Er wollte kein Spielverderber sein. Es handelt sich um das Spiel mit dem Verhältnis zwischen Abbild und sogenannter Realität, zwischen Bezeichnetem und Bezeichnendem, das Spiel, das den oder die Betrachtende dem „Mysterium", wie er es nannte, näher bringen kann.

Dieses Spiel basiert auf der (Neu-)Entdeckung des komplizierten Verhältnisses zwischen Zeichen und Bezeichnetem, das der philosophische Diskurs seiner Zeit ins Bewusstsein der damaligen Avantgarde gehoben hatte. Sie vollziehen als erstes den sogenannten „linguistic turn". Diese Debatte ist vornehmlich mit den Namen Ferdinand de Saussure und Ludwig Wittgenstein verbunden. De Saussure deckt die Willkür des sprachlichen Zeichensystems auf. Zwischen Zeichen und Bezeichnetem besteht keine naturgegebene Beziehung, sondern eine, die allein auf der Konvention beruht. Das Zeichen, oder ein Satz, ist nur ein Abbild der Wirklichkeit, nicht die Wirklichkeit selbst. Die Verbindungen der einzelnen Zeichen zueinander sind aber nur durch Konventionen bestimmt, die von Kultur zu Kultur variieren. Von daher ist unser Sprachsystem nur ein schablonenhaftes Raster, das unsere Realität in ihrer ganzen Komplexität gar nicht wiedergeben kann. Jede Aussage über ein Ding ist streng genommen immer auch nur ein völlig unzureichendes Abbild. Das ist bei Sprache insofern nicht gar so fatal, da ein Begriff bei meinem Gegenüber andere Assoziationen freisetzen kann als bei mir selbst. Im Dialog über diesen Begriff kann eine gewisse Tiefenschärfe entstehen. Beim Bild hingegen kann dieses Verhältnis zum Abgebildeten noch einmal viel festgelegter sein, so dass es fast kein Durchdringen mehr zu der „Realität an sich" geben kann.[1]

---

1 Saussure, Ferdinand de, Cours linguistique générale (1917), Charles Bally/Albert Sechehaye, Paris 1985, 166ff. (deutsch: Saussure, Ferdinand de, Grundfragen der

Die Surrealisten nehmen diese Einsicht auf. Ihnen ging es darum, die Willkür unserer Konventionen, unserer Codes dadurch bloßzustellen, indem sie sie umstürzten und auf den Kopf stellten. So wollten sie den Weg freimachen für die Realität hinter unserem Denksystem. Ihre Bilder und Texte sind als Einladung zu verstehen, sich unsere Denksysteme bewusst zu machen, um sie hinter sich zu lassen und sich neu auf unsere Welt einzustimmen. Es war André Breton, der französische Surrealist, der den Surrealismus darum nicht als Stil, sondern als Methode bezeichnete.[2] Die Surrealisten brachen Teile aus unserer Wirklichkeit heraus und stellten sie in einen für uns ungewohnten Zusammenhang. Es ging ihnen nicht darum, Gegensätze zu konstruieren. Gegensätze folgen ja noch unseren Denkgewohnheiten. Die Surrealisten stellten die Dinge vielmehr in einen a-logischen, irrationalen Zusammenhang, um zu irritieren, ja, zu schockieren und dadurch die Poesie zu „zünden". Bei Magritte ist diese Poesie immer verbunden mit dem „Mysterium" hinter dem Sichtbaren. Für ihn verband sich mit dieser Methode die Hoffnung, den geistigen Ort zu finden, von dem aus Leben und Tod, Reales und Imaginäres, Vergangenes und Zukünftiges, Mittelbares und Unmittelbares, Mitteilbares und Un-Mitteilbares, Oben und Unten nicht mehr als widersprüchlich empfunden werden.[3]

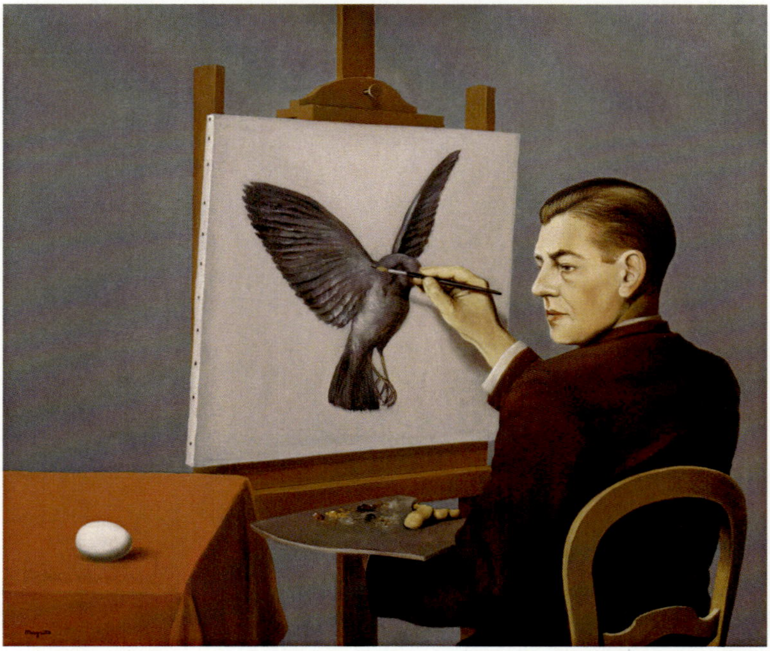

Bild 2

allgemeinen Sprachwissenschaft, übersetzt von Hermann Lommel, Berlin 1967 (2. Auflage), 143.

2 Breton, André, Die Manifeste des Surrealismus, Reinbek 1982, 55.

3 Biber, Susanne, Mysterium der Wirklichkeit bei René Magritte, Petersberg 2015, 32.

Der Maler auf diesem Bild – Magritte selbst – malt nicht, was er vor Augen hat (ein Ei), sondern was er in dem Objekt sieht, das er vor Augen hat. Dies ist nur durch die Klarsicht des Malers möglich, der den in dem Ei angelegten Vogel voraussieht. Dieser Vorgang des Malens ist wiederum in einem Bild festgehalten. Der Titel verweist auf etwas, was aber selbst gar nicht abgebildet ist: Die Klarsicht des Künstlers.[4] Diese umfasst auch eine zeitliche Dimension: Die Zeit, die zwischen dem Ei und dem ausgewachsenen Vogel liegt, wird vom Bild mit bei den Betrachtenden evoziert. Damit werden wir aus dem Bild gleichsam wieder heraus- und auf uns selbst geworfen.

Der Künstler blickt hinter die Gegenstände, die er malt und erfasst das „Mysterium", das in ihnen steckt. Das Mysterium selbst (hier die Klarsicht) lässt sich nicht bildnerisch festhalten. Magritte ist selbst Teil dieses Geheimnisses, weil es kein Geheimnis ist, das sich logischem Denken erschließt, sondern nur der Intuition.

Dass der Künstler/die Künstlerin bei Magritte selbst Teil dieses Geheimnisses ist, gehört für ihn zur Grundmelodie seines Schaffens. Dies hat er selbst gegen Ende seines Lebens an einer Episode seiner Kindheit verdeutlicht. Wegen des frühen Todes seiner Mutter – sie hatte Selbstmord verübt, als er 14 Jahre alt war – verbrachte er seine Sommerferien bei seiner Tante. Er schreibt: „In meiner Kindheit spielte ich gerne mit einem kleinen Mädchen auf dem verlassenen Friedhof einer kleinen Provinzstadt. Wir durchstreiften die unterirdischen Gewölbe, deren schwere Eisentüren wir anheben konnten, und wir stiegen wieder ans Licht, wo ein Maler aus der Hauptstadt in einer Friedhofsallee malte, die sehr malerisch war mit ihren zerbrochenen, über das welke Laub verstreuten Steinsäulen. Die Kunst des Malers erschien mir damals magisch und der Maler mit höheren Kräften begabt."[5] In dieser Szene wird schon deutlich, dass es ihm gar nicht so sehr darum ging, was der Maler malte, sondern um die gesamte Szene, den Maler mit eingeschlossen. Der morbid-geheimnisvolle Friedhof, die aufkeimende Erotik und der Maler. Dieses Eintauchen in das Geheimnisvolle ist ein Schlüssel zu Magrittes Werk.

Ja, die Liebe – sie spielt bei ihm auch eine entscheidende Rolle. Magritte hatte Glück in der Liebe. Die Geschichte zwischen ihm und Georgette klingt fast ein wenig wie ein Märchen. Er lernte sie in Charleroi auf einem Karussell kennen, als er 15 Jahre alt war. Sie verlieren sich wieder aus den Augen und treffen sich 1920 in Brüssel im Botanischen Garten wieder. Magritte ist mittlerweile 22 und studiert an der Brüsseler Akademie der Schönen Künste. Von da an gehen sie nicht mehr auseinander. Sie heiraten 1922. Während andere Künstler und Künstlerinnen der surrealistischen Szene einen extravaganten Lebensstil pflegten, lebten René und Georgette Magritte einen völlig bürgerlichen Lebensstil.

---

4 Biber, Mysterium, 22.

5 Paquet, Marcel, Magritte, Köln 1992, 9.

Georgette war für ihn nach eigenen Aussagen die Muse seines Lebens. Und sie war auch sein Modell.

Dieser Lebensstil passt eigentümlich gut zum Werk Magrittes, genauer zu seiner Philosophie. Es geht ihm nicht wie anderen Vertreterinnen und Vertretern dieser Kunstrichtung um das Exzentrische, Laute, sondern um das leise Mysterium, das hinter aller Wirklichkeit liegt, auch hinter der Wirklichkeit seines kleinen Reihenhauses in Brüssel, in dem er mit Georgette Jahrzehnte lang lebt.

Das Mysterium, um das es Magritte geht, ist durch unsere Denkgewohnheiten und durch unsere Sprache verdeckt. Wir können uns diesem Mysterium nur nähern, indem wir ihm ähnlich werden. Magritte unterscheidet den Begriff ‚ressemblance' (Ähnlichkeit) von dem ‚similitude' (Gleichartigkeit): Im Alltagsfranzösisch sind das Synonyme. Magritte unterscheidet sie jedoch:

Mit der Gleichartigkeit (similitude) bezeichnet er die Ähnlichkeit des Denkens auf der Objekt-Ebene. Diese Ähnlichkeit ist eine Operation des Denkens auf der Meta-Ebene. Diese „Gleichartigkeit" ist für ihn ein Denken, das misst und vergleicht.

„Die Ähnlichkeit ‚ressemblance' hingegen ist mit dem wesentlichen Akt des Denkens identisch. Dieses Denken ähnelt, indem es das wird, was die Welt ihm bietet, und indem es das, was ihm geboten wird, zurückversetzt ins Mysterium, ohne dass es keine Möglichkeit der Welt und keine Möglichkeit des Denkens gäbe. Die Inspiration ist das Ereignis, wo die Ähnlichkeit auftaucht."[6] „Ähneln ist: das werden, was man in sich aufnimmt. ... Die Ähnlichkeit ist das Denken, das unmittelbare Erkenntnis wird. Die Ähnlichkeit ist der wesentliche Akt des Denkens, das aus keinem guten oder schlechten Wollen resultiert und durch keine Denkweise bestimmt wird." (36) Es ist die Aufgabe dieses Denkens, sich den Dingen gegenüber zu öffnen. Das erinnert an Goethes „erkennende Identifikation": „Es gibt eine zarte Empirie, die sich dem Gegenstand innigst identisch macht und dadurch zur eigentlichen Theorie wird." (38) Selbst Thomas v. Aquin kannte – so Biber – ähnliche Gedankengänge. Er nannte es „per connaturalitatem : der Gute Mensch erkennt aufgrund seines unmittelbaren Anteilhabens und Anteilnehmens auf Grund des inneren Mitschwingens kraft der untrüglichen Witterung des Liebenden (denn die Liebe ist es, wodurch Fremdes zu Eigenem wird), wodurch connaturalitas entsteht ...". (38)

Für Magritte ist es nun entscheidend, diese ressemblance von der Erkenntnis, die auf der Trennung von Subjekt und Objekt basiert – die similitude – zu unterscheiden. Er sagt: Weil diese beiden Erkenntnisweisen im Alltag gleichgesetzt werden, bleibt nur die Bewegung (Flucht) ins Ver-rückte, als einzige Abwehrmöglichkeit des einseitig gewordenen Rationalismus." (41)

---

6 Biber, Mysterium, 36. Die folgenden Seitenzahlen in Klammern beziehen sich auf dieses Werk.

Damit wehrt er sich auch gegen die mechanische Starrheit des rationalen Diskurses, „da wo wir geistige Rührigkeit und Gelenkigkeit fordern“ (41).

Dem Unfassbaren auf die Spur kommen: Das wohl bekannteste Bild von Magritte ist: „L’empire de la lumière“, „Das Reich des Lichtes“.

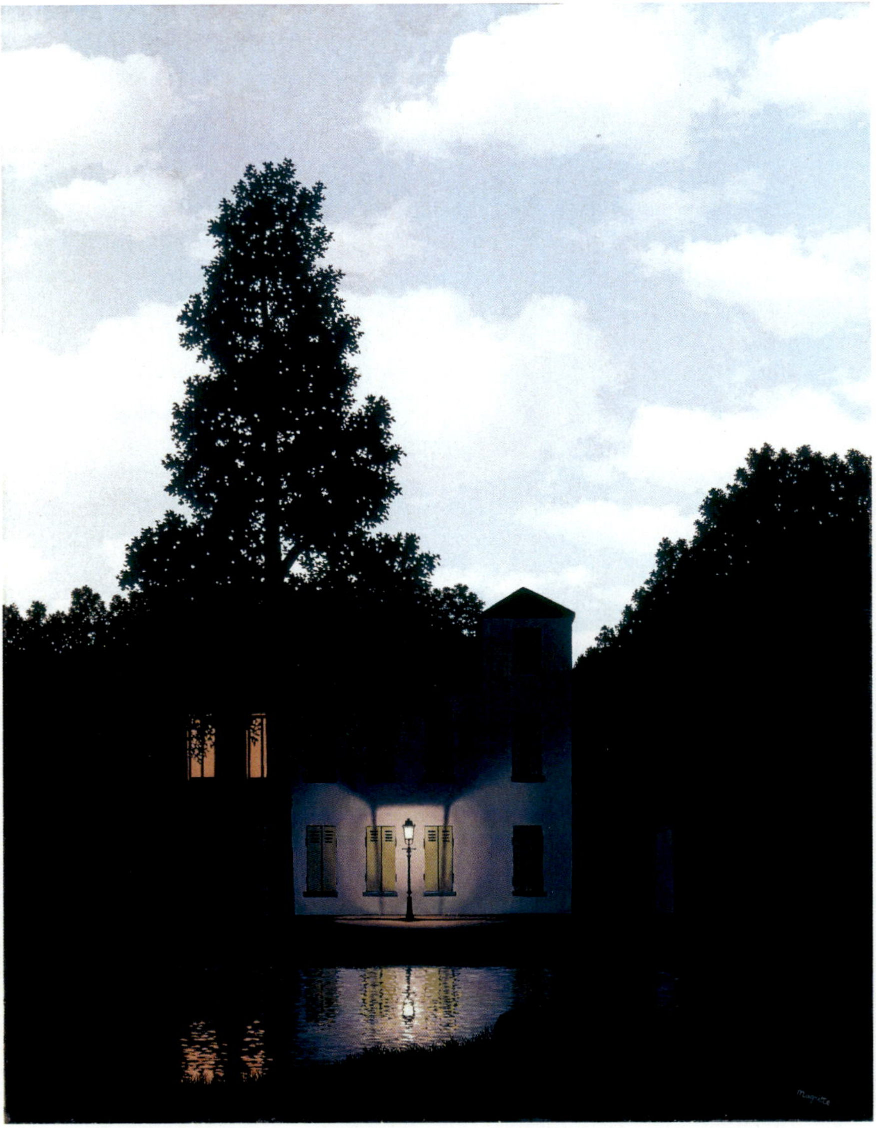

Bild 3

Es zeigt im unteren Teil des Bildes eine nächtliche Szenerie: Eine Straßenlaterne vor einem Haus, das dessen Fassade zum Teil beleuchtet. Im Haus sind seinerseits wieder Fenster erleuchtet. Vor dem Haus steht ein Baum, von dem aber nur die schwarze Silhouette sichtbar ist, die sich jetzt eben nicht, wie zu erwarten wäre, gegen den Nachthimmel, sondern gegen einen blauen Taghimmel mit weißen Wolken abhebt. Würde der untere Teil des Bildes für sich stehen, wäre ein perfektes Abendidyll abgebildet. Der hell leuchtende Taghimmel will so gar nicht zu dieser unteren Szene passen. L'empire de la lumière – „Das Reich des Lichtes". Nun können wir wieder anfangen zu fragen und zu spielen. In jedem Fall lohnt es sich, dieses Bild eine Weile auf sich wirken zu lassen. Wie sehr das Licht unsere Wahrnehmung, unsere Stimmung, unsere Sicht auf die Wirklichkeit und unser Zeitgefühl prägt ... Was Licht vermag, lässt sich nicht in Worte fassen und schon gar nicht bildlich darstellen. Es lässt sich nur erleben. Wieder sind wir auf uns selbst und unsere Wirklichkeitserfahrung zurückgeworfen. Licht gehört so selbstverständlich zu unserer Alltagserfahrung, dass uns seine uns prägende Wirkung aus dem Bewusstsein entschwindet. Was Licht vermag, kriegen wir hier im wahrsten Sinne des Wortes vor Augen geführt.

Wir machen uns Bilder von der Realität und halten sie für Realität. Das ist das Thema der „Bild im Bild"-Bilder Magrittes:

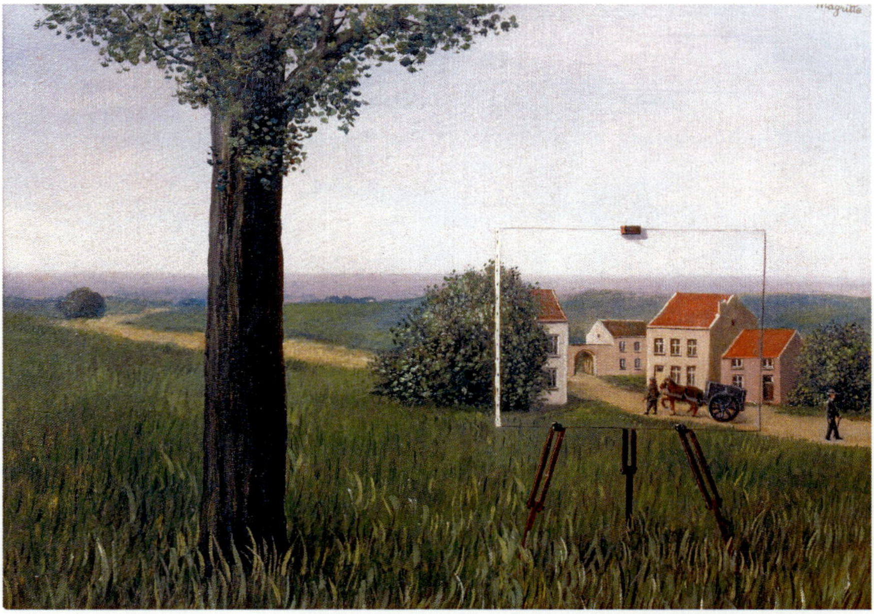

Bild 4

Zu sehen ist eine weite, leicht hügelige Landschaft. Im Vordergrund halblinks ist ein Baumstamm samt dem unteren Ansatz der Baumkrone zu sehen. Dieser Baum steht auf einer grünen Wiese, die im mittleren Hintergrund von einem Weg durchquert wird. An diesem Weg liegt ein Gehöft mit vier Häusern. Auf dem Weg fährt eine Kutsche in das Gehöft hinein und eine einzelne Person geht in die entgegengesetzte Richtung vom Hof weg. Bei näherem Hinsehen wird deutlich, dass dieses Gehöft auf einem Bild abgebildet ist, das in der Wiese auf einer Staffelei steht. Dieses Bild fügt sich fast perfekt in die gesamte Landschaft ein. Nur die linke Spannleiste des Bildes, die Halterung am oberen Rand und die drei Holzbeine der Staffelei verraten, dass es sich hier um ein Bild im Bild handelt. Das Bild trägt den Titel „Die schöne Gefangene“. Was ist auf diesem Bild „eingefangen“? Das Gefährt und die Person, die auf dem Weg geht, bewegen sich voneinander weg. Doch das können wir nicht sehen, weil die Kutsche auf dem Bild im Bild „festgehalten“ ist. Wir können wieder nur imaginieren, dass hinter dem Bild die Kutsche schon längst weitergefahren ist. Die Person, die zu Fuß auf dem Weg unterwegs ist, befindet sich hingegen nicht mehr auf dem „Bild im Bild“. Sie geht also weiter – wenn wir uns auf die Illusion der ersten Bildebene einlassen. Wir sind also wieder gezwungen, auch diese Bildebene zu verlassen und uns auf die Bewegung der Wirklichkeit einzulassen, die dann keine „schöne Gefangene“ mehr ist.

Magrittes Bilder erschließen sich erst, wenn wir anfangen, mit dem Dargestellten zu spielen. Das ist kein Spiel ohne Grenzen. Das Bild selbst gibt die Regeln vor und gibt uns die Elemente, die uns bekannt sind, als Bestandteile – gleichsam als Figuren in die Hand.[7]

Neben diesen „Bild im Bild“ Bildern gibt es Gemälde, auf denen Magritte offensichtlich eine andere Strategie verfolgt. Hier werden Gegenstände einander gegenübergestellt, die scheinbar nichts, aber auch gar nichts, miteinander zu tun haben. Wir müssen uns auf die Suche nach dem Verbindenden machen, um das Spiel spielen zu können.

Vor einem monochromen Hintergrund sehen wir einen aufgespannten Regenschirm. Er wird von niemandem gehalten und scheint zu schweben. Auf diesem Schirm steht ein halbvolles Wasserglas. Das Bild heißt: „Hegels Ferien“. Was ist das Verbindende? Das Wasser. Der Regenschirm ist nach unten geöffnet und weist das Wasser ab, wohingegen das Wasserglas nach oben geöffnet ist und das Wasser auffängt. Wasser wird aufgefangen und abgewehrt. Wir wehren Wasser ab auf unseren Dächern durch unsere Regenschirme, bringen unsere „Schäflein ins Trockene“, wie es so schön heißt – und sind doch darauf angewiesen, drei Liter am Tag davon zu trinken. So gesehen haben wir es hier mit These und Antithese zu tun. Es will sich aber keine Synthese einstellen. Hegel darf Ferien machen.

Es geht Magritte streng genommen also gar nicht um die Malerei, sondern um die Philosophie, die er mit seinen Bildern zum Ausdruck bringen will. Es ist eine Philosophie, die das streng logische Denken der eingetretenen Pfade hinter sich lassen will, um sich der Poesie zu öffnen. Er hat sich selbst darum

---

7 Biber, Mysterium, 56.

auch als „malenden Poeten“ bezeichnet. Das Bild bleibt für ihn Mittel zum Zweck, Bestandteil einer Methode, mit der er uns zum Nachdenken über den gewohnten Horizont hinaus anregen will. Er denkt dabei in Bildern, bringt diese in surreale Konstellationen und stellt sie in den Dialog mit den Titeln, die so gar nicht zu dem Abgebildeten zu passen scheinen. Doch genau darin liegt der Anfang des Spiels, das uns auf die Spur des Mysteriums der Wirklichkeit bringt.

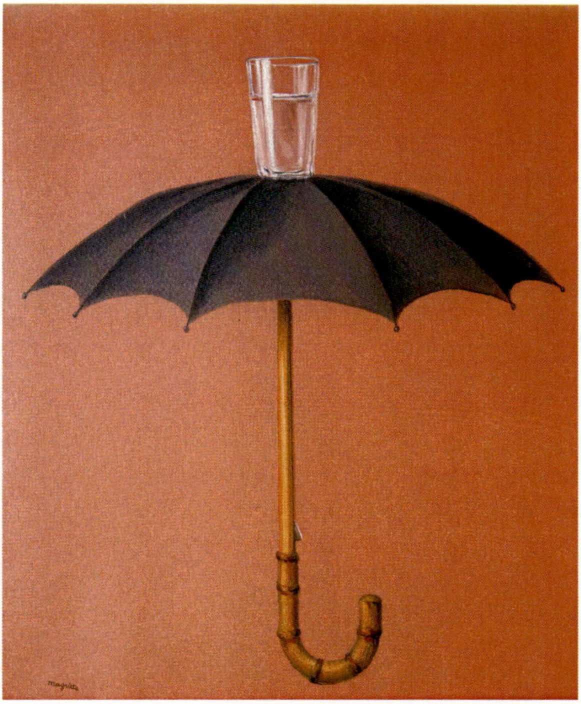

Bild 5

2. Das Denken in Bildern im Alten Testament und das Bilderverbot

In einem zweiten Schritt möchte ich nun versuchen, einen Vergleich zwischen dem alttestamentlichen Bilderverbot und Magrittes gemalter Abwehr gegen die Abbildung anzustellen. Es soll nicht darum gehen, einen wie auch immer gearteten – vielleicht ja auch verdeckten – wirkungsgeschichtlichen Zusammenhang aufzuzeigen. In Magrittes Werk finden sich kaum biblische Motive. Auch bezieht sich Magritte – so weit ich das überblicke – nicht ausdrücklich auf das alttestamentliche Bilderverbot. Dennoch möchte ich überprüfen, ob sich der Vergleich vielleicht dennoch lohnt. Das wäre gegeben, wenn wir beide Seiten – alttestamentliches Bilderverbot und die Herangehensweise Magrittes – anschließend etwas besser verstehen würden.

Eine Gemeinsamkeit fällt unmittelbar auf: Sowohl Magritte als auch das Alte Testament bedienen sich einer kräftigen Bildersprache. In der Sinaiperikope (Ex 19–34) – und auf die möchte ich mich im Folgenden konzentrieren – begegnen uns eine Fülle von surreal anmutenden Sprachbildern: der brennende Dornbusch, dessen Feuer nicht aufhört zu brennen, ein Hirtenstab, der grünt oder sich in eine Schlange verwandelt usw. Präzise wird erzählt, was gesehen, gehört wird, was dargestellt und – vor allem: besser *nicht* dargestellt wird, was geschrieben und was gesprochen wird. Wir finden eine „sich ihrer Gebrochenheit bewusste Bildlichkeit“ vor, die sich in der Tat „fruchtbar mit modernen Bildtheorien und Bildhermeneutiken ins Gespräch bringen“[8] lässt. Magritte will – so hatten wir gesehen – die Betrachterin, den Betrachter mit seinen Bildern in seine/ihre Gegenwart, in das unmittelbar gelebte Leben einführen. Dazu nimmt Magritte in seinen Bildern Denk- und Sehgewohnheiten auf, um sie dann auf den Kopf zu stellen, sie zu dekonstruieren und die Betrachterin in eigenes Denken, ja gleichsam eigenes Leben zu entlassen.

Was geschieht in Ex 19–34 mit dem, was gesehen werden kann und mit „Bildern“? Natürlich ist dies allein entstehungsgeschichtlich ein außerordentlich komplexer Text. Dennoch „erweist sich Ex 19–34 rasch als eine, unbeschadet aller Komplexität, konzeptionell bemerkenswert geschlossene Komposition“[9].

Es fällt auf, dass die Bilderflut ausgerechnet in den Passagen besonders anschwillt, in denen geschildert wird, dass Jhwh kommt: Feuer, Wolken, Rauch, Finsternis (Ex 19,18; 20,18; vgl. Dtn 4,9). Die Gestalt Jhwhs selbst ist nicht Gegenstand der Schilderung, sie bleibt dem „Sehen“ des Volkes entzogen und damit auch der Imagination des Lesers. Ab Kapitel 19 wird eine Begegnung zwischen dem Volk Israel und seinem Gott geschildert, die von Anfang an ein merkwürdig doppeltes Problem mit sich bringt: Israel kann Jhwh nicht direkt sehen, zugleich schreckt das Volk vor der Präsenz Jhwhs zurück. Alle weiteren Züge der Handlung, vor allem die Einführung Moses in sein Mittleramt, lassen sich als Versuche verstehen, mit diesem Doppelproblem umzugehen. Die berühmte Aussage Jhwhs: „Ihr sollt mir ein priesterliches Volk, eine heilige Gemeinschaft sein“ (Ex 19,6) lässt sich schon fast als Begrüßung und Anspruch zugleich lesen.[10] Dieser Ausspruch macht das Doppelproblem nicht leichter, im Gegenteil, er steht fast wie eine Überschrift über dem, was im Folgenden geschildert wird. Nach der Befreiung Israels aus der Sklaverei Ägyptens wird mit der Ankunft Israels am Gottesberg ein neues Kapitel der Beziehung Jhwhs zu seinem Volk aufgeschlagen. Schon Ex 3,12 hat den „Gottesdienst an diesem Ort“ (dem Berg Gottes) als Zielpunkt des Befreiungs- und Offenbarungsgeschehens ausgemacht.

---

8 Hartenstein, Friedhelm/Moxter, Michael, Hermeneutik des Bilderverbots. Exegetische und systematisch-theologische Annäherungen, Leipzig 2016, 168.

9 Blum, Eberhard, Studien zur Komposition des Pentateuch, BZAW 189, Berlin u.a. 1990, 47.

10 Albertz, Rainer, Exodus 19–40, Züricher Bibelkommentare AT 2.2, Zürich 2015, 42, macht auf den außergewöhnlichen Sprachgebrauch aufmerksam: Hier wird der hebräische Begriff verwendet, der normalerweise nur für die „Fremdvölker“, d.h. für Völker als politische Gebilde verwendet wird. Auch taucht hier eine Wendung auf, die am besten mit „Eigentumsvolk“ übersetzt werden kann. Israel soll also Jhwhs persönliches Eigentum sein (!).

Nun, am Berg angekommen, scheint es, als müssten die Kommunikationswege noch gefunden werden. Allerdings wird Moses Mittlerschaft sehr schnell zu deren Grundbestandteil (Ex 19,3.9.17). Indem das Volk Mose nach der Mitteilung der Zehn Gebote allein auf den Berg schickt (Ex 20,18–21), geht es mit Jhwhs Willen somit vollkommen konform.

Als Mose nach dem Empfang der Gebote (dem sog. Bundesbuch) zurückkommt, liegt der Akzent der Schilderung eindeutig auf dem „Hören" des Volkes (Ex 24,3). Hier und in dem, was danach geschildert wird, liegt eine Entsprechung zu der idealen Anfangsszene Ex 19,6ff.: Mose schreibt die Gebote auf, errichtet einen Altar und zwölf Mazzeben. Jhwh schließt mit ganz Israel einen Bund. All dies „entspricht dabei [...] in concreto der vermeintlich abstrakt-theologischen Titulatur von 19,6"[11]. Dass Israel nun insgesamt ein „priesterliches Königreich" ist, zeigt sich auch dadurch, dass „die jungen Leute" – also nicht die Priester – von Mose beauftragt werden, die Heilsopfer darzubringen.[12] Zu diesem Zeitpunkt ist Israel wirklich bei seinem Gott angekommen.

Von hier aus ist noch eine Steigerung möglich. Diese Steigerung ist für unsere Fragestellung wichtig und ist vielleicht in der Diskussion um das alttestamentliche Bilderverbot noch nicht genügend beachtet worden. Im Anschluss an den Bundesschluss steigt Mose mit den 70 Ältesten auf den Berg. Dann heißt es:

> Sie erblickten den Gott Israels, unter seinen Füßen war etwas wie blaue Saphirplatten, wie der innerste Himmel, so klar und rein. Gott wehrte die Eliten Israels nicht ab. Sie sahen die Gottheit mit eigenen Augen, sie aßen und tranken in ihrer Gegenwart. (Ex 24,12)

Diese Szene ist im Alten Testament ohne Parallele. „Nehmen wir den beschriebenen Rang Israels in V.3–8 hinzu, so wird das Volk in Ex 24 als Ganzes auf die Höhe der Gottesbeziehung geführt, wie sie weder vorher noch nachher beschrieben werden kann."[13]

Nun wird diese Höhe im Blick auf die Geschichte von dem Goldenen Kalb (Ex 32–34) zur Fallhöhe. Es geht bekanntlich beim Goldenen Kalb nicht um einen anderen Gott. Dieser Statue werden die Taten Jhwhs zugeschrieben (Ex 32,4–5).[14] Motivation für das Anfertigen dieses Bildes ist das Ausbleiben von Mose. Das Volk hält nicht nur die Präsenz Gottes nicht aus, es kommt auch nicht damit zurecht, wenn Gott sich entzieht. Jetzt also soll das Bild die Verbindung zu Gott herstellen und wird schließlich mit Jhwh identifiziert und dann in einen (den?) Kultus integriert. Dieses Geschehen erfüllt nicht den Sachverhalt der Verwechslung von Schöpfer und Geschöpf, sondern das Sichtbarmachen und Fixieren

---

11 Blum, Studien, 51.

12 Blum, Studien, 52.

13 Blum, Studien, 53. Es hat sich mittlerweile ein Konsens herausgebildet, dass diese einmalige Gottesnähe zwar mit dem Bundesschluss zuvor zusammenhängt, aber dies kein „Bundesmahl" im klassischen Sinne ist. Siehe dazu Albertz, Exodus, 141.

14 Zum traditionsgeschichtlichen Hintergrund der Stiergott-Verehrung siehe Albertz, Exodus, 272.

dessen, der sich auf seine Weise gezeigt und auch wieder entzogen hatte. Israel versucht mit dem Stierbild, sich die Anwesenheit des sich (auch) entziehenden Gottes zu sichern. „Es [das Bild] spiegelt das Begehren nach Unmittelbarkeit und macht dadurch das Bild selbst zum Spiegel.“[15] Hartenstein hebt in diesem Zusammenhang hervor, dass die Begleiterscheinungen der Offenbarung Jhwhs in der Sinaiperikope, Feuer, Finsternis, Wolken und Wolkendunkel per se vorübergehender Natur sind. „Sie machen deutlich: Es geschieht etwas, das alle Aufmerksamkeit erfordert, weil es aufhören wird und sich anschließend nur in der Erinnerung (in Gestalt eines Textes) darbietet.“[16] Er führt weiter aus: „Gesehen wird eine lebendige Dynamik Gottes ohne jede Fixierung.“[17] Die Sinaiperikope in ihrer uns heute vorliegenden Gestalt geht ja so weit, dass eben nicht nur die Begleiterscheinungen gesehen werden können, sondern Gott selbst (s.o.). Aber eben ohne jede Fixierung! Das scheint mir in der Tat der entscheidende Punkt zu sein.

Nach der Episode vom Goldenen Kalb und dessen Zerstörung bestimmt Jhwh die Wege der Kommunikation mit Mose und Israel neu. Mose, der Jhwhs Lichtglanz sehen will, wird auf einen neuen Weg gewiesen: Er kann Jhwh nach seinem Vorübergehen (nur noch) hinterher sehen (Ex 33,22–23). Das unmittelbare Sehen gehört nun einer nicht mehr einholbaren Vergangenheit an. Hier (und erst hier!) wird die Priesterschaft eingesetzt (Ex 32,26–29). „Mit dem ‚Sündenfall‘ um das ‚goldene Kalb‘ hat Israel gleichsam seine Unschuld verloren, es wird nicht mehr in den selben Stand eingesetzt wie zuvor.“[18] Bestehen bleibt – trotz allem – die Landverheißung (Ex 33,1), und es muss noch einmal ausgehandelt werden, wer (Mose oder Jhwh) Israel ins Land führt. An die Stelle der unmittelbaren Gottesschau tritt jetzt die Institution des Begegnungszeltes, das dann auch auf dem weiteren Weg Israels seinen Bestand hat.

So gelesen, ist die Sinaiperikope Ex 19–34 eine Ätiologie, die erzählt, warum Jhwh nicht mehr gesehen werden kann. Es ist nicht so, dass Jhwh sich grundsätzlich nicht sehen lässt. Erst nach dem Versuch, seine Gegenwart zu fixieren, ist er nicht mehr zu sehen. Was bleibt, ist der Kultus und das „Hinterhersehen“, sprich: die Erinnerung an Gottes Vorübergehen, das Erzählen davon. Diese nun eingerichteten Kommunikationswege machen es unmöglich, Jhwh „festzuhalten“. In Erzählung und Liturgie, die auch immer ein Geschehen darstellen, ist Jhwh der Fixierung entzogen. So schafft es die Erzählung, den Leser, die Leserin auf die nicht still zu stellende Dynamik Jhwhs zu lenken.

---

15 Hartenstein, Hermeneutik, 140.
16 Hartenstein, Hermeneutik, 168.
17 Hartenstein, Hermeneutik, 169.
18 Blum, Studien, 56.

3. Fazit

Ein Hauptunterschied zwischen dem Werk Magrittes und dem Bilderverbot des Alten Testaments ist sicher, dass es Magritte nicht um die Nichtdarstellbarkeit des Gottes des Alten Testaments ging, sondern (fast grundsätzlicher) um die Nichtdarstellbarkeit der Wirklichkeit schlechthin. Bemerkenswert ist jedoch, dass sowohl Magritte als auch das Alte Testament Bilder als Illusion entlarven und ihre Gefahr darin sehen, dass sie die Wirklichkeit fixieren. Genauso, wie das Gefährt in „La belle captive" hinter dem Bild schon längst weitergefahren ist und auch der Passant außerhalb des Bildes im Bild schon längst andere Wege geht, lässt sich der Gott Israels nach dieser Episode wieder auf ganz andere Wege mit seinem Volk ein. Der Staub, zu dem Mose das Goldene Kalb gestampft hat und den Mitgliedern des Volkes Israel eingeflößt hat (Ex 32,20), ist dann schon längst durch die Gedärme der Mitglieder des Volkes Israel gegangen und wieder ausgeschieden worden. Jhwh aber ist der, der er sein wird.

Biblische Texte sind zum Teil surreale Collagen. So sind sie kanonisiert. So stellen sie sich dem Mahlstrom des Mainstreams entgegen.[19] So fordern sie uns zum alles entscheidenden Spiel heraus, bei dem wir finden und wieder verlieren können und sich Jhwh „vorübergehend" ereignen kann.

---

[19] „Kanonische" Texte sind keine „klassischen" und auch keine „heiligen" Texte. Während „klassische" Texte die Bildung einer Gruppe normieren, sind „heilige" Texte eine Art sprachlicher Tempel. Heilige Texte werden rezitiert, ohne verändert und / oder gedeutet zu werden. Zu dieser Unterscheidung siehe J. Assmann, Das kulturelle Gedächtnis, 1992. Kanonische Texte bedürfen der Auslegung und setzen eine „je neu zu formulierende Verbindlichkeit ihres Sinnes" voraus. Zitat bei J. Ebach, Die Bibel beginnt mit „b". Vielfalt ohne Beliebigkeit, in ders., Gott im Wort. Drei Studien zur biblischen Exegese und Hermeneutik, 1997, 103. Siehe dort auch die Auseinandersetzung mit der Frage nach der Freiheit und Verbindlichkeit der so verstandenen „kanonischen" Interpretation, die sich nicht mehr ausschließlich an der intentio auctoris, sondern der „intentio operis" orientiert.

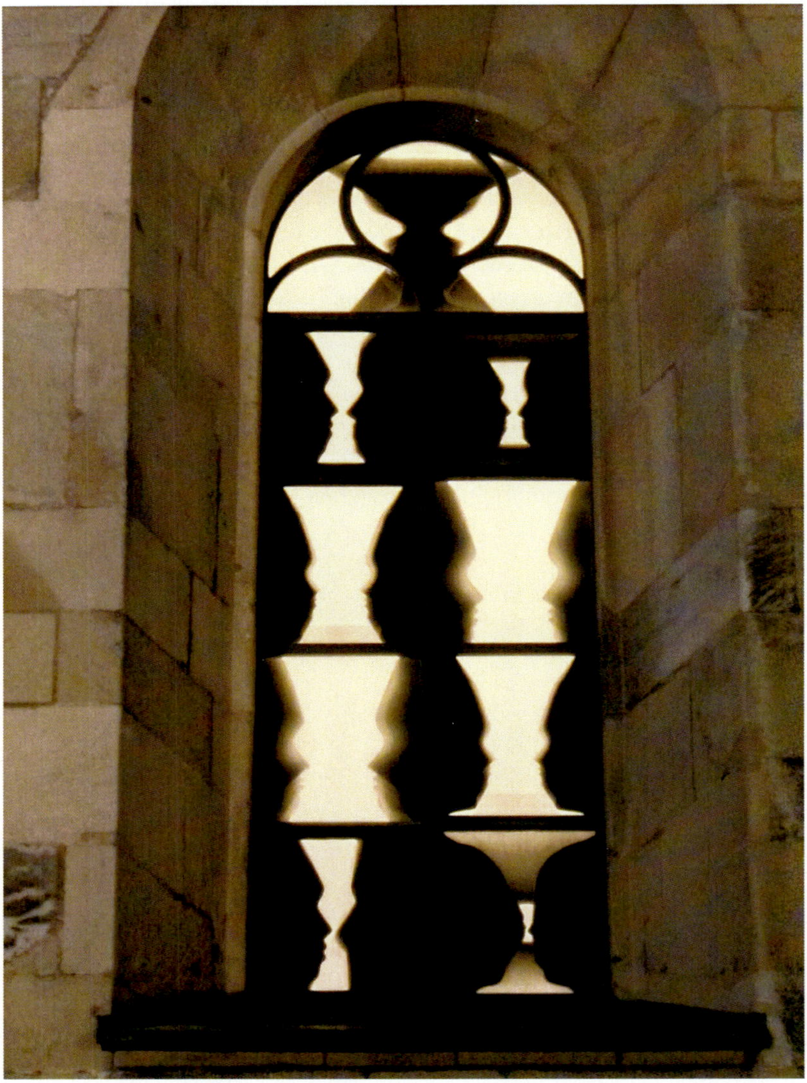

Sigmar Polke: Der Menschensohn; Grossmünster Zürich

„Kipp-Bilder" im Gespräch mit dem Bilderverbot
Mit einem Schwerpunkt auf Sigmar Polkes Menschensohn-Fenster im Zürcher Grossmünster[1]

Jürgen Ebach

I. Ein fingiertes Herz

Der Mensch sei ein, so Martin Luther in seiner Genesis-Vorlesung[2], „*animal rationale habens cor fingens*". Der im Kern aristotelischen Bestimmung des Menschen als *animal rationale*[3] fügt Luther mit den Worten „*habens cor fingens*" eine, freilich schillernde Ergänzung hinzu. Der Mensch hat ein Herz, welches „*fingens*" ist – fingierend[4], erdichtend und dabei ebenso zur Täuschung wie zu

---

1 Es war mir eine große Freude, diesen Vortrag zu Ehren von Frank Crüsemann halten zu dürfen. Mit keinem anderen Alttestamentler fühle ich mich in der exegetischen und hermeneutischen Arbeit und nicht zuletzt in den niemals abgeschlossenen Versuchen des Über*setzens* und *Über*setzens biblischer Texte so verbunden wie mit ihm und von keinem anderen lebenden Alttestamentler habe ich so viel gelernt wie von ihm.
Der mündliche Vortragsstil ist im Haupttext dieses Beitrags weithin beibehalten; hinzugefügt sind einige Erweiterungen sowie zahlreiche Anmerkungen mit Belegen und weiterführenden Notizen und manchen Seitenblicken. – Hebräische und griechische Wörter sind in einer vereinfachten Umschrift wiedergegeben.

2 1535-45, hier WA 42,348,38 (in der Auslegung von Gen 8,21).

3 Die Wendung „*animal rationale*" ist die lat. Übersetzung des der Sache nach aristotelischen, doch als explizite definitorische Bestimmung bei ihm selbst nicht belegten „*zōon logikon*" bzw. „*zōon logon echōn*" (doch vgl. die dem nahe Formulierung in: Aristoteles, Politik, 1253a: „*logon de monon anthrōpos echei tōn zōōn*", wobei *logos* hier v.a. „Sprache" meint). Die entsprechende Bestimmung der Sonderstellung des Menschen könnte auf den Vorsokratiker Alkmaion aus Kroton (im 6. Jh. v. Chr.) zurückgehen, vgl. Hermann Diels, Die Fragmente der Vorsokratiker. Nach der von Walter Kranz hg. 8. Aufl., Reinbek 1957, 39 Fragment 1a: „Der Mensch unterscheidet sich von den übrigen Geschöpfen dadurch, daß er allein begreift, während die übrigen zwar wahrnehmen, aber nicht begreifen."

4 Ein schöner Hinweis auf eine neutestamentliche Stelle, an der (in der Fassung der Vulgata) das „Fingieren" erscheint, findet sich bei Erich Garhammer, Die Wahrheitsfrage offenhalten. Literatur und Theologie im Dialog, in: Jürgen Bründl/Florian Klug (Hgg.), Zentrum und Peripherie. Theologische Perspektiven auf Kirche und Gesellschaft. FS Otmar Meuffels, Bamberg 2017, 65–80, hier 66. In der Emmausgeschichte heißt es, Jesus habe so getan, als ob er weitergehen wollte (in der Vulgata: „*Et ipse finxit se longius ire*" [Lk 24,28, im griechischen Text: *prosepoiēsato porrōteron poreuesthai*]). Dazu Garhammer: „Die Jünger bitten ihn, er solle bei ihnen bleiben. Und beim Brotbrechen erkennen sie: es ist der Herr. Die Pointe dieser Geschichte ist, dass die beiden Jünger den Fremden einladen,

Phantasie und Utopie begabt. Johannes Calvin sieht diese anthropologische Bestimmung in negativem Licht. Die Phantasie des Menschen, urteilt er, sei eine ununterbrochen arbeitende Götzenbilderfabrik („*hominis ingenium perpetuam* [...] *esse idolum fabricam*“).[5] Jenes zwiespältige *ingenium*, die Begabung, die Einbildungskraft – davon seit der Renaissance abgeleitet das *Genie* – kennzeichnet besonders die Kunst, die nicht einfach die Wirklichkeit abbildet, sondern jenseits der bloßen Faktizität Wirklichkeit schafft und dabei oft fraglich werden lässt, was *wirklich* wirklich ist.

II. Kippbilder

Im Folgenden soll es um eine bestimmte Darstellungsform dieser Fragwürdigkeit gehen, nämlich um doppeldeutige oder auch doppeldeutliche Vexier- oder Kippbilder, um dann im Gespräch mit einer solchen Bildkomposition, nämlich Sigmar Polkes „Menschensohn-Fenster“ im Zürcher Grossmünster zu fragen, was diese Bild-Form zum Thema „Bild und Bilderverbot“ austragen mag.[6]

---

ohne zu wissen, wer er ist. Sie spüren nur, es geht eine Kraft von seinen Worten aus.“ (ebd.). Der Autor bezieht sich dann auf Papst Gregor den Großen, der Ostern 591 diese Perikope ausgelegt hat: „Mit dem Tun ‚als ob‘, mit dem ‚Fingieren‘ hat Jesus seiner“ [Gregors] „Meinung nach die Wahrheit nicht in Zweideutigkeit aufgelöst, er hat sich vielmehr den Jüngern so gezeigt, wie sie ihn in ihrem fragwürdigen Glauben ertragen konnten. „Sie mussten auf die Probe gestellt werden, ob sie ihn als Fremden lieben konnten“, zitiert Garhammer Gregor (Gregor der Große, Evangelienhomilien II [Fontes Christiani 28/2], hg. v. Michael Fiedrowicz, Freiburg u. a. 1998, 421] und setzt seinerseits fort: „Jesus entzieht sich also der Eindeutigkeit, um in der Mehrdeutigkeit erkannt und gerade darin identifiziert werden zu können. Diesen Dienst leistet bis heute die Sprache der Literaten: Als eine Art von Fremdprophetie entreißt sie uns die trivialen Gewissheiten und bietet uns dafür den Geschmack des Findens.“ Fiktion und Wahrheit oder besser: Fiktion und Wahrheits*findung* sind in dieser Perspektive gerade kein Gegensatz.

5 Institutio I,11,8 (vgl. *Johannes Calvin*, Unterricht in der christlichen Religion. Nach der letzten Ausgabe übersetzt und bearbeitet von Otto Weber, Neukirchen-Vluyn [5]1988, 45).

6 Ich gebrauche die Bezeichnung „Bilderverbot“ hier unspezifisch für das Ensemble der biblischen Texte und ihrer vielfältigen Lektüre- und Rezeptionsgeschichte. Die für sich schon komplexe und in der Exegese auch umstrittene Frage, was das Bilderverbot im Dekalog – und dabei auch in den Differenzen zwischen Ex 20 und Dtn 5 – besagt, was seine Sprachform (*lo* + Indikativ Imperfekt) anzeigt, auf welche Art von „Bildern“ und auf wessen Bilder es sich bezieht und ebenso die Entwicklungen und Differenzen seines Verstehens in den verschiedenen Religionen und Konfessionen sollen für diesmal ausgeblendet bleiben. – Dazu immerhin einige Literaturhinweise: Einen guten Überblick geben die Lexikonartikel von Christoph Uehlinger, Bilderverbot, RGG[4], Bd. 1, 1574–1577, sowie Michaela Bauks, „Bilderverbot“, WiBiLex [Wissenschaftliches Bibellexikon im Internet] (erstellt 2007, letzte Änderung April 2017) http://www.bibelwissenschaft.de/stichwort/15357/. Einige weitere religions- und kunstgeschichtliche, exegetische, philosophische und hermeneutische Beiträge zum Themenkreis (in Auswahl und zeitlicher Abfolge):

Doch zunächst vier Beispiele des Typs „Kippbild" mit einigen Notizen und biblisch-hermeneutischen Seitenblicken. Zuerst eine klassisch einfache Form, die dann auch für Polkes Kirchenfenster leitend wird, nämlich die mit dem dänischen Psychologen Edgar John Rubin (1886–1951) verbundene[7] und darum so genannte „Rubinfigur". In dieser in mehreren etwas unterschiedlichen Ab-

Christoph Dohmen, Das Bilderverbot. Seine Entstehung und seine Entwicklung im Alten Testament (BBB 62), Königstein [2]1987; Silvia Schroer, In Israel gab es Bilder. Nachrichten von darstellender Kunst im Alten Testament, Freiburg (Schweiz) 1987; Frank-Lothar Hossfeld, Du sollst dir kein Bildnis machen. Die Funktion des alttestamentlichen Bilderverbots, TThZ 98 (1989) 81–94; Werner H. Schmidt u.a, Die Zehn Gebote im Rahmen alttestamentlicher Ethik (EdF 281), Darmstadt 1993, hier bes. 59–77; Micha Brumlik, Schrift, Wort und Ikone. Wege aus dem Bilderverbot, Frankfurt a.M. 1994, überarbeitete und erweiterte Neuausgabe, Berlin 2006; Trygve N.D. Mettinger, Israelite aniconism. Developments and Origins, in: Karel van der Toorn (Hg.), The Image and the Book. Iconic Cults, Aniconism and the Rise of Book Religion and the Ancient Near East (CBET 21), Leuven 1997, 173–204; Christian Link, Die Spur des Namens. Wege zur Erkenntnis Gottes und zur Erfahrung der Schöpfung, Neukirchen-Vluyn 1997, hier bes. das Kap. „Das Bilderverbot als Kriterium theologischen Redens von Gott, ebd. 3–35; Willi Oelmüller, Die Macht der Bilder und die Grenzen des Bilderverbots, Orientierung 62 (1998) 163–167; Moshe Barasch, Das Gottesbild. Studien zur Darstellung des Unsichtbaren (Bild und Text, hg. v. Gottfried Boehm/Karlheinz Stierle), München 1998; Angelika Berlejung, Die Theologie der Bilder. Herstellung und Einweihung von Kultbildern in Mesopotamien und die alttestamentliche Bilderpolemik (OBO 162), Freiburg (Schweiz)/Göttingen 1998; Rolf Rendtorff, Was verbietet das alttestamentliche Bilderverbot?, in: Reinhold Bernhard/ Ulrike Link-Wieczorek (Hgg.), Metapher und Wirklichkeit (Festschrift Dietrich Ritschl), Göttingen 1999, 54–65; Christoph Uehlinger, Vom Bilderkult zum Bilderverbot, WUB 11 (1999) 45-49; Eckhard Nordhofen (Hg.), Bilderverbot: Die Sichtbarkeit des Unsichtbaren, Paderborn u.a. 2001; Christian Frevel, YHWH und die Göttin bei den Propheten. Eine Zwischenbilanz, in: Manfred Oeming/Konrad Schmid (Hgg.), Polytheismus und Monotheismus im antiken Israel (AThANT 82), Zürich 2003, 49-75; Herbert Niehr, Götterbild und Bilderverbot, in: Oeming/Schmid, Polytheismus, 227-247; Frank-Lothar Hossfeld, Das Werden des alttestamentlichen Bilderverbots im Kontext von Archäologie, Rechtsentwicklung und Prophetie, in: Bernd Janowski/Nino Zchomelidse (Hgg.), Die Sichtbarkeit des Unsichtbaren, Stuttgart 2003, 11–22; Christian Frevel, Du sollst dir kein Bildnis machen! – und wenn doch? Überlegungen zur Bildlosigkeit der Religion Israels, in: Janowski/Zchomelidse, Sichtbarkeit, 23–48; Matthias Köckert, Vom Kultbild Jahwes zum Bilderverbot. Oder: Vom Nutzen der Religionsgeschichte für die Theologie, ZThK 106 (2009) 371–406; Magdalene L. Frettlöh, Wenn (Schrift-)Worte sich in Bilder einschreiben. Zum mehrstelligen Verhältnis von Bild und Wort, ThZ 69 (2013) 238-265; Bernd Schröder u.a. (Hgg.), „Du sollst Dir kein Bildnis machen ..." – Bilderverbot und Bilderkritik im jüdischen, christlichen und islamischen Religionsunterricht, Berlin 2013 (darin u.a. Annette Weber, „Bilderverbot und jüdische Bildwelten" – kunstgeschichtliche Perspektive, ebd. 43–61); Bilderverbot, JMB [Jüdisches Museum Berlin] Journal 2015/ Nr. 12 (Beiträge von einem Symposium zum Thema, Berlin 2014); Friedhelm Hartenstein/ Michael Moxter, Hermeneutik und Bilderverbot (ThLZ.F 26), Leipzig 2016.

7 Vgl. Edgar Rubin, Visuell wahrgenommene Figuren. Studien in psychologischer Analyse. Mit 13 Abbildungen, 1. Teil, Kopenhagen u.a. 1921, hier v.a. 32f. 75f. (dazu Nr. 3 der Abbildungen am Ende des Buches).

und Ausbildungen präsentierten Figur erscheinen eine Vase oder die Profile zweier einander zugewandter Gesichter auf einer Fläche wechselweise als Figur oder als Grund.

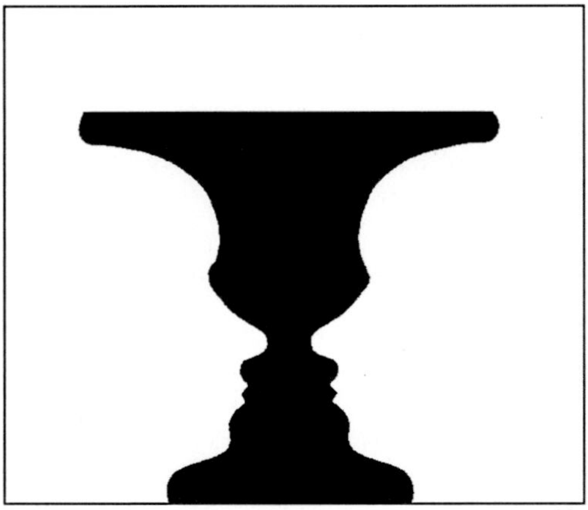

Bild 1

Eine Vase oder zwei Profile? Beide Wahrnehmungen sind möglich; das Auge der Betrachtenden kann sich auch darin einüben, beide im raschen Wechsel zu sehen, doch es gelingt niemals, beide gleichzeitig wahrzunehmen.

Das heißt aber auch und in erkenntnistheoretischer und in manchen möglichen Übertragungen letztlich auch in ethischer Hinsicht durchaus beunruhigend: Wer eines Aspekts ansichtig werden will, muss den jeweils anderen ausblenden. Gerade darum bedarf es der Kippbild-Erfahrung und mit ihr des wachbleibenden Bewusstseins, dass es da auch den anderen Aspekt gibt.

Die mehrdeutige oder auch mehrdeutliche Wahrnehmung von Figur und Grund[8] lässt sich mit einem rabbinischen und dann vor allem kabbalistischen Motiv verbinden, nämlich mit dem *schwarzen* Feuer auf *weißem* Feuer. In seinem Hintergrund steht eine eigentümliche Wendung in Dtn 33,2, die als *esch dat* – „Feuer des Gesetzes“ gelesen werden kann.[9] Die Buchstaben, die Konsonanten der Tora sind in dieser Lektüre schwarzes Feuer, die Zwischenräume zwischen ihnen weißes.[10] Die schwarzen Buchstaben stehen für den *Pschat*, den – in christlich-theologischer Terminologie – *sensus literalis*, den einfachen, wörtlichen Sinn – sozusagen für das, was schwarz auf weiß zu lesen ist. Das Weiße zwischen ihnen bildet den Raum für die vielen Lesarten und Interpretationen in den Wörtern sowie hinter und zwischen ihnen.[11] Auch hier also eine Art

---

8 Eine Abbildung der Rubinfigur findet sich darum auf dem Cover meines Buches „Mehrdeutlichkeit“ (Theologische Reden 9, Uelzen 2009).

9 Zu dieser Wendung Eckart Otto, Deuteronomium 23,1-34,12 (HThKAT) Freiburg i.Br. 2017, 2241f.

10 Dazu Moshe Idel, „Schwarzes Feuer auf weißem Feuer“. Text und Lektüre in der jüdischen Tradition, in: Aleida Assmann (Hg.), Texte und Lektüren. Perspektiven in der Literaturwissenschaft, Frankfurt a.M. 1996, 62-79.

11 Dazu gehört auch die Möglichkeit, in einer anderen Vokalisierung von Wörtern der „Schrift“ eine weitere Lektüre- und Verstehensmöglichkeit zu entdecken. Wir bekommen es dabei mit eine Art „Kipp-Wörtern“ zu tun. Dazu nur *ein* Beispiel: Die zentrale Botschaft des Dekalogs ist, die im Exodusgeschehen erfahrene Befreiung zu bewahren (dazu grundlegend Frank Crüsemann, Bewahrung der Freiheit. Das Thema des Dekalogs in sozialgeschichtlicher Perspektive, Gütersloh ²1998). Dabei taucht die Grundfrage auf, ob und wie

sich überhaupt *Gebot* und *Freiheit* vereinbaren lassen. Dazu gibt es in einem Zusatz zum Mischna-Traktat Avot, den „Sprüchen der Väter“ (Avot 6,2), eine geradezu paradigmatische rabbinische Passage. Im betreffenden Abschnitt wird zunächst Ex 32,16 zitiert: „Die Tafeln – ein Werk Gottes waren sie und die Schrift – eine Schrift Gottes war sie, eingemeißelt auf die Tafeln.“ Die Gebote waren mithin in fester Form in die Tafeln „eingegraben“, „eingemeißelt“ (im masoretischen Text der hebräischen Bibel: *charut*). Die Rabbinen stellen dem nun ihre Lesart gegenüber, indem sie für das entscheidende Wort eine in der ersten Silbe alternative Vokalisierung ins Gespräch bringen: „Lies nicht *charut* - „eingemeißelt“, sondern lies *cherut* - „Freiheit!“ Dass es dabei nicht um eine Freiheit von der Tora geht, sondern eine Freiheit in und mit der Tora, besagt der darauf folgende Satz: „Denn du findest keinen wirklich freien Menschen (*ben chorin*) als den, der sich mit dem Lernen der Tora (*talmud tora*) befasst.“ Diese Freiheit, die in der „Schrift“ selbst begründet ist, wird dann auch zur Freiheit ihrer Auslegung, denn der biblische *Text* geht in der rabbinischen Konzeption in seiner schriftlich vorliegenden Gestalt (*der schriftlichen Tora*) nicht auf, sondern schließt die Fülle der Lektüren und Interpretationen (*die mündliche Tora*) in sich ein. – Dazu gehört auch die Möglichkeit, mit einer anderen Ableitung eines Wortes eine weitere Verstehensmöglichkeit zu eröffnen. Auch dazu ein Beispiel: In der hochdramatischen Situation im Geschehen um das goldene Stierbild heißt es am Beginn von Ex 32,11: *waj´chal mosche*– etwa: „Mose besänftigte/ streichelte (Gott).“ Mose will Gott besänftigen, begütigen, die Zornesfalten seines Antlitzes wegstreicheln. Dazu gibt es eine rabbinische Lektüre, welche die Form *waj´chal* nicht nur von der Wurzel *chala* - „besänftigen“ ableitet, sondern auch mit der Wurzel *chalal* verknüpft, welche „auflösen/ (von einem Gelübde) entbinden“ meinen kann. Die ungeheure Aussage wäre dann, dass Mose Gott von seinem Schwur entbindet, das Volk auszulöschen und Gott so von der furchtbaren Alternative befreit, entweder das eigene Wort zu brechen oder dessen Wahrheit auf Leichenbergen zu erweisen. Der Ansatzpunkt für dieses Verstehen liegt in einer Verbindung, welche die Rabbinen aus einer Assonanz zwischen Ex 32,11 und Num 30,3 ziehen, indem sie die Wendung *waj´chal* in Ex 32,11 mit der Wendung *jachel* in Num 30,3 verknüpfen, welche die Entbindung von einem Gelübde bezeichnet. Es dürfte sich dabei nicht um eine alternative philologische Ableitung des *waj´chal* in Ex 32,11 von *chalal* - „entbinden“ handeln, sondern um eine in jener Verbindung – gleichsam in *weißem Feuer* – aufleuchtende alternative Verstehensmöglichkeit. Sie erscheint sowohl im Midrasch Schmot rabba, Parascha XLIII, zu Ex 32,11, als auch im Traktat B´rachot des Talmud Bavli, Blatt 32a. Die Talmud-Sequenz lautet in einer Wiedergabe, welche die hebräischen Verbformen der Wurzeln *chala* und *chalal* anzeigt:

„*waj´chal* Mosche das Antlitz des H(eiligen, gesegnet Er). Es sagte Rabbi Eleazar: ‚Dies lehrt, dass Mosche im Gebet stand vor dem Heiligen, gesegnet Er, bis er ihn besänftigt hatte (hier eine Form von *chala*).‘ Es sagte Raba: ‚Bis er ihm sein Gelübde löste (hier eine Form von *chalal*). Hier (in Ex 32,11) steht *waj´chal* und dort (in Num 30,3) steht <er löse sein Wort nicht auf (*lo jachel davro*)>.‘ Und es sagte der Meister: ‚Er selbst hat nicht die Möglichkeit es aufzulösen, doch andere können es ihm auflösen.‘“

Gott kann danach das Gelübde, den Schwur, das Volk auszutilgen, nicht selbst auflösen. Hier springt Mose in die Bresche und unternimmt es, Gott von dieser Vernichtungsansage zu entbinden. Hier kommen mithin beide Lesarten, das *waj´chal mosche* zu verstehen, nebeneinander und miteinander zu stehen. Die Leseanweisung Rabas, die Exodus-Stelle mit der in Num 30 zu verbinden und von dieser Verknüpfung her zu verstehen, hebt das von Rabbi Eleazar betonte (und sprachlich näher liegende) Verstehen des *waj´chal* als ein Besänftigen/ Streicheln des Antlitzes Gottes nicht auf, sondern fügt ihm eine weitere Lese- und Verstehensmöglichkeit hinzu (zu dieser Lesart des *waj´chal* vgl. die ebenso

Kippbild, das bald die Figur, bald den Grund sichtbar werden lässt und beiden Raum und Bedeutung gibt.

Ein zweites Beispiel, ein unsigniertes, vermutlich aus Deutschland stammendes Kippbild aus dem 19. Jahrhundert mit dem Titel „Blüthe und Verwesung".

Hier werden wechselweise ein junges Paar oder ein Totenkopf sichtbar. Detlef Dieckmann stellt dieses Bild seiner Habilitationsschrift über das Buch Kohelet[12] voran und visualisiert so seine These, dass diesem Buch, das sich – um nur eine der Doppeldeutigkeiten oder Doppeldeutlichkeiten zu nennen – sowohl als Einsicht in die Vergeblichkeit allen Tuns wie als Plädoyer für die Lebensfreude lesen lässt, wie einem Vexierbild mehr als *eine* Rezeption und mehr als *eine* Auslegung nicht nur in den exegetischen Diskursen zugeschrieben wird, sondern ihm selbst eingeschrieben ist.

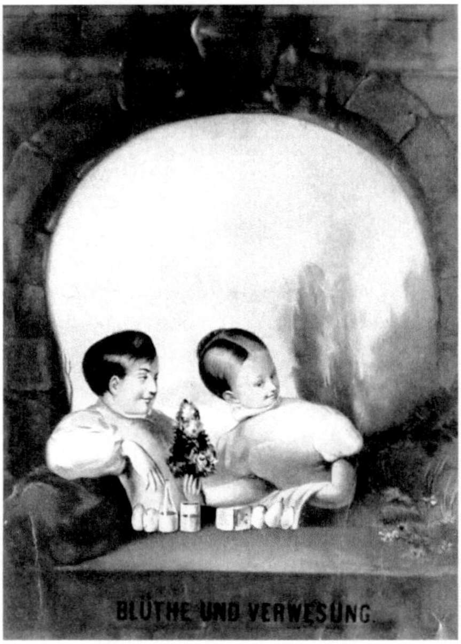

Bild 2

---

eigenwillige wie luzide Interpretation bei Jacob Taubes, Die Politische Theologie des Paulus. Vorträge, gehalten an der Forschungsstätte der evangelischen Studiengemeinschaft in Heidelberg, 23.-27. Februar 1987, nach Tonbandaufzeichnungen redigierte Fassung von Aleida Assmann, hg. von Aleida und Jan Assmann, München 1993, 43-55, zu B´rachot 32a bes. 43-47). – Ein drittes Beispiel steht noch einmal in anderer Weise für das „weiße Feuer", das, was über die Wörter und Worte der schriftlichen Tora hinausgeht und den Raum für viele Interpretationen öffnet: Im Traktat Menachot 29b des Talmud Bavli wird erzählt, wie Mose auf dem Berg sah, dass Gott den Buchstaben wie ein äußerst gewissenhafter Toraschreiber kleine Häkchen hinzufügte. Warum er es nicht bei den bloßen Buchstaben belasse, fragt Mose. Gott antwortet, es werde einmal jemanden geben, der aus den winzigsten Merkmalen der Schrift viele *Halachot*, viele wegweisende Lehren ableiten werde, nämlich den Rabbi Akiva. Und dann folgt eine Art Filmschnitt: Mose sitzt im Lehrhaus dieses Rabbis. Er sitzt hinter der letzten Reihe, er hört die Diskussionen – und er versteht schier nichts. Von wem er das denn habe, fragen die Schüler den Rabbi Akiva zu einer bestimmten Auslegung und der antwortet: „Es ist eine Halacha, eine Wegweisung des Mose vom Sinaj (*halacha l´mosche missinaj*)." Das, so heißt es, habe Mose beruhigt (zu Text und Interpretation der Erzählung [mit ihrer dramatischen Fortsetzung, die Akivas Märtyrertod zum Thema hat] Pierre Lenhardt/ Peter von der Osten-Sacken, Rabbi Akiva [ANTZ 1], Berlin 1987, 318-329).

12 „Worte von Weisen sind wie Stacheln" (Koh 12,11). Eine rezeptionsorientierte Studie zu Koh 1-2 und zum Lexem דבר im Buch Kohelet (AThANT 103), Zürich 2012.

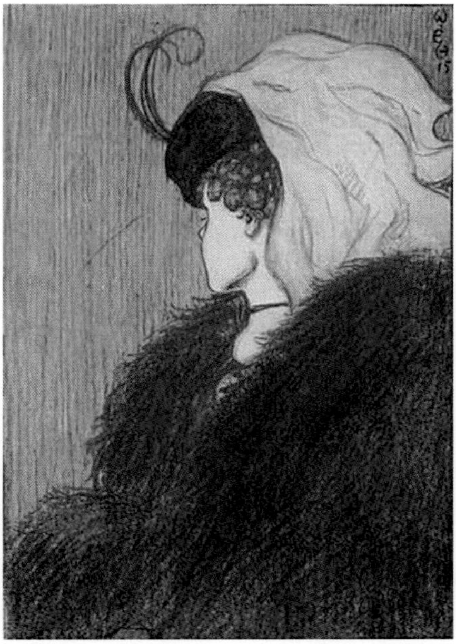

Bild 3

Ein drittes, inzwischen sehr bekanntes Beispiel:

In dieser Zeichnung[13] zeigt sich je nach Blickweise eine junge oder eine alte Frau. Dabei liegt das Kippmoment nicht in der wechselweisen Sicht von Figur und Grund, sondern in der wechselweisen Sicht der Figuration selbst. Wieder können wir uns darin einüben, beide Frauenportraits wahrzunehmen und sie abwechselnd und auch im raschen Wechsel zu erblicken, doch wir können auch hier niemals beide zugleich sehen.

Dazu noch eine Reminiszenz: Das Bild ist heute zu bekannt, als dass es noch so „funktioniert" wie zu Zeiten, als es noch nicht so verbreitet war. Wenn man damals einer Gruppe das Bild zeigte und fragte, wie alt jene Frau wohl sei, sagten die einen, sie sei etwa 20, die anderen, sie sei eher 80 Jahre alt. Zunächst standen beide Auffassungen einander unvermittelt gegenüber, aber wenn man die Gruppe dann aufforderte, über ihre unterschiedlichen Urteile ins Gespräch zu kommen, kam es nicht selten dazu, dass man sich auf einen Mittelwert einigte und die abgebildete Frau ca. 50 Jahre alt sein ließ. Das nun trifft gewiss nicht zu. Die Wahrheit liegt jedenfalls nicht nur *hier* nicht in der Mitte.

Eine wieder andere in mehreren Abbildungen dargestellte Kipp-Figur lässt sich als Hasen- oder als Entenkopf sehen.

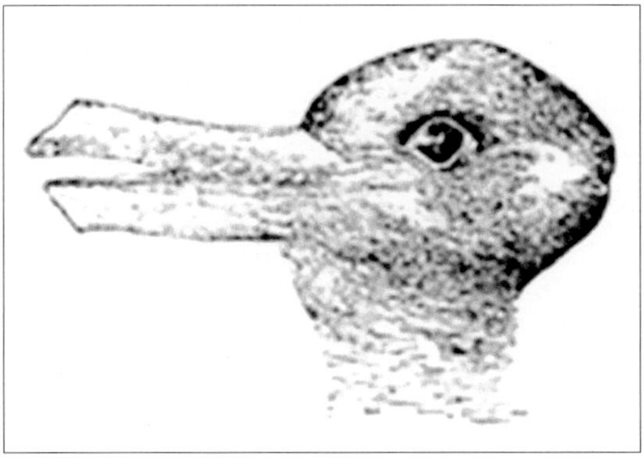

Bild 4

Hier geht es abermals nicht um den Wechsel von Figur und Grund, sondern um die Blickrichtung, die von rechts aus gesehen einen Hasen- und von links her gesehen einen Entenkopf erblicken lässt.

[13] Sie stammt von dem englischen Cartoonisten William Ely Hill und erschien zuerst in dem in New York herausgegebenen Satiremagazin „Puck" am 6.11.1915, S. 11, mit der Bildunterschrift „My wife and my mother-in-law. They are both in this picture – find them."

Diese Zeichnung, die zuerst in einer deutschen Satirezeitschrift abgebildet war,[14] bekam durch Ludwig Wittgenstein, der sie unter dem Begriff des „Aspektwechsels“[15] betrachtete, einen Ort im philosophischen Diskurs. Wittgenstein zeigt in seinen Nachlassschriften der „Philosophische(n) Untersuchungen“ an diesem Bild das konstitutive Zusammenspiel von Sehen und Denken: „Und darum erscheint das Aufleuchten des Aspekts halb Seherlebnis, halb ein Denken“.[16] Das Sehen *von* etwas wird zum Sehen *als* etwas. Wittgenstein konstatiert: „Der Kopf, so gesehen, hat mit dem Kopf, so gesehen, nicht auch die leiseste Ähnlichkeit – obwohl sie kongruent sind.“[17] Schließlich fragt er: „Sehe ich jedesmal wirklich etwas anderes, oder deute ich nur, was ich sehe, auf verschiedene Weise?“ – und er antwortet: „Ich bin geneigt, das erste zu sagen. Aber warum?“[18]

Gerade zu diesem Kippbild gibt es etliche psychologische und gestalttheoretische Untersuchungen. Aus ihnen sei hier nur ein kalendarisches Bezugsfeld betont, das für die Auslegung(en) biblischer Texte erhellend werden kann. Denn zeigte man Menschen verschiedenen Alters dieses Bild in der Osterzeit, erblickten sie überwiegend einen Hasen, in einer anderen Jahreszeit sahen die meisten eine Ente.[19]

Gerade biblische Texte sind in ihrer gottesdienstlichen Präsentation oft mit einem bestimmten kirchenkalendarischen Datum verbunden, man denke nur an die prophetischen Verheißungen, die zur Advents- und Weihnachtszeit in messianisch-christologischer Fokussierung zu Gehör kommen. Ähnliches gilt in jüdischer Tradition für die jeweiligen Passagen der (vorderen und hinteren) Prophetenbücher, die als Haftara einem bestimmten Tora-Text zugeordnet sind und in dieser Verknüpfung ein besonderes Profil zeigen.[20]

---

[14] „Fliegende Blätter“ (München), Ausgabe vom 23. Oktober 1892, 147 (ohne Angabe einer Urheberschaft). Bekannt wurde das Bild durch Joseph Jastrow, The Mind‘s Eye, The Popular Science Monthly 54 (1898/99) 299–312, hier 312.

[15] Dazu Chris Bezzel, „Philosophie dürfte man eigentlich nur dichten.“ Über Ludwig Wittgenstein, in: Richard Faber/Barbara Naumann (Hgg.), Literarische Philosophie – Philosophische Literatur, Würzburg 1999, 153–168, zum betreffenden Bild bes. 164–166; *Michael Lüthi*, Wittgensteins Aspektbegriff, in: Ders., Das Medium der ästhetischen Erfahrung. Wittgensteins Aspektbegriff, exemplifiziert an Pollocks Malerei, in: Gertrud Koch u.a. (Hgg.), Imaginäre Medialität – Immaterielle Medien, München 2012, 125–142.

[16] Ludwig Wittgenstein, Philosophische Untersuchungen, Frankfurt a.M. 1971, 525.

[17] Ebd., 522.

[18] Ebd., 550.

[19] Vgl. Peter Brugger/Susanne Brugger, The Easter bunny in October: is it disguised as a duck?, Perceptual and Motor Skills 76 (1993) 577–578.

[20] Biblische Worte können dabei auch entkontextualisiert, d.h. aus ihrem biblischen Zusammenhang herausgenommen und in einen neuen Kontext eingeknüpft sein, wenn sie etwa für Menschen als ihr Tauf- oder Konfirmationsspruch eine ganz persönliche Bedeutung haben. Wenn z.B. die in Jes 43,1 Israel/Jakob geltende Zusage mit ihrem letzten Teilsatz („Ich habe dich bei deinem Namen gerufen, du bist mein“) zum Taufspruch wird, wird sie universalisiert und individualisiert (zur Problematik ausführlich und umsichtig

Doch auch eine bleibende Verbindung eines biblischen Textes mit einem bestimmten Ort im Kirchenjahr kann zu einer veränderten Verbindung von Text und Ort werden und unter einem „Aspektwechsel" eine Art Kipp-Moment enthalten.

So war Lk 19,41–48 – bereits lange vor Luthers Zeit – ein klassischer Predigttext zum 10. Sonntag nach Trinitatis, der zunächst „Judensonntag", dann „Gedenktag der Zerstörung Jerusalems" hieß und inzwischen „Israelsonntag" heißt.[21] Dieser Text wurde über Jahrhunderte zum vorgeblichen „Schriftbeweis" der Verwerfung Israels und einer über das Judentum triumphierenden Kirche. Bemerkenswert ist, dass die Perikopenordnung angesichts einer grundlegend veränderten Beziehung der Kirche auf Israel nicht nur dazu griff, diesen belasteten Predigttext[22] durch einen anderen zu ersetzen, sondern auch darauf setzte und setzt, dass eben dieser Text anders gelesen und anders gepredigt werden kann und soll.[23] Zur Zentralperspektive wird nun Gottes bleibende Treue zu seinem Volk Israel.[24]

In leichter Abwandlung der zitierten Wittgenstein-Notiz ist zu fragen: Lesen wir jedes Mal wirklich etwas anderes, oder deuten wir nur, was wir sehen, auf verschiedene Weise? Und abermals mit Wittgenstein: „Ich bin geneigt, das erste zu sagen." Dabei führt Wittgensteins Anschlussfrage – „Aber warum?" – auf mancherlei Aspekte biblischer Lektüre und Hermeneutik.[25]

Timotheus Arndt, Der Wochenspruch aus Jesaja 43,1 und seine Implikationen, in: Leqach: Mitteilungen und Beiträge, hg. v. d. Forschungsstelle Judentum an der Theologischen Fakultät Leipzig, Heft 9, November 2009, 41–70, sowie Martin Nicol/Alexander Deeg, Im Wechselschritt zur Kanzel. Praxisbuch Dramaturgische Homiletik, Göttingen [2]2013, bes. 37f.). Eine solche Transformation ist m.E. dann nicht illegitim, wenn sie die biblische Aussage nicht *ersetzen*, sondern ihr eine weitere lebensweltliche Verstehensperspektive *hinzufügen* soll. Solche entkontextualisierenden und neu kontextualisierenden Verstehensweisen von Worten der „Schrift" kennzeichnen ja auch die rabbinische „Schrift"-Lektüre.

21 Dazu Evelina Volkmann, Vom Judensonntag zum Israelsonntag. Predigtarbeit im Horizont des christlich-jüdischen Gesprächs, Stuttgart 2002; Irene Mildenberger, Der Israelsonntag – Gedenktag der Zerstörung Jerusalems: Untersuchungen zu seiner homiletischen und liturgischen Gestaltung in der evangelischen Tradition, Berlin 2004.

22 Vgl. Peter von der Osten Sacken, Ein trauriges Kapitel (Lk 19,41–48), in: Predigthilfe zum Israel-Sonntag 1979, hg. v. Aktion Sühnezeichen Friedensdienste e.V., Berlin 1979, 5–8 (= in: Ders., Anstöße aus der Schrift. Arbeiten für Pfarrer und Gemeinden, Neukirchen-Vluyn 1981, 169–175).

23 Während die Ordnung von 1978/99 in „Reihe III" Mk 12,28-34 als Alternativtext aufführt, geht die Neue Perikopenordnung hier wieder allein auf Lk 19,41–48 zurück.

24 Dazu Michael Volkmann, Wo geweint wird, wird auch geliebt. Predigtmeditation über Lukas 19,41–48, in: „Als er die Stadt sah, weinte er über sie". Arbeitshilfe für Gottesdienst und Gedenkstunde, Denkendorf 2009, 12–20.

25 Diese Frage gilt auch für die ntl. Lektüre atl. Worte. Wenn es etwa in 1Tim 2,13, heißt: „Denn Adam wurde zuerst gemacht, danach Eva" (*Adam gar prōtos eplasthē, eita Eya*) und mit diesem Bezug die Unterordnung der Frau unter den Mann begründet wird, wird eine gegenwärtige Exegese das gleich in mehrerer Hinsicht als eine den Text von Gen 2

III. Der „Menschensohngleiche“

Sigmar Polkes „Menschensohnfenster“ im Zürcher Großmünster thematisiert eine biblische Wendung, nämlich *ho hyios tou anthrōpou* mit ihren hebräischen und aramäischen Vor-Bildern *ben adam* bzw. *bar enosch*. Ist *ho hyios tou anthrōpou* im Neuen Testament eine besondere Bezeichnung des Messias Jesus, meint es *den* Menschen oder bekommen wir es abermals mit einer Art Kippbild mit seiner Mehrdeutigkeit oder Mehrdeutlichkeit zu tun?

Ich möchte meine Beobachtungen und Impressionen zu den neutestamentlichen Belegen des *hyios tou anthrōpou* knapp bündeln.[26] Da sind Stellen, an denen sich mir – mit der *Bibel in gerechter Sprache* und mit einem erhellenden Aufsatz von Carsten Jochum-Bortfeld[27] – die Bedeutung „Mensch“ nahe legt. Da sind aber auch Stellen, an denen es um diesen einen besonderen Menschen geht, und schließlich solche, die zwischen beidem changieren und weder auf die eine noch auf die andere Bedeutung fest zu legen sind.[28] Hier empfiehlt sich

verfehlende Auffassung beurteilen. Die Großschreibung in 1Tim 2,13 setzt „Adam“ und „Eva“ als die Namen des ersten Mannes und der ersten Frau ins Bild. Doch *adam* ist in Gen 2 nicht der Name des ersten Mannes, ja *adam* heißt nicht einmal „Mann“, sondern „Mensch“. In der Tat wurde zuerst der *Mensch* erschaffen und aus seiner *Seite* (*zela*) wurde die Frau gebildet, wodurch dann er zum männlichen Menschen wurde. Der Name „Eva“ übrigens erscheint in Gen 2 gar nicht. Ich halte die Kritik an dieser ntl. Aufnahme von Gen 2 in der Linie einer frauen-, einer menschengerechten Befreiungstheologie für unverzichtbar. Aber hat der als „Paulus“ firmierende Verfasser des 1Tim hier den aufgenommenen atl. Text bewusst verfälscht? Nein, denke ich, er hat ihn ohne jeden eigenen Zweifel so gelesen, wie er ihn präsentiert. Dass ich ihn heute anders sehe und deute, hängt auch mit meinen Interessen und Optionen zusammen. Indem ich damit anderen Lektüren und Auslegungen widerspreche, will ich sie nicht moralisch ins Unrecht setzen. Mit dem betreffenden Kippbild gesagt: Ob ich es als eine Ente oder als einen Hasen sehe, ist das eine. Dass ich wahrnehme, dass auch das je andere zu sehen sein kann, ist das andere. Die Frage allerdings, ob es denn „wirklich“ eine Ente oder ein Hase sei, geht fehl.

26 Ausführlicher zu den alt-, zwischen- und neutestamentlichen Belegen Jürgen Ebach, Menschensohn. Eine biblische Wortverbindung, ins Gespräch gebracht mit Sigmar Polkes Glasfenster *oder*: Warum mehr als *eine* Verstehensmöglichkeit „schriftgemäß“ ist, in der Internet-Zeitschrift: *ta katoptrizomena* Nr. 91, Oktober 2014. Der hier erstmals im Druck erscheinende Beitrag nimmt im Abschnitt zu Polkes Fenster längere Passagen der Internet-Fassung auf.

27 Carsten Jochum-Bortfeld, „Denn der Mensch ist nicht gekommen, um sich bedienen zu lassen, sondern, um zu dienen“ (Mk 10,45) – zur theologischen Bedeutung des *hyios tou anthropou*, in: Marlene Crüsemann/Ders. (Hgg.), Christus und seine Geschwister. Christologie im Umfeld der Bibel in gerechter Sprache, Gütersloh 2009, 159-172.

28 Ohne dieses Thema weiter auszuführen – und auch, ohne es auf seine eher schwachen biblischen Grundlagen zu befragen – hier nur die Impression, in der altkirchlichen Zwei-Naturen-Lehre so etwas wie ein Kippbild wahrzunehmen. Das Bekenntnis, Jesus Christus sei „wahrer Gott und wahrer Mensch“ lässt sich schwerlich in *ein* Bild fassen, es wäre denn

Friedrich-Wilhelm Marquardts Mahnung: „und gerade am ‚Menschensohn' muß es uns wichtig sein, die Sprache des Ungefähr nicht zu zwingen."[29]

Für die „Sprache des Ungefähr" kennzeichnend scheinen mir zwei Stellen der Johannesoffenbarung (1,13; 14,14). Sie nehmen die Vision in Daniel 7 auf. Aber was für eine Figur ist es dort, der die Königsherrschaft verliehen wird und von der Dan 7,13 sagt, sie sei „wie ein Mensch" (*k'bar enasch*) – in der griechischen Fassung des Danielbuchs in der Septuaginta wie bei Theodotion „*hōs hyios anthrōpou*"[30]? Verkörpert sich in ihr das Volk Israel? Oder ist es eine Figur, die einer besonderen Weise dafür sorgt, dass die Macht den „Heiligen des Höchsten" (*kaddische eljonin* [Dan 7,18]) zukommt?

Aber auch dann gibt es mehr als nur *eine* Verstehensmöglichkeit. Es könnte sich um eine messianische Retterfigur handeln; in der Gestalt von Dan 7,13 könnte aber auch ein Engel verkörpert sein. Dahinter stünde dann die Auffassung, jedes Volk werde von einem bestimmten Engel geleitet. Hier ginge es dann um einen Engel, der die ganze Völkerwelt heilvoll regiert.[31]

Und dann gibt es noch eine weitere Verstehensweise. Womöglich geht es gar nicht um eine einzelne Figur und auch nicht um das in ihr repräsentierte Volk Israel, sondern um die gewisse Erwartung, dass an die Stelle der *bestialischen* Reiche endlich ein *menschliches* trete. „In der Bilderwelt von Dan 7", so Rainer Albertz, „repräsentiert ‚der Menschengestaltige' zunächst nur das Menschliche gegenüber den unmenschlichen Bestien."[32]

---

ein Bild, in dem unter einem Aspekt das eine und unter einem anderen das andere sichtbar wird. Dieses „Kippbild" zeigte dann an, dass die Reklamierung je nur einer „Natur" zu kurz greift. Es bekommt seine Bedeutung jeweils in dem, *wogegen* es gesagt und gezeigt ist. Es wendet sich sowohl gegen die Lehre einer allein göttlichen als auch gegen die einer allein menschlichen Natur Jesu Christi, indem es das je andere stark macht. Wenn dieses „Wogegen" nicht mehr im Zentrum steht, wird die Aussage zu einer ganz unanschaulichen abstrakten Formel. – Das Modell der Kippbilder erweist sich im Blick auf manche theologische Denkfiguren womöglich als hilfreich; sie auf Aspekt und Aspektwechsel zu befragen lohnt sich bei der ebenso komplementären wie im Widerspruch verbleibenden Begegnung mit dem *deus revelatus* und dem *deus absconditus*, dem sich offenbarenden und dem verborgen bleibenden Gott, aber womöglich auch bei Luthers Bestimmung des Menschen als *simul iustus et peccator*. – Zum entsprechenden religionspädagogischen Einsatz von Kippbildern zur Christologie Friedhelm Kraft/Hanna Roose, Von Jesus Christus reden im Religionsunterricht, Göttingen 2011, bes. 169–175.

29 Friedrich-Wilhelm Marquardt, Was dürfen wir hoffen, wenn wir hoffen dürften? Eine Eschatologie, Bd. 3, Gütersloh 1996, hier 76 – zum Thema in seinen verschiedenen Facetten 58-109.

30 Zu beachten ist, dass die Septuaginta auch in der Rede vom „Hochbetagten" über die aramäische Fassung hinaus in der Wiedergabe *hōs palaios hēmerōn* ein solches „wie" (*hōs*) hat.

31 Dazu Klaus Koch, Der „Menschensohn" in Daniel, ZAW 119 (2007) 369-385.

32 Rainer Albertz, Religionsgeschichte Israels in alttestamentlicher Zeit 2 (GAT 8/2), Göttingen 1992, 662f.; in dieser Line auch Marquardt, Eschatologie 3, 76f., sowie Jürgen Ebach, Apokalypse. Zum Ursprung einer Stimmung, in: Friedrich-Wilhelm Marquardt u.a. (Hgg.), Einwürfe Folge 2, München 1985, 5-61, hier bes. 33-35, sowie Ders., Weltreiche und (k)ein Ende. Daniel – das Buch und seine Folgen, in: Richard Faber/Achim Lichtenberger

Die genannten Offb-Stellen nehmen das *k'bar enasch* aus Dan 7 in der Formulierung „*homoion hyion anthrōpou*" auf. Es gibt da aber eine sprachliche Auffälligkeit, denn sie geben das „Wie" nicht – wie die Septuaginta und auch Theodotion – mit *hōs* wieder, sondern mit *homoion* und dazu mit einem grammatischen Regelverstoß. Denn das griechische *homoion* verlangt bei einem nominalen Vergleich (wie das deutsche „gleich") einen folgenden Dativ,[33] hier aber folgt ein Akkusativ (*hyion anthrōpou*). Liegt hier eine sprachliche Fehlleistung eines Autors vor, der im Griechischen nicht ganz zu Hause war,[34] oder eine „einfache grobe Nachlässigkeit"[35]? Oder handelt es sich – mit Klaus Wengst, dessen Beobachtungen und Argumente ich hier aufnehme[36] – um eine bewusste ungewöhnliche Formulierung eines Autors, der, wie eine Fülle weiterer Stellen zeigt, sehr wohl weiß, dass ein vergleichendes *homoion* einen Dativ verlangt, der jedoch in diesem Fall das *homoion hyion anthrōpou* als einen einzigen Ausdruck bietet, mithin in seiner Vision – so Wengst – „den Menschensohngleichen" sieht.

Fasst man das *bar enasch* aus Dan 7,13 noch stärker als Ausdruck „des Menschen" auf, so zeigt die Übersetzung der Wendung in Offb 14,14 in der *Bibel in gerechter Sprache* ihre Triftigkeit. Ihr Übersetzer der Johannesoffenbarung, Martin Leutzsch, gibt in Offb 14,14 die eigentümliche griechische Wendung *homoion hyion anthrōpou* im Deutschen ebenso ungewöhnlich und gerade so womöglich treffend mit „jemand Menschenähnliches" wieder.[37] So wird jenes *homoion* zu einem konstitutiven Bestandteil der Bezeichnung jener Figur selbst, das *Wie* ist ihr selbst eingeschrieben.

(Hgg.), Ein pluriverses Universum. Zivilisation und Religionen im antiken Mittelmeerraum, München 2015, 453–475.

33 Viele Handschriften korrigieren die Wortfolge entsprechend in ein *hyiō*, vgl. den Apparat im NT Graece (Nestle/ Aland[27]).

34 So der Sache nach Walter Bauer, Griechisch-deutsches Wörterbuch zu den Schriften des Neuen Testaments und der frühchristlichen Literatur, 6. Aufl., bearb. v. Viktor Reichmann, Berlin/ New York 1988, 1149, zum Stichwort *homoios*. Bauers Bezeichnung der Wortverbindung als „Solözismus" nimmt den antiken griechischen Begriff *soloikismos* für einen syntaktischen Fehler auf. Der bezieht sich wohl auf die Leute von Soloi in Kilikien, die ein so eigentümliches Griechisch gesprochen hätten, dass man sie kaum habe verstehen können. Es spricht viel dafür, dass die Muttersprache des Verfassers der Johannesapokalypse Hebräisch-Aramäisch war; ob seine Verstöße gegen Regeln der griechischen Grammatik jedoch einer mangelhaften Beherrschung des Griechischen geschuldet sind, oder ob es sich um bewusste theologische Pointierungen handelt, bleibt zu fragen (für die zweite Möglichkeit Klaus Wengst, Hebräisch für Neutestamentler, in: Kerstin Schiffner u.a. [Hgg.], Fragmentarisches Wörterbuch. Beiträge zu biblischen Exegese und christlichen Theologie, FS Horst Balz, Stuttgart 2007, 177-187, hier bes. 178).

35 So Wilhelm Bousset, Die Offenbarung des Johannes (KEK 16), Neudruck der neubearbeiteten Aufl. 1906, Göttingen 1966, 160.

36 Klaus Wengst, „Wie lange noch?". Schreien nach Recht und Gerechtigkeit – eine Deutung der Apokalypse des Johannes, Stuttgart 2010, hier 112f.

37 In Offb 1,13 übersetzt er dieselbe Wendung traditioneller mit „der einem Menschen ähnlich war".

Es gäbe zum *hyios tou anthrōpou* im Neuen Testament und seinen alt- und zwischentestamentlichen Bezügen noch sehr viel zu sagen und zu fragen, aber ich belasse es diesmal bei der Betonung jenes „Wie" und frage, in welcher Weise es in Sigmar Polkes Menschensohnfenster im Zürcher Grossmünster ins Bild und hier buchstäblich ins Kippbild kommt.

IV. Das Menschensohnfenster

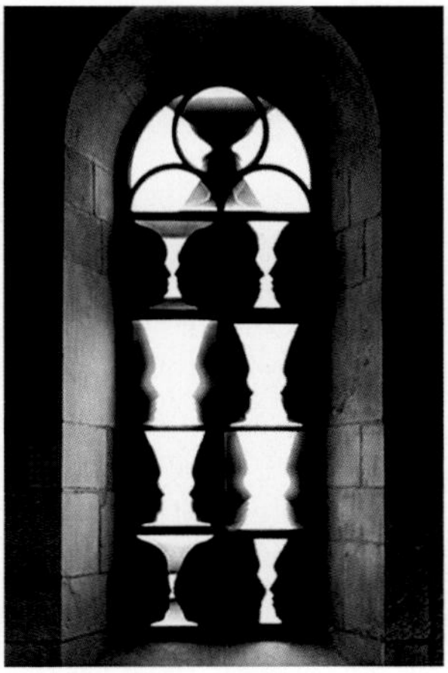

Bild 5

Sigmar Polke arbeitete seit 2007 am Zyklus seiner Fenster für das Zürcher Grossmünster; das Werk war 2009 abgeschlossen.[38] An der Einweihung der Fenster in einem feierlichen Gottesdienst am 18. Oktober 2009 konnte der schon von schwerer Krankheit gezeichnete Künstler noch teilnehmen; er starb am 10. Juni 2010 im Alter von 69 Jahren in Köln.[39] Einem der Fenster gab er den Titel „Der Menschensohn". Die Bedeutung der Fenster gerade in einer alten und ehrwürdigen evangelisch-reformierten Kirche wie dem Zürcher Grossmünster resultiert nicht zuletzt daraus, dass sie von Bilderkritik und Bildersturm[40] ausgenommen waren. Anders

---

38 Insgesamt zu den sieben Achatfenstern und den fünf Glasfenstern Käthi La Roche, „Kunstwerk" Grossmünster. Ein theologischer Führer, Zürich 2009, 10-21 – K. La Roche war 1999-2011 Pfarrerin am Zürcher Grossmünster, sie hat den Prozess der Entstehung der Fenster von der Wahl der eingereichten Entwürfe und den Auftrag an Polke an bis zur Fertigstellung und Einweihung begleitet und immer wieder mit dem Künstler auch theologische Gespräche geführt –; Johannes Stückelberger, Wie nehmen Kunstschaffende Kirche wahr? Aktuelle künstlerische Neugestaltungen von reformierten Kirchen in der Schweiz, in: Christoph Sigrist (Hg.), Kirchen Macht Raum. Beiträge zu einer kontroversen Debatte, Zürich 2010, 141-166, bes. 156; Ders., Polkes Glasfenster im Grossmünster in Zürich, in: Kunst und Kirche 1/2010, 68-69, sowie die je auf ihre Weise sehr instruktiven Abhandlungen in: Sigmar Polke. Fenster – Windows. Grossmünster Zürich, Zürich/ New York 2010.

39 In Polke, Fenster, 204, findet sich eine Bibliographie zu Polkes Werken; erwähnt seien noch Klaus Staeck (Hg.), Sigmar Polke Rasterfahndung. Göttingen 2011 (zur Ausstellung *Sigmar Polke – Eine Hommage*, Akademie der Künste Berlin, 2011); Julia Gelshorn, Aneignung und Wiederholung. Bilddiskurse im Werk von Gerhard Richter und Sigmar Polke, München u.a. 2012, sowie die große Ausstellung „*Alibis: Sigmar Polke 1963 – 2010*" im Museum of Modern Art in New York (April-August 2014, danach in London und Köln), dazu der v. Kathy Halbreich u.a. hg. Ausstellungskatalog, New York 2014.

40 Zum theologischen Hintergrund Huldrych Zwingli, Kommentar über wahre und falsche Religion (1525), in: Ders., Schriften. Bd. III, Zürich 1995, 31-452, bes. 436-444: Die Statuen

als Heiligenbilder und -figuren galt den Glasfenstern und ihren Darstellungen niemals eine Verehrung der Gläubigen[41] und darum konnte und kann gerade in ihnen das Bedürfnis nach einer ästhetischen und künstlerischen Gestaltung des Kirchenraums mit dem theologisch ernst genommenen Bilderverbot der Bibel zusammengehen.

In dieser Linie steht im Chor des Zürcher Grossmünsters das große Weihnachtsfenster von Augusto Giacometti[42] und dann auch der Zyklus der Glasfenster[43] Sigmar Polkes. Er umfasst – mit Einschluss der Lünette über dem Nord- und der Rosette über dem Südportal sieben – Achatfenster[44] und fünf figürliche Fenster, die jeweils biblische Gestalten, Geschichten und Bezeichnungen aufnehmen.

Im Ensemble der fünf einander in Form und Abmessungen sehr ähnlichen figürlichen Fenster[45] nimmt „Der Menschensohn“ eine Sonderstellung ein. Anders als die vier weiteren Figurenfenster – „Elijas Himmelfahrt“, „König David“, „Isaaks Opferung“, „Der Sündenbock“ – bezieht es sich nicht auf eine konkrete biblische Erzählfigur, sondern auf ein schillerndes Wort. Weiterhin anders als bei jenen vier „zitiert“ Polke bei diesem Fenster auch keine Motive aus Evangeliaren und Buchmalereien aus dem 12. Jahrhundert, d.h. der Zeit der romanischen Architektur des Münsters.

Sigmar Polke nimmt im Menschensohnfenster das Motiv der Rubinvase auf. Wie ein zunächst als bloßer Scherz erstelltes Kippbild-Motiv bei Wittgenstein

---

und Bilder; zur Geschichte Peter Jezler, Der Bildersturm in Zürich 1523-1530, in: Cécile Dupeux u.a. (Hgg.), Bildersturm. Wahnsinn oder Gottes Wille? Ausstellungskatalog, Bern 2000 (Lizenzausgabe für Deutschland München 2000), 75-83; Jan Rohls, „... unsere Knie beugen wir doch nicht mehr“. Bilderverbot und bildende Kunst im Zeitalter der Reformation, ZThK 81 (1984) 322-351; zur Thematik auch Margarete Stirm, Die Bilderfrage in der Reformation (QFRG 45), Gütersloh 1977.

41 Zwingli schrieb 1525, ein Jahr nach dem Bildersturm in Zürich: „Demgemäß bin ich nicht dafür, Bilder, die als Fensterschmuck eingesetzt sind, zu zerstören, vorausgesetzt, dass sie nichts Unanständiges darstellen; denn niemand verehrt sie dort“ (Zwingli, Kommentar, 444). Ob es im Grossmünster in dieser Zeit überhaupt Werke der Glasmalerei gab, ist nicht gesichert, vgl. Ulrich Gerster/ Regine Helbling, Das Grossmünster, seine Geschichte und seine Fenster. Ein Streifzug durch zwölf Jahrhunderte, in: Polke, Fenster, 20-29, hier 24.

42 Dazu La Roche, Kunstwerk, 24f., sowie Gerster/ Helbling, Grossmünster, 26-28.

43 Zur technischen Verwirklichung Urs Rickenbach, Aus der Sicht der ausführenden Glasmacher, in: Polke, Fenster, 178-183, zum Menschensohnfenster ebd. 181.

44 Zu ihnen Marina Warner, „Algebra, Taumel und Ordnung“: Zeichen im Stein. Form ist niemals trivial oder gleichgültig; sie ist die Magie der Welt in: Polke, Fenster, 160-165; Jacqueline Burckhardt/ Bice Curiger, Illuminationen, in: Polke, Fenster, 46-56, bes. 48-50; Katharina Schmidt, Ein Weg zu Sigmar Polkes Kirchenfenstern. Bilder aus Stein, Glas und Licht, in: Polke, Fenster, 112-121, hier 114f.; zu Erfahrungen bei der Herstellung Rickenbach, Sicht, 178f.

45 Das Menschensohnfenster misst 281 x 92 cm; die Höhe und Breite der vier anderen differiert nur geringfügig. Gemeinsam sind allen fünf die Bleifassungen eines Kreises und zweier Halbkreise im Fensterkopf.

zum philosophischen Seh- und Denkstück wird, wird ein simples Kippbild-Modell in Polkes Gestaltung zur großen Kunst, indem es in vielfacher Weise inszeniert, variiert und vertieft wird. Die Mehrdeutigkeit wird dadurch verstärkt, dass die Grenzlinie zwischen Figur und Grund – und so zwischen den wechselweise sichtbar werdenden Gesichtern und Kelchen – bald scharf, bald abschattend bzw. überblendend verläuft. Diese Unschärfen und Blendwirkungen erwecken – zumal in einem bestimmten Lichteinfall von außen – den Eindruck, jene Gesichter seien in Bewegung.

Der Hauptteil des Fensters zeigt acht Kelche, die sich teils stark, teils geringfügig voneinander unterscheiden. Im Halbrund des Fensterkopfs erscheint ein weiterer Kelch, der sich – in reziprokem Gegenüber zu den acht – dunkel von einem hellen Grund abhebt. Die acht Kelche des hochgestellten Rechtecks haben unterschiedliche Formen; Katharina Schmidt beschreibt sie als „die elegant ziselierte Tazza oben, die stattlichen Pokale in der Mitte, unten das dünne, leicht missglückte schiefe Exemplar, eine Art Ausschussware."[46] Einander sehr ähnlich und doch nicht gleich erscheinen die vier „Pokale" in der Mitte, die in einer Hin-Sicht chiastisch angeordnet sind.

Nimmt man in jenen acht Kelchen von unten nach oben „eine emporzüngelnde Stufenleiter"[47] wahr, so führt die Fragilität der Gesamtfigur zur bangen Frage, ob jene kleinen und schiefen Kelche ganz unten die Last der großen mittleren zu tragen vermöchten. Ähnlich instabil erscheinen auch die Relation der beiden schmalen Tazze oben gegenüber dem Gewicht des Fensterkopfs. Auf irritierende Weise strahlt dieses Fenster Ruhe aus und wirkt zugleich fragil und instabil.

Eine eigene Rolle kommt dem – im Gegensatz zu den acht darunter – dunklen Kelch vor hellem Grund im Fensterkopf zu. Sein Fuß wirkt wie nach unten noch einmal heruntergeklappt, von ihm gehen sich ausbreitende Schraffuren aus.[48]

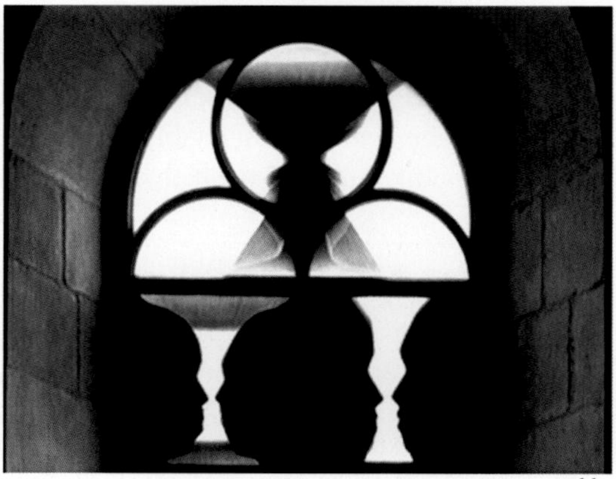

Bild 6

Den unterschiedlichen Kelchen korrespondieren die in den Kippfiguren alternativ sichtbar werdenden Menschengesichterprofile in ihren Ähnlichkeiten und ihren Unterschieden. Selbst

---

46 Schmidt, Weg, 115.

47 So beschreibt Warner, Algebra, 165, *eine* mögliche Sichtweise.

48 Schmidt, Weg, 116, sieht in der angedeuteten Untersicht die „auratische Präsenz" verstärkt.

die vier mittleren sehr ähnlichen Profile, die entsprechend den Kelchen als ihr Hintergrund chiastisch angeordnet sind, erscheinen durch Schatten und Überblendungen wiederum unterschiedlich.

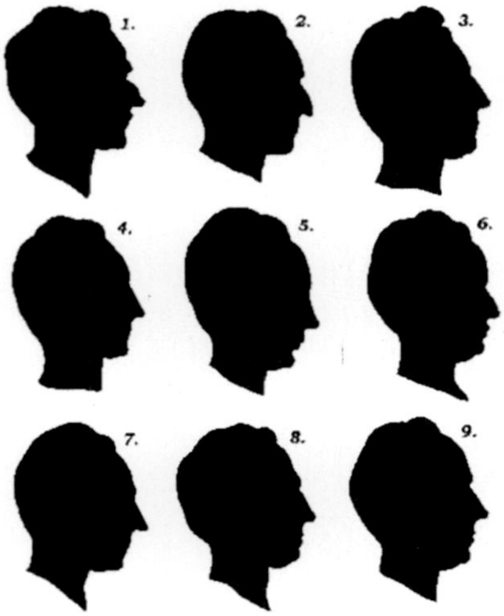

Bild 7

Johannes Stückelberger sieht in diesen Gesichtern „eine sinnreiche Anspielung auf Zürich als Vaterstadt Lavaters, der hier seine ‚Physiognomischen Fragmente' veröffentlichte".[49] Johann Caspar Lavater hatte sich u.a. eine große Menge von Silhouetten berühmter Menschen angelegt. Als Beispiel hier jedoch „Neun erdichtete Silhouetten zur Prüfung des physiognomischen Genies" (aus dem 6. Kapitel seines Werks, Dritter Abschnitt *„Von dem Nutzen der Physiognomik"*).

Im Gegensatz zu Lavaters (pseudo-)objektiver „Physiognomik", mit welcher er den Charakter eines Menschen im Erscheinungsbild seines Gesichts *fest*stellen wollte[50], erscheinen die Menschengesichterprofile in Polkes Menschensohnfenster gerade nicht *fest*gestellt. Sie zeigen sich zudem nicht an und für sich und auch nicht aufgereiht, sondern einander zugewandt – wie in einem Dialog einander gleichender, doch nicht gleicher Menschen. Stellt das Fenster somit *den* Menschen dar? Es tut es in eben der Widersprüchlichkeit, in der die Rede von *dem* Menschen ebenso falsch wie notwendig ist.

Gegenüber allen, die zu wissen vorgeben, wie *der* Mensch sei, bedarf es des Einspruchs. Denn *den* Menschen gibt es nicht, es gibt nur Menschen in ihrer jeweiligen Individualität und auch ihrer jeweiligen gesellschaftlichen Stellung:

---

49 Stückelberger, Kunstschaffende, 156. Lavaters „Physiognomische Fragmente" erschienen 1775-78; Die Physiognomik war bereits in seiner Zeit umstritten, u.a. Georg Christoph Lichtenberg kritisierte sie scharf in der 1778 erschienenen Streitschrift „Über Physiognomik; wider die Physiognomen", in: Ders., Schriften und Briefe, hg. v. Wolfgang Promies, Bd. III, München 1972, 236-295, und saukomisch satirisch im „Fragment von Schwänzen. Ein Beytrag zu den Physiognomischen Fragmenten" (1783), ebd. 533-538. Zum Thema auch Daniela Bohde, Kunstgeschichte als physiognomische Wissenschaft. Kritik einer Denkfigur der 1920er bis 1940er Jahre (Schriften zur modernen Kunsthistoriographie), Berlin 2012, hier bes. Kap. III „Lavaters visuelle Hermeneutik – eine Bildwissenschaft *avant la lettre*" (ebd. 35-46).

50 Hinzugefügt sei: und erst Recht gegenüber der späteren Typisierung von Verbrechern anhand ihrer Körpermerkmale bei Cesare Lombroso, u.a. in seinem Werk: L'uomo delinquente. In rapporto all'antropologia, alla giurisprudenza ed alle discipline carcerarie, Turin 1876 (dt. Der Verbrecher in anthropologischer, ärztlicher und juristischer Beziehung, Hamburg 1887), und vollends in manch fataler „Rassenkunde".

Junge und Alte, Kranke und Gesunde, Reiche und Arme, Herrschende und Unterdrückte, Gläubige und AgnostikerInnen, Hoffnungsfrohe und Verzweifelte, Frauen und Männer und dazu noch viele weitere Unterscheidungen und mancherlei Zwischenformen und Schattierungen. Gegen jeden Versuch aber, Menschen ein Mehr oder Weniger des Menschseins und der Menschenwürde zuzubilligen, bedarf es der Rede von *dem* Menschen. *Der* Mensch, männlich und weiblich, ist nach Gen 1,27 als Bild Gottes erschaffen.

Das Menschensohnfenster setzt eben diese Dialektik ins Bild: Dargestellt ist *der* Mensch und *den* Menschen gibt es allein in den bald größeren, bald kleineren Unterschiedenheiten der je einzelnen Menschen und in ihren wechselseitigen Beziehungen. In eben diesem Sinn manifestiert sich in den einander zugewandten Menschengesichterprofilen das Profil dessen, welcher „Der Menschensohn" ist, das Profil und die Signatur *des* Menschen und des Menschlichen.

Im fluktuierenden, hin und her springenden Blick auf die Kelche und die Gesichter zeigt sich der Eindruck von Trennung und Verbindung. Je schmaler der Kelch, desto näher beieinander stehen die Gesichter und desto schärfer sind deren Profile konturiert. Bei dem Kelch im Fenster unten rechts, der sich mit der oben zitierten Beschreibung von Katharina Schmidt wie eine „Ausschussware" ausmacht, sind die ihn gleichsam rahmenden Profile der Gesichter zu beachten. Das Profil links scheint keinen ausgeprägten Mund zu haben. Dokumentiert das ein Defizit oder ein ‚beredtes Schweigen'? Menschen sind unterschiedlich profiliert und haben unterschiedliche Ausdrucksformen. Doch bei Menschen gibt es keine „Ausschussware".

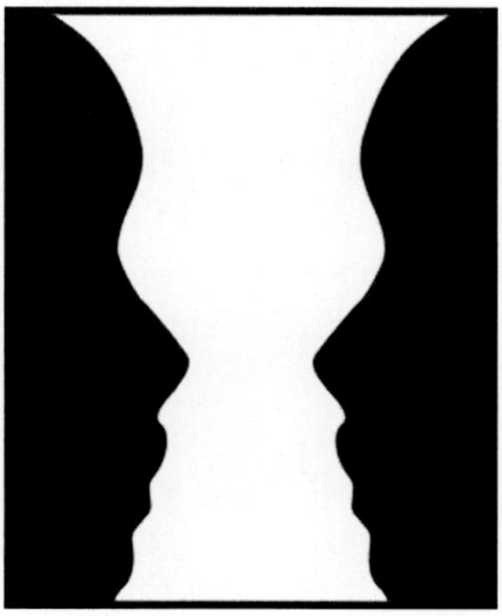

Bild 8

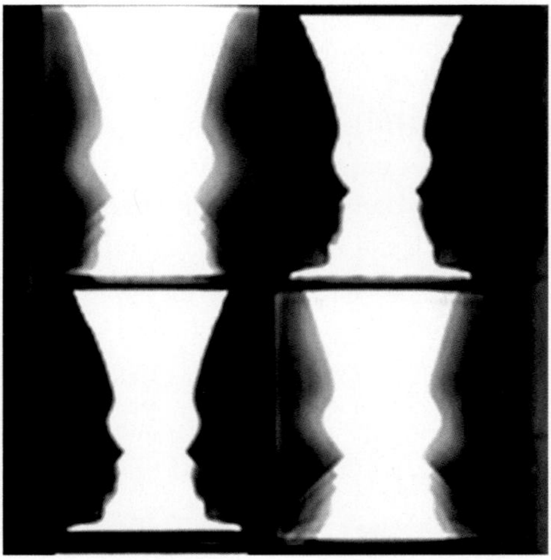

Bild 9

Bei den großen Kelchen in der Mitte überstrahlen die im Chiasmus ihrer Anordnung links oben und rechts unten platzierten die Gesichter. Geht es bei all dem allein um den visuellen Eindruck einer so variierten und vertieften „Rubinvase"? „Was aber veranlasste Polke, die optische Kippfigur mit dem Namen des biblischen Menschensohns zu belegen?", fragt Gottfried Boehm und er setzt fort: „Die Antwort liegt weder in der Beschreibung der verwendeten Figur, noch viel weniger in externen Bezügen, welcher Art auch immer. Sie liegt allein in der *visuellen Erfahrung*, die jeder Betrachter, wenn er es nur will, machen kann.“ [51]

Aber trifft Boehms Urteil wirklich zu? Sind es nicht mindestens *auch* externe Bezüge und dabei vor allem die biblischen und kirchlichen Kontexte, die das Bild und seinen Titel erhellen?

Gewiss ist es bereits eine Interpretation, in diesen Gefäßen „Kelche“ zu sehen. Der Anblick einer klassischen Rubinfigur wird schwerlich auf eine solche implikationsreiche Deutung führen und der eines gedachten Glasbildes, welches allein jenen „Turm“ aus je vier in zwei senkrechten Reihen angeordneten übereinander stehenden Gefäß-Gesichter-Kippbildern darstellte, wird auch kaum an Kelche denken lassen. Wer jedoch das neunte Gefäß im Fensterkopf mit hinzunimmt und mehr noch, wer vor diesem Bild an seinem Ort in Kirchenraum des Zürcher Grossmünster steht, für das es geschaffen und mit dem Titel „Der Menschensohn“ versehen wurde, wird eine biblische Konnotation für ein Element der *intentio operis* ansehen und es so *wahr* nehmen.

Steht „Der Menschensohn“ im Ensemble der figürlich gestalteten Fenster für eine alttestamentliche Figur, so verweist das Motiv der Kelche auf eine vor allem neutestamentliche Perspektive. Doch abermals erweist sich das Motiv als nicht eindeutig, vielmehr ist das Wort *potērion* (Kelch, Becher) im Neuen Testament mit zwei nicht zu scheidenden, doch zu unterscheidenden Kontexten verknüpft.

Da ist auf der einen Seite der Kelch des Abendmahls, von dem in den Evangelien in Mt 26,27; Mk 14,23, Lk 22,17.20 und in den Briefen in 1Kor 11,25-28 die Rede ist. An der Frage, ob dieser Kelch bzw. der in ihn gefüllte Wein das Blut Jesu Christi ist (*est*) oder bezeichnet (*significat*) scheiterte im Marburger Religionsgespräch 1529 der Einigungsversuch zwischen Martin Luther und Huldrych Zwingli. Die im Menschensohnfenster im Zürcher Grossmünster, d.h. in der Kirche Zwinglis und dann der Heinrich Bullingers aufleuchtenden gerade nicht statuarischen, sondern sehr unterschiedlich gestalteten und im visuellen Eindruck oszillierenden Kelche stehen, wie ich meine, dem „*significat*“ deutlich näher.

Jenseits der zwischen Luther und Zwingli strittig bleibenden Frage findet sich bei Paulus in 1Kor 10,16a die Betonung der „Gemeinschaft durch Teilhabe“ (*koinōnia*). „Der Kelch des Segens, über den wir den Lobpreis sprechen, ist er nicht Teilhabe am Blut Christi?“, übersetzt die Neue Zürcher Bibel; anders akzentuierend verdeutscht Luise Schottroff in der *Bibel in gerechter Sprache*: „Der Becher des Segens, bringt er uns nicht in die Gemeinschaft mit dem Blut Christi, indem wir Gott segnen?“

---

[51] Gottfried Boehm, Geronnene Zeit, in: Polke, Fenster, 140–147, hier 147. Der Schluss-Satz des Beitrags bleibt freilich richtig: „Dem Betrachter bleibt viel zu tun.“

Kippt das Bild der Kelche oder Becher im Menschensohnfenster in das der einander zugewandten Gesichter um, wird eine solche *koinōnia* sinnfällig.[52]

Nicht ohne eine innere Beziehung zum Kelchwort des Abendmahls und doch in einer eigenen Symbolik ist an mehreren Stellen im Neuen Testament von einem Trinken des Kelchs oder Bechers (*potērion*) die Rede, das für die Hinnahme des Leidens steht. In diese Linie gehört Jesu Wort an die Mutter der Söhne des Zebedäus, die mit diesen zu Jesus kommt und für sie Ehrenplätze in Jesu Königsherrschaft (*basileia*) erbittet. Jesus antwortet:

> „Ihr wisst nicht, worum ihr bittet. Könnt ihr den Becher trinken, den ich trinken muss?" Sie antworten ihm: „Ja, wir können es." Er sagt zu ihnen: „Meinen Becher werdet ihr trinken. Doch es ist nicht in meiner Macht, zu vergeben, wer zu meiner Rechten und Linken sitzen wird. Das wird jenen zukommen, denen es von Gott, Vater und Mutter für mich, gegeben wird." (Mt 20,22f. in Luise Schottroffs Übersetzung in der Bibel in gerechter Sprache, vgl. Mk 10,38f.)

In entsprechender Bedeutung spricht Jesus vom *potērion* in Getsemane in seiner Bitte an Gott:

> „ [...] wenn es möglich ist, soll dieser Becher an mir vorübergehen. Doch nicht wie ich will, sondern wie du willst!" (Mt 26,39, dazu V.42 und Lk 22,42; Mk 14,36, dazu auch Joh 18,11)

Eine doppelte Symbolik des Kelches erscheint auch im Alten Testament. So spricht Ps 116,13 vom „Kelch des Heils" bzw. vom „Becher der Rettungen" (*kos j´schuot*)

---

52 Stärker noch als beim Kelch bzw. dem Blut wird die Gemeinschaft durch Teilhabe in den neutestamentlichen Abendmahlstexten beim Brot und dem Leib. Im Satz Jesu „Dies ist mein Leib" (*touto estin to sōma mou* [Mk 14,22 par]) kann sich das „dies", das Neutrum *touto*, grammatisch schwerlich auf das „Brot", das maskuline *artos* zurückbeziehen. Nimmt man hier keine sprachlich unkorrekte Ausdrucksweise an, ist es zumindest möglich, dass jenes „dies" (*touto*) auf die bei diesem Pessachmahl versammelte Gemeinschaft hinweist. „Identifiziert wird damit nicht das Brot oder gar die ‚fleischlose', entleibte Oblate", notiert dazu Magdalene L. Frettlöh (mit dem Hinweis auf das grammatische Problem), „sondern die auf Erden den Leib des erhöhten Christus verkörpernde, lebendige Gemeinde, die sich um das eine Brot versammelt, es nimmt, Gott darüber segnet, das Brot bricht und untereinander teilt. Die liturgische Geste wäre dementsprechend bei diesem Satz nicht auf das Brot zu fokussieren, sondern mit einer ausladend-einladenden, alle einschließenden Armbewegung wäre die feiernde Gemeinde zu identifizieren" (M.L. Frettlöh, „Gott ist im Fleische ..." Die Inkarnation Gottes in ihrer leibeigenen Dimension beim Wort genommen, in: Jürgen Ebach u.a. [Hgg.], „Dies ist mein Leib". Leibliches, Leibeigenes und Leibhaftiges bei Gott und den Menschen, Jabboq, Bd. 6, Gütersloh 2006, 186-229, hier 193 mit Anm. 23, ebd. 224). So würde die Gemeinschaft durch Teilhabe *signifikant*. – Bei den Worten: „Dies ist mein Blut" (*touto estin to haima mou* [Mk 14,24 par]) stellt sich jedenfalls das grammatische Problem nicht, indem an dieser Stelle das Neutrum *touto* auf das Neutrum *potērion* (Kelch, Becher) zurückbezogen werden kann.

und Jes 51,17 vom „Kelch des Grimms" bzw. vom „Becher des göttlichen Zorns" (*kos ha-tar'ela*).[53]

Kippbilder machen zwei Aspekte sichtbar, die nahe zusammen kommen, doch nicht gleichzeitig gesehen werden können. Ich möchte dem eine Beobachtung an den neutestamentlichen Passagen an die Seite stellen, in denen vom *potērion*, vom „Kelch" oder „Becher" und vom *hyios tou anthrōpou*, vom „Menschen" die Rede ist. Beide Wendungen tauchen an keiner Stelle in unmittelbarer Nähe, etwa in *einem* Vers auf. Doch findet sich an mehreren Stellen die Rede vom „Kelch", auf die dann fünf oder sechs und einmal zwölf Verse später und noch im selben Zusammenhang der *hyios tou anthrōpou* genannt wird. Es handelt sich um Mt 20,22f. und dann V. 28, um Mk 10,32f. und dann V. 45, um Mt 26,39 und dann V. 45 und um Mk 14,36 und dann V. 41. An all diesen Stellen kommt etwas zusammen, das durch einen Übersprung, eine Überblendung im Lesen als Zusammengehöriges sichtbar wird. Das Verbindende wird im Getrennten sichtbar – in Sigmar Polkes Fenster „Der Menschensohn" *und* in den biblischen Texten.

Nichts, dünkt mich, wäre beim Versuch, Polkes Fenster „Der Menschensohn" mit der biblischen Rede vom *ben adam, bar enasch* und *hyios tou anthrōpou* in ein Gespräch zu bringen, verfehlter, als ein abschließendes Fazit zu ziehen. Das würde dem Kunstwerk ebenso wenig gerecht wie den biblischen Texten. Gemeinsam ist in beiden Fällen das Ungefähre, das Nicht-Festgestellte, das Oszillierende mit seinen Schatten und seinen Überblendungen. Im Menschensohnfenster erscheint *der* Mensch in seinen (und ihren) vielfachen Profilen, bald klar konturiert, bald verschwimmend. Eben das ist kein Gegensatz zur biblischen Rede vom *ben adam, bar enasch* und *hyios tou anthrōpou*. Vielmehr zeigen die biblischen und gerade die neutestamentlichen Texte auf je ihre Weise das Nicht-Festgestellte, indem es in ihnen um einen bestimmten Menschen und um *den* Menschen geht und auch um das, was – in biblischer Erinnerung, in Erfahrung und in hoffnungsvoll-gewisser Erwartung – Menschsein heißt und Menschlichkeit ist. Dabei denke ich auch an eine hintergründige Bemerkung Leo Löwenthals, der in einem Gespräch sagte: „... wenn wir eine wirklich menschenwürdige Gesellschaft auf der Welt hätten, würden wir vielleicht zum erstenmal erfahren können, wie schwer es ist, ein Mensch zu sein."[54]

---

[53] *Auch* im übertragenen Sinn, doch zunächst ganz real ist in Ps 23,5 vom überfließenden Becher (*kos*, LXX *potērion*) für den Menschen die Rede, der im Haus Gottes Asyl findet – zu diesem Verstehen von Ps 23 Hans-Joachim Kraus, Psalmen 1–63 (BK XV/1), Neukirchen-Vluyn 1972, bes. 190f., und v.a. Willy Schottroff, Psalm 23. Zur Methode sozialgeschichtlicher Bibelarbeit, in: Ders./Wolfgang Stegemann (Hgg.), Traditionen der Befreiung. Bd. 1: Methodische Zugänge, München/Gelnhausen 1980, 78–113; wiederabgedruckt in: Ders., Gerechtigkeit lernen. Beiträge zur biblischen Sozialgeschichte, hg. v. Frank Crüsemann/ Rainer Kessler (ThB AT 94), Gütersloh 1999, 19–51, bes. 40–51.

[54] Im Gespräch mit Matthias Greffrath, in: Leo Löwenthal, Schriften Bd. 4, Judaica, Vorträge, Briefe, hg. v. Helmut Dubiel, Frankfurt a.M. 1984, 303.

Sigmar Polkes Fenster „Der Menschensohn“ vermag womöglich mehr zum Verstehen der biblischen Wortverbindungen und dem, worauf sie hinweisen, beitragen als alle Versuche, seine vielfältigen und oszillierenden alt- und neutestamentlichen Verwendungen in getrennte Schubladen zu versorgen. Polkes Glasfenster „Der Menschensohn“ kann als ein Sinn-Bild des *Menschen* und *des* Menschen gesehen werden, wie er in der „Schrift“ als *ben adam*, *bar enasch* und als *ho hyios tou anthrōpou* in unterschiedlichen Aspekten und Fokussierungen und doch in einem biblisch-kanonischen Zusammenhang benannt, erfahren und erwartet wird.

V. Kippbilder und Kippworte in der „Schrift“?

Gibt es in der „Schrift“ so etwas wie „Kippbilder“, wenn es um die Begegnung mit Gott geht? Jedenfalls gibt es da nicht selten ein Umkippen von und in Erscheinungen Gottes und dabei öfter ein synästhetisches Wahrnehmungs-Queering. Dazu einige Beobachtungen und Impressionen.

In Ex 13,21 und dann weitergeführt und mehrfach aufgenommen (Ex 13,22; 14,24; Num 14,14; Neh 9,12.19) wird erzählt, Gott sei Israel in der Wüstenwanderung vorangegangen:

> „Adonaj war vor ihnen gehend (holech) bei Tag in (Gestalt[55]) einer Wolkensäule (b´ammud anan), um sie den Weg zu leiten, und bei Nacht in (Gestalt) einer Feuersäule (b´ammud esch), um für sie zu leuchten, auf dass sie bei Tag und bei Nacht gehen konnten.“

Gottes Präsenz zeigt sich jeweils als Gegenerfahrung; in der Tageshelle wird Gottes Mit- und Voraus-Sein in einer dunklen Wolke erkennbar, im Nachtdunkel in hellem Feuerschein. Im je Konträren also wird Gott sichtbar. Gott ist nicht der Inbegriff dessen, was ist und wie es ist, vielmehr zeigt sich Gottes bleibend-vorausgehende[56] Gegenwart als Aufscheinen des jeweils anderen.[57] Soll man sich da zwei Erscheinungshüllen vorstellen, die wie zwei Gefährte aufeinander

---

[55] Das „b“ lässt sich hier als *Bet essentiae* verstehen. Zu vergleichen ist etwa die Rede vom Boten Gottes „in Gestalt einer Feuerflamme“ (Ex 3,2) und auch die Rede von „Winden als Boten“ in Ps 104,4.

[56] Im Nomen *ammud*, das mit *amad* - „stehen“ zusammenhängt, ist das Feste betont, im Partizip *holech* - „gehend“ die Bewegung.

[57] Weiteres dazu in: Jürgen Ebach, Gegenerfahrungen. Altjahrsabend: Ex 13,20-22, in: Predigtmeditationen im christlich-jüdischen Kontext, hg. v. Studium in Israel e.V., Wernsbach 2011, 49-54, sowie Ders., Tags in einer Wolkensäule, nachts in einer Feuersäule, in: Merkur. Deutsche Zeitschrift für europäisches Denken 605/606 (1999) 784–794.

warten und einander ablösen[58], oder hebt sich hier *eine* Figur vom jeweils gegebenen Grund ab, so dass sie gegenüber dem Licht als dunkle Wolke, gegenüber dem Dunkel als heller Schein sichtbar wird? So oder so – jedenfalls kippt da etwas um, um den je gegebenen Verhältnissen entgegen zu stehen.

„Gott hat niemand jemals gesehen“, heißt es am Ende des Johannesprologs (Joh 1,18). Dieser absoluten Aussage stehen mehrere alttestamentliche Zeugnisse entgegen. So heißt es in Ex 24,9-11, Mose und Aaron, Nadav und Abihu sowie die 70 Ältesten seien auf den Berg gestiegen und hätten Israels Gott gesehen und Gott habe seine Hand nicht gegen sie ausgereckt. Freilich kommt dabei lediglich der Bereich unterhalb seiner Füße ins Bild.[59]

Auch andere Passagen, in denen ein Mensch Gott sieht, enthalten auf je ihre Weise eine Art Kipp-Moment. In Jes 6,1 sagt der Prophet verbunden mit einem konkreten Datum:

> „da sah ich den Herrn/ da sah ich meine Autorität (hier das Wort adonaj) sitzen auf hohem und erhabenem Thron und die Schleppen seines Gewandes füllten den Tempel."

So klar die Aussage ist, so vertrackt erweist sie sich im Kontext. Denn die im Folgenden ins Bild gesetzte Szenerie setzt voraus, dass sich der Prophet selbst im Tempel befindet. Wenn er aber im Tempel ist und Gottes Gewandschleppen den ganzen Tempel erfüllen, kann er nichts als diese Schleppen oder Säume gesehen haben. Man mag für diese Ungereimtheit die nicht an die Gesetze der Logik gebundene Form einer Vision in Anschlag bringen – der Visionär wäre dann doppelt verortet und sähe, was außerhalb und was innerhalb des Tempels zu sehen wäre –, aber man kann hier auch eine bewusste Verschiebung erkennen, die das himmlische Bild auf ein, wenn auch in einem besonderen Ort, dem Tempel, geerdetes reduziert. Was also hat Jesaja *wirklich* gesehen? Der Text lässt es offen oder inszeniert es doppeldeutlich.

Dass jedenfalls gerade Jes 6 die Erscheinung Gottes dem identifizierenden Blick entzieht, klingt in V. 3 auf. Denn das auf *Adonaj z'va'ot* bezogene Trishagion, das dreimalige „heilig“ (*kadosch, kadosch, kadosch*) der Seraphen lässt sich nicht nur als Bekundung gesteigerter Heiligkeit hören, sondern in Anbetracht der Grundbedeutung von *kadosch* als „anders“ als eine Abweisung jeder Definition Gottes. Gott ist nicht nur der und die Andere – diese Bestimmung für sich könnte abermals zu einer Definition gerinnen –, Gott ist vielmehr dreimal anders, nämlich „anders als anders als anders.“[60]

---

[58] So etwa RaSCHI z.St. (Raschis Pentateuchkommentar. Vollständig ins Deutsche übertragen und mit einer Einleitung versehen von Rabbiner Dr. Selig Bamberger, Hamburg 1922, Nachdruck Basel [4]2002, 174).

[59] Dazu Christoph Domen, Exodus 19-40 (HThKAT), Freiburg i.Br. 2004, 205f., der auf die Nähe des Motivs zur Szenerie in Jes 6 verweist.

[60] Dazu auf Jes 6,3 bezogen Enzo Bianchi, Fede e fiducia, Turin 2013, 21 „Dio è tre volte, cioè assolutamente Altro“; dazu auch Magdalene L. Frettlöh, Dreimalheilig – oder: anders als

Die „Schrift“ spricht vom Erkennen Gottes in vielfacher Weise, als ethische und sozialethische Praxis, aber auch negatorisch und allegorisch. So heißt „Gott erkennen“ in Jer 22,16 Recht und Gerechtigkeit tun, Kohelet verneint letztlich jede Möglichkeit, Gott zu erkennen, und im Hohenlied wird Gott im Text nicht als eigene Figur genannt, doch ist womöglich das ganze Buch bereits in seiner Konzeption und nicht erst in seinen Rezeptionen als allegorische Rede von Gott zu lesen.[61]

Zurück zum Sehen Gottes. In Ex 33,18 begehrt Mose, Gott, bzw. Gottes *kavod* zu sehen. Das wird ihm verweigert, denn, so sagt Gott (33,20): „Du kannst mein Angesicht nicht sehen, denn kein Mensch sieht mich und bleibt am Leben.” Allerdings lässt Gott Mose dann (V. 23) doch etwas sehen, nämlich *et-achoraj*, d.h., räumlich verstanden, „meine“, Gottes, „Rückseite“ oder, zeitlich verstanden, „mein Hernach“, d.h. Gottes Vorüber-gegangen-Sein. Diese Stelle, in der Mose das *Nachsehen* hat und Gott *Rücksicht* gebührt, reizt zu vielen und sehr unterschiedlichen Interpretationen und Visualisierungen – von Michelangelos un-verschämter Darstellung der Rückseite Gottes an der Decke der Sixtinischen Kapelle[62] bis zur Lesart, Mose habe nur die Spuren des Vorüber-gegangen-Sein sehen können. Dabei mag im Anklang an Ps 77,20 womöglich auch aufscheinen, dass nicht einmal die Spuren sichtbar blieben. Dort heißt es im Rückblick auf das Exodusgeschehen: „Durch das Meer führt dein Weg und deine Pfade durch große Wasser; doch deine Fußspuren wurden nicht gesehen.“[63]

---

anders als anders. Trinitatispredigt zu Jesaja 6,1-13, in: Dies, „Mutuum colloquium ...“, Uelzen 2016, 101-108, bes. 108.

61 In dieser Linie Meik Gerhards, Das Hohelied. Studien zu seiner literarischen Gestalt und theologischen Bedeutung (ABIG 35), Leipzig 2010, sowie Ludger Schwienhorst-Schönberger, Das Hohelied der Liebe, Freiburg i.Br. 2015; zur Absenz und Präsenz Gottes auch Brittany Melton, Where is God in the Megilloth? A Dialogue on the Ambiguity of Divine Presence and Absence (OTS 73), Leiden 2018.

62 Zu Michelangelos frivoler und zugleich ganz wörtlicher Wiedergabe von Ex 33,23 Jürgen Ebach, Gottes nackter Hintern, in: Ders., SchriftStücke. Biblische Miniaturen, Gütersloh 2011, 79-86. – Auf der einen Seite ist Michelangelos berühmte und typische Darstellung Gottes als alter Mann mit Bart bei der Erschaffung des Menschen geradezu ein Musterbild des Verstoßes gegen das Bilderverbot. Auf der anderen Seite ist zu betonen, dass Michelangelo in jenem viel weniger bekannten weiteren Bild an der Decke der Sixtina in seiner Ins-Bild-Setzung Gottes dann so konsequent ist, dass er auch die (buchstäbliche) Rückseite Gottes darstellt. – Zum Umgang mit diesem Motiv in der Kunst François Bœspflug, „Nur meinen Rücken darfst du sehen ...“ Von den Schwierigkeiten, eine Vision darzustellen, im Themenheft „Mose“ der Zeitschrift „Welt und Umwelt der Bibel“ (3/2006), 56–60.

63 Zu diesem in vieler Hinsicht bemerkenswerten Psalm Frank Crüsemann, Psalm 77 – ein Schlüssel zur Bibel als „Wort Gottes“, Junge Kirche 79 (2/2018) 1-4, aber auch Magdalene L. Frettlöh, Das Nicht-Beten können ins Gebet nehmen. Biblisch- und systematisch-theologische Beobachtungen und Reflexionen im Gespräch mit Psalm 77, in: Marco Hofheinz u.a. (Hgg.), Verbindlich werden. Reformierte Existenz in ökumenischer Begegnung, FS Michael Weinrich (Forschungen zur reformierten Theologie 4), Neukirchen-Vluyn 2015, 49-65.

Niemand kann Gott sehen und am Leben bleiben? Stimmt das? Wie stimmt das? Wogegen stimmt das?

In Gen 32,21 sagt Jakob nach dem Kampf am Jabboq (so Frank Crüsemanns Übersetzung in der *Bibel in gerechter Sprache*):

> „Ich habe Gott gesehen – von Angesicht zu Angesicht und mein Leben wurde gerettet (ra´iti elohim panim el-panim watinnazel nafschi)."[64]

Aber wen hat Jakob am Jabboq gesehen, mit wem hat er gerungen? Im Erzähltext erfahren wir lediglich, dass es ein *isch*, d.h. ein „Mann" oder auch „jemand" war. Dass sich in diesem Gegner Gott zeigte, besagt Jakobs anschließende Deutung. Aber diese Deutung ist nur *eine*, denn im folgenden Kapitel kippt diese Deutung um in eine andere. Jakob hat vor seiner von ihm gefürchteten Wiederbegegnung mit Esau diesem eine reiche Gabe zukommen lassen. Esau will sie nicht annehmen, aber Jakob sagt (33,10 – ich nehme abermals Crüsemanns Übersetzung auf):

> „Nicht doch. Wenn ich wirklich Wohlwollen und Zuwendung in deinen Augen gefunden habe, dann nimm du auch meine Abgabe (minchati) aus meiner Hand an. Schließlich habe ich dein Angesicht gesehen, wie man das Angesicht Gottes sieht (kir´ot p´ne elohim), und du hast mich wohlwollend angenommen."

Esaus Angesicht und das Angesicht Elohims (verbunden mit dem „*k´*, „wie") sind hier aufs engste zusammengebracht. War es Esau, mit dem Jakob rang? Jedenfalls setzt die Fortsetzung in Gen 33 die Lesenden auf diese Spur. Eine glatte Identifikation wäre zu platt, doch darf man beides nicht auseinanderreißen.

Am Jabboq ging es um den endlich erkämpften und nicht mehr erschlichenen Segen. Und deshalb steht in Gen 32,29 die (dann in 35,10 realisierte) Ansage (wieder im Anschluss an Crüsemanns Verdeutschung):

> „Jakob soll dein Name nicht mehr sein, sondern Israel, Gottesstreiter, denn gekämpft hast du mit Gott und mit Menschen (*ki-sarita im-elohim w´im-anaschim*) und hast es gekonnt (*wattuchal*)."

Mit Gott und mit Menschen– ein „und" womöglich, das nicht aufzählt, sondern das eine und das andere in den Blick nimmt, in der Schwebe belässt und so abermals mehrdeutig bleibt oder mehrdeutlich wird.

Wen hat Jakob gesehen, mit wem hat er gekämpft? Der Midrasch B´reschit rabba (Par 78) erklärt, es sei der Fürst Esaus gewesen, d.h. das Engelwesen, das im Himmel Esau und sein Volk vertritt. Der habe sich für Esaus Sache eingesetzt und mit Jakob gekämpft. So sind die Ebenen von Himmel und Erde, Engel und

64 Ausführlicher dazu Jürgen Ebach, „Der Kampf am Jabboq". Gen 32,23–33, in: Ders. u.a. (Hgg.), Leget Anmut in das Geben – zum Verhältnis von Ökonomie und Theologie, Jabboq 1, Gütersloh 2001, 13-43 – dazu auch die in unterschiedlichen Perspektiven verfassten weiteren Auslegungen der Geschichte in den Jabboq-Bänden 2-7.

Mensch zusammengebracht. Benno Jacob, der diese Auslegung aufnimmt,[65] verbindet sie seinerseits mit einer behutsamen psychologischen Lektüre. Gekämpft habe Jakob mit dem Schatten Esaus, der ihn zwanzig Jahre lang verfolgt hat. Ein Schattenbild als Kippbild? Immerhin gehört es zur Inszenierung eines bestimmten Typs von Schattenbildern, dass kleine Verschiebungen der schattenwerfenden Finger sie in neue, andere Bilder umkippen lassen.

Als eine weitere alttestamentliche Kippfigur erscheint das Umschlagen einer Vision in eine Audition, eines Sehens ins Hören.

Gen 46,1-5 erzählt, dass Gott Jakob in Beerscheva erschien. Wo sich einst Abrahams Gott dem Isaak zeigte, da spricht Isaaks Gott nun mit Jakob.[66] Er tut es „in nächtlichen Gesichten/Visionen (*b'mar'ot halajla*).“ Dabei bekommt Jakob freilich gar nichts zu sehen, sondern nur etwas zu hören. Die Vision ist eine Audition, die Offenbarung besteht in Gottes Reden.

In antiken Texten gibt es manche Wahrnehmungen, Beschreibungen und Aussagen, die Sehen und Hören verbinden oder/und in einer Art Wahrnehmungs-Queering durcheinander wirbeln. Man denke an das Sokrates zugeschriebene[67] Diktum „Sprich, damit ich dich sehe!“[68], aber auch an die mythische Überlieferung, wonach Kassandra und ihr Bruder Helenos die *SeherInnen*-Gabe erhielten, nachdem ihnen die heiligen Schlangen Apolls die *Ohren* ausgeleckt hatten[69]. Paraneutestamentlich auf den Punkt gebracht: Wer Ohren hat zu sehen, der rede!

Auch die hebräische Bibel kennt eine solche Synästhesie. So bekommt Jeremia (1,11f.) in seiner Berufungsvision durchaus etwas zu sehen, nämlich einen „Mandelzweig“ (*makkel schaked*); doch das Sinn-Bild erschließt sich erst im Wort-Laut, indem die Mandel (*schaked*) und die Formulierung „ich (Gott) bin wachend“

---

65 Benno Jacob, Das erste Buch der Tora. Genesis, Berlin 1934, Nachdruck New York o.J. (1974), 643.

66 In der Sache geht es v.a. darum, dass das an Isaak ergangene Verbot, nach Ägypten zu ziehen (Gen 26,2), für Jakob aufgehoben wird.

67 Die präzise Herkunft des Zitats ist schwer zu ermitteln. Es ist weder bei Platon noch bei Xenophon oder Diogenes Laertius zu finden und dürfte auf eine Notiz bei Apuleius, Florida, 2 (Opera II,2, Leipzig, 1959, 1), zurückgehen.

68 Buchstäblich *erhellend* ist hier eine Bemerkung bei Sigmund Freud, Drei Abhandlungen zur Sexualtheorie (1905), Ges. Werke Bd. V, London / Frankfurt a.M. [1942], ^{4}1968, 126): „Die Aufklärung über die Herkunft der kindlichen Angst verdanke ich einem dreijährigen Knaben, den ich einmal aus einem dunklen Zimmer bitten hörte: ‚Tante, sprich mit mir, ich fürchte mich, weil es so dunkel ist.‘ Die Tante rief ihn an: ‚Was hast du denn davon? Du siehst mich ja nicht.‘ ‚Das macht nichts‘, antwortete das Kind, ‚wenn jemand spricht, wird es hell.‘"

69 Dazu Jürgen Ebach, Die Einheit von Sehen und Hören, in: Rainer-M. E. Jacobi u.a. (Hgg.), Im Zwischenreich der Bilder, Leipzig 2004, 77-104, hier 77-79.

(*schoked*) im Ohr zusammenkommen und Gottes Willen *be*-deuten.[70] In der erzählten Szene wird (für Jeremia) das Bild auf der Wortebene transparent, auf der Ebene der literarischen Produktion wird eher umgekehrt das Wort zum Bild.

Noch vertrackter ist die Darstellung der Gotteserscheinung in Dtn 4, in der das Volk – liest man den Text genau, Gottes Stimme *sieht.*[71] In Dtn 4,10-12 heißt es in Moses Rede:

> „Am Tag, als du vor Adonaj, deiner Gottheit am Horeb standst, und Adonaj zu mir sagte: ‚Versammle mir das Volk, auf dass ich sie meine Worte hören lasse, die sie lernen sollen, damit sie mich zeit ihres Erdenlebens fürchten, und sie ihre Kinder lehren sollen‘, da kamt ihr näher und standet unterhalb des brennenden Berges. Die Flammen schlugen bis in den Himmel hinein, da waren nur finstere Rauchwolken. Adonaj sprach mitten aus dem Feuer zu euch. Eine Stimme der Worte hörtet ihr, eine Gestalt saht ihr aber nicht ...“

Und dann folgen am Ende von V. 12 noch die Worte *sulati kol*, die meist mit: „nur eine Stimme war zu hören“ oder „nur eine Stimme war da“, „nur der Donner war da“ oder (mit Buber/Rosenzeig) „Schall allein“ übersetzt werden. Syntaktisch genauer wäre zu lesen: „(eine Gestalt saht ihr nicht) außer einer Stimme.“ Zu *sehen* war also eine *Stimme.* Im Wortlaut von Ex 20,18 *sieht* das Volk „Donnerstimmen, Blitze, den Schofarschall und den rauchenden Berg“: „Und das ganze Volk sah die Stimmen (*w'kol-ha'am ro'im et-kolot*).“[72]

VI. Gottesbilder *mit* dem Bilderverbot?

Am Gottesberg *sah* Israel eine Stimme, *sah* Stimmen. Gottes Stimmen können wir heute *hören*, wenn wir in die Worte, Texte, Schriften und Bücher *sehen*, die sie in der Bibel bezeugen.[73] Wie könnten Bilder Gottes aussehen, die nicht gegen das

---

[70] In der Übersetzung dieser Stelle ist ein Transportverlust unvermeidlich, denn sie kann kaum anders, als entweder die Wort- oder die Bildebene preis zu geben, dazu Ebach, Einheit, 82-84, sowie Ders., Wie kann die Bibel gerecht(er) übersetzt werden?, in: Helga Kuhlmann (Hg.), Die Bibel – übersetzt in gerechter Sprache, Gütersloh [4]2007, 36-60, hier 38-41.

[71] Ausführlicher in Ebach, Einheit, 85-89.

[72] Dazu auch Michael Carasik, To See a Sound: A Deuteronomic Rereading of Exodus 20:15, Prooftexts 19 (1999) 257-265.

[73] Dazu noch einmal ein Seitenblick auf so etwas wie ein „Kipp-*Wort*“ in Gottes Sprache: Das Sabbatgebot beginnt in Ex 20,8 mit dem imperativischen Infinitiv *zachor* („Erinnere dich/ sei eingedenk [des Sabbattages]!“, in Dtn 5,12 mit dem imperativischen Infinitiv *schamor* („Bewahre/ behüte/ halt ein [den Sabbattag!“). Die beiden Anfangsworte dieses Gebots sind komplementär zu verstehen: Die Praxis lebt aus der Erinnerung und die Erinnerung ist selbst Praxis. In einer bestimmten Leseperspektive taucht hier die Frage auf, was denn Gott *selbst* gesagt habe – *zachor* oder *schamor*? Eine rabbinische Antwort besagt, Gott habe es in einer Sprache gesagt, in welcher beide Dimensionen, die des Erinnerns und die des Bewahrens, in *einem* Ausdruck zusammen fielen. Diese beiden Bedeutungen seien aber für

Bilderverbot verstoßen? Es dürften allemal keine Bilder sein, die Gott zu identifizieren vorgeben. „Gerettet wird das Recht des Bildes in der treuen Durchführung seines Verbots“, heißt es bei Max Horkheimer und Theodor W. Adorno in der „Dialektik der Aufklärung“.[74] Dazu ein zweites Zitat. Der in deutscher Sprache schreibende israelische Aphoristiker Elazar Benyoëtz notiert: „Es heißt ‚du sollst dir kein Bild machen‘; ich male mir aus, was es heißt.“[75]

Kommen wir zum Schluss wieder an den Anfang: Der Mensch als *animal rationale habens cor fingens* wird auf das Fingieren und Imaginieren von Bildern und auch von Gottesbildern nicht verzichten können, ja selbst, permanent Idole zu fabrizieren, ist seinem *ingenium* eingeschrieben. In treuer Durchführung des Bilderverbots das Recht des Bildes zu retten, verlangt *eines* gewiss und legt ein *anderes* nahe.

Das eine gilt gewiss: Strikt untersagt bleibt, Gottesbilder zu verehren und ihnen zu dienen, für sie zu *arbeiten*[76]. Das andere bleibt fragil: Es käme darauf an,

---

das menschliche Ohr nicht gleichzeitig zu hören. Es ist so wie bei einem Kippbild, dessen beide Sehweisen im raschen Wechsel, jedoch nicht gleichzeitig aufscheinen können. Darum sei das eine göttliche Wort in zwei Ausdrucksformen wiedergegeben, so etwa Talmud Bavli, Schevuot 20b; Talmud Jeruschalmi, Nedarim III,37, aber auch die knappe Notiz bei Raschi: „Gedenke, gedenke (Gebot) und hüte (Verbot) sind in einem Wort gesagt worden“ (Raschis Pentateuchkommentar, 200). Raschi verbindet in rabbinischer Tradition das *zachor* mit dem im Dekalog Gebotenen, das *schamor* mit dem Verbotenen. Gerade das Sabbatgebot zeigt, dass das Unterlassen ein Tun ist. – Ein bemerkenswerter Nachhall dieser Ex 20,8 und Dtn 5,12 verbindenden Lektüre findet sich im berühmten Schabbatlied „Lecha dodi“, dessen Text auf Schlomo Alkabez, einen Kabbalisten aus Thessaloniki aus dem 16. Jh. zurückgeht. Am Beginn der 2. Strophe dieses Liedes, das hymnisch den Schabbat begrüßt, heißt es: *schamor w'zachor b'dibbur echad* – „Bewahre(n) und gedenke(n) in *einem* Sprechen/ *einem* Wort/ *einem* Ausdruck!“ Zu diesem Motiv auch Ursula Peter-Spörndli, Die Zehn Worte vom Sinai. Die Rezeption des Dekalogs in der rabbinischen Literatur, Diss. Luzern 2010 (online-Publikation der Zentral- und Hochschulbibliothek Luzern, Sept. 2012), hier bes. 97f. 128. – Zu einem rabbinisch-hermeneutischen Schlüsselsatz einer solchen „Schrift“-Lektüre wurde ein Satz in Ps 62,12, dazu Jürgen Ebach, „Eines hat Gott gesprochen, zwei sind's, die ich gehört habe“ (Psalm 62,12). Biblische Mehrstimmigkeit als Mehrdeutlichkeit, in: Ursula Roth/Jörg Seip (Hgg.), Schriftinszenierungen. Bibelhermeneutische und texttheoretische Zugänge zur Predigt (ÖSP 10), München 2016, 17-33.

74 U.a. in: Theodor W. Adorno, Ges. Schriften 3, Frankfurt a.M. 1997, 40; wenige Zeilen später heißt es: „Dialektik offenbart (...) jedes Bild als Schrift“ (ebd., 41). – Zu Adornos Haltung zum Bilderverbot Elizabeth A. Pritchard, Bilderverbot Meets Body in Theodor W. Adorno's Inverse Theology, HThR 95 (2002) 291–318.

75 Elazar Benyoëtz, Finden macht das Suchen leichter, München/Wien 2004, 13.

76 Diese Wiedergabe des *avad* in Ex 20,5 und Dtn 5,9 verweist zurück auf das im Prolog des Dekalogs genannte *bet avadim*, das Sklavenhaus/Arbeitshaus, aus dem Israel herausgeführt wurde. Es soll aber auch in Erinnerung bringen, wieviel erarbeitetes Geld und ein wie großer Teil des Volksvermögens in der Geschichte der Kirche in die Finanzierung von Kultbildern floss. Auch die Befreiung von diesen Lasten war ein Grund des „Bildersturms“, dazu Dupeux, Bildersturm, hier bes. die Einleitung von Peter Jezler, ebd. 20-23, sowie Peter

viele Bilder und unter ihnen gerade die mehrdeutigen und mehrdeutlichen zuzulassen, doch keinem von ihnen zuzuerkennen, *das* Bild Gottes zu sein.

Wenn ich mir im Anschluss an Benyoëtz‘ Aphorismus ausmale, was das heißt, stelle ich mir ein Bild vor, das in einem weiteren Sinn auch eine Art Kippbild ist, indem es eine Figur in mehreren Figurationen aufscheinen lässt. Es müsste zudem, so denke und glaube ich, ein Bild sein, das auf Wörter, Worte, Texte und Bücher verweist – und auf sie verwiesen bleibt. Könnte es dann womöglich – in einer Ähnlichkeit und einer zugleich noch größeren Unähnlichkeit[77] – Giuseppe Arcimboldos „Bibliothekar“ gleichen?[78]

Es handelt sich dabei um kein eigentliches Kippbild, obwohl es sich sowohl als Brustbild eines Mannes als auch als Konfiguration von Gegenständen darstellt.[79] Die Figur des Bibliothekars ist komponiert aus Büchern und weiteren in der Bibliothek üblichen Dingen. So bilden etwa Seidenstreifen als Lesezeichen die Finger, die Seiten eines aufgeschlagenen Buches die Haare, ein Buchrücken die Nase, eine als Buchschließe dienende Schnüre das Ohr, Papierscheren die Augen, ein Staubwedel den Bart der Figur und ein Bibliotheksvorhang geht in

---

Jezler/Elke Jezler/Christine Göttler, Warum ein Bilderstreit? Der Kampf gegen die „Götzen“ in Zürich als Beispiel, in: Unsere Kunstdenkmäler. Mitteilungsblatt für die Mitglieder der Gesellschaft für Schweizerische Kunstgeschichte 35 (1984) 276-296, hier bes. 281–284.

[77] Dazu Georges Didi-Huberman, Fra Angelico. Unähnlichkeit und Figuration, München 1995. Das IV. Laterankonzil (1215) hält in seinem 2. Canon fest: „Zwischen Schöpfer und Geschöpf lässt sich keine so große Ähnlichkeit feststellen, dass zwischen ihnen nicht noch eine größere Unähnlichkeit festzustellen wäre“ (DH 806 [*Heinrich Denzinger*, Enchiridium symbolorum. Kompendium der Glaubensbekenntnisse und kirchlichen Lehrentscheidungen, hg. v. Peter Hünermann, Freiburg i.Br. u.a. ^{45}2017, 362]).

[78] Das um 1565 erstellte Ölbild des Manieristen Arcimboldo (bzw. Arcimboldi oder auch Archimboldi) hat eine Größe von 97x71 cm; es befindet sich (als Beutekunst aus dem 30jährigen Krieg) im Schloss Skokloster in Schweden (Provinz Uppland, Gemeinde Håbo).

[79] Wie bei manchen seiner Kompositköpfe (besonders bekannt ist der Zyklus der „Vier Jahreszeiten“) konstelliert Arcimboldo hier mehrere für sich identifizierbare realistisch dargestellte Objekte zu einer surrealen allegorischen Gesamtfigur, einem anthropomorphen Stillleben. Zu diesem und den weiteren Werken des Malers s. Benno Geiger, Die skurrilen Gemälde des Giuseppe Arcimboldi, Wiesbaden 1960; Roland Barthes, Arcimboldo, hg. v. Achile Bonito Oliva u.a., Parma 1978; Werner Kriegeskorte, Giuseppe Arcimboldo 1527-1593 Ein manieristischer Zauberer, Köln 1988 (eine die Details des „Bibiliothekars“ gut erkennen lassende Bildwiedergabe hier 29); Sylvia Ferino-Pagden (Hg.), Arcimboldo (1526–1593). Ausstellungskatalog des Kunsthistorischen Museums, Wien 2008.

einen schützenden Mantel über. Doch anders als bei den klassischen Kippbildern, deren beide Sehmöglichkeiten einander in den je für sich möglichen Blickweisen ausschließen, lässt sich hier jedoch beides (*fast*?) zugleich sehen.[80]

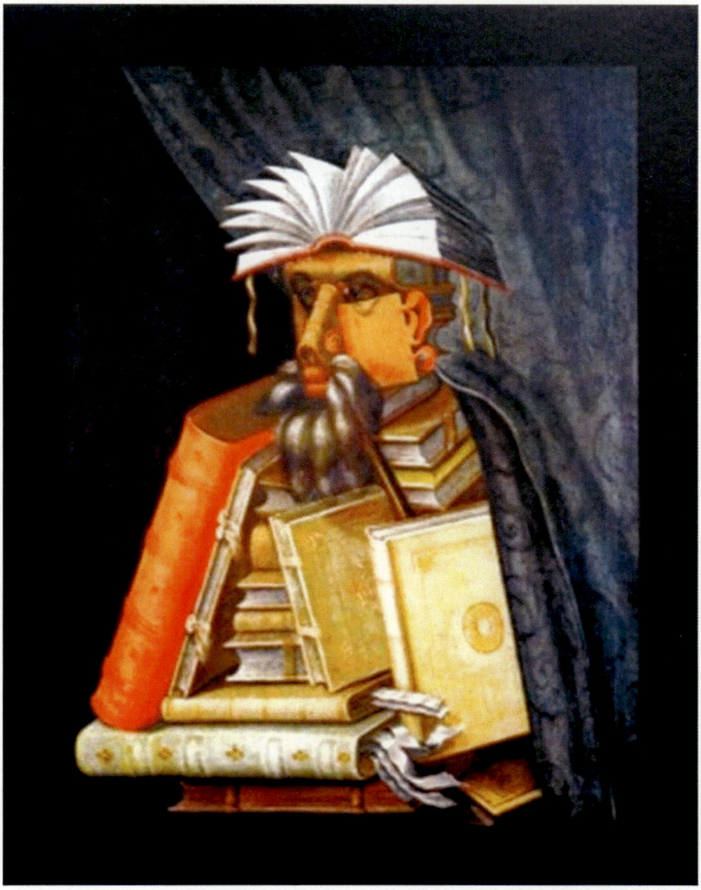

Bild 10

Meine Imagination zielt dabei im Wörtlich- und hier auch „Schriftlich"-Nehmen dieses Bildes auf eine Figur, die Wörter, Worte, Texte, Schriften, Bücher nicht nur *hat*, sondern allein in deren Gestalt – „*sola scriptura*" – präsent *ist.* In dieser Perspektive stelle ich Arcimboldos Konfiguration ans Ende meines Versuchs – als Modell einer Art *Sinnbild* und allemal nicht als ein, geschweige denn ein dezidiert männliches, *Abbild* Gottes.

---

80 Um an die o. Anm. 74 erwähnte Bemerkung RaSchis und die zweite Strophe des Schabbat-Lieds „*Lecha dodi*" anzuknüpfen, sozusagen *b'dibbur echad.* – Wenn sich der Blick auf die Gesamtfigur konzentriert, treten die einzelnen Gegenstände etwas zurück, aber sie bleiben erkennbar; wenn sich der Blick auf die einzelnen Gegenstände konzentriert, tritt die Gesamtfigur etwas zurück, aber sie bleibt erkennbar.

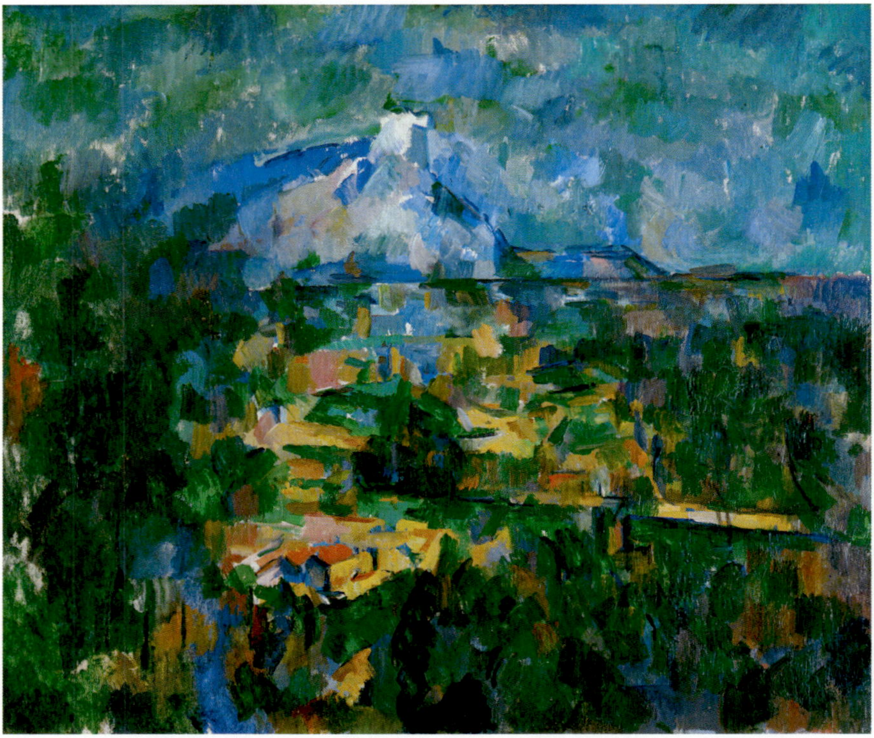

Paul Cézanne, Der Mont Sainte-Victoire von Les Lauves aus gesehen

„Flecken, wunderbar angeordnet“

Paul Cézanne an der Montagne Sainte-Victoire

Joachim von Soosten

Das Bilderverbot aus dem Weinberg der „Schrift“ hat mir intuitiv immer eingeleuchtet. Denn der Gott, von dem in den biblischen Überlieferungen die Rede ist, ist in seiner enormen Nähe viel zu ungeheuer, als dass er zu fassen wäre. Von der Unermesslichkeit dieses Gottes singt der Dichter des Psalms 139. „Zu wunderbar bist du für mich / *ich kann dich nicht begreifen.*“ (V. 6)[1] Oder anders übersetzt: „Solch Wissen ist mir zu verborgen / Zu hoch, daß ich's erreiche.“[2] Im Versuch, diesem Gott in seiner andränglichen Unausschöpflichkeit näher zu kommen, dreht sich für den Dichter unversehens die Blickachse um: „Als ich da im Dunkel entstand, war nichts an mir dir verborgen. *Deine Augen* haben gesehen, wie ich wuchs.“ (V. 15)[3] Etwas entzieht sich dem eigenen Blick und diese Befremdung führt zu der Einsicht, dass wir angeblickt werden. Von woher auch immer.

Die Erfahrung des Glaubens kann sich fast mühelos den Worten des Poeticotheologen von Psalm 139 anvertrauen, der in seinem Gesang zu uns spricht und für diese Erfahrung eine Sprache gefunden hat. Wenn es also in den biblischen Fassungen des *Dekalogs* sogleich im Ersten Gebot heißt „Du sollst dir kein *Gottbild* machen“ (Ex 20,4; Dtn 5,8), dann verweist das gestrenge Gebot theologisch wie phänomenologisch besehen auf die Spur eines Subtextes, der für die Glaubenserfahrung unter dem *Denk Mal* des Bilderverbots vergraben liegt. Folgt man dieser Archäologie im Sinne einer investigativen Religionshermeneutik, dann verbirgt sich in dem Gebot „Du *sollst* dir kein Bildnis machen“ ein theologisch-ästhetischer *Widerstand*, oder anders gesagt: eine Art theologischer Widerstand der Ästhetik, der besagt: „Du *kannst* dir kein Bildnis machen.“[4] Das allerdings muss und soll erläutert werden.

Das Bilderverbot gehört neben dem ersten Gebot und dem Sabbat zu den Besonderheiten Israels.[5] Dabei kannte der Religionskult in Israel nach Auskunft

---

1 Übertragung von Arnold Stadler: „Die Menschen Lügen. Alle. Psalmen, Frankfurt am Main und Leipzig 1999, 100. Die „Bibel in gerechter Sprache“ (Christl Maier) übersetzt: „Wunderbar ist diese Erkenntnis für mich, unbegreiflich, ich kann sie nicht fassen.“

2 Übersetzung von Moses Mendelssohn (1783/88): Die Psalmen, Berlin 1991, 205.

3 Übertragung Stadler, a.a.O., 101.

4 Vgl. dazu ausführlich Bernhard Waldenfels, Wirkmacht und Wirkkraft der Bilder, in: Sinne und Künste im Wechselspiel. Modi ästhetischer Erfahrung, Berlin 2010, 105–132, bes. 119–121. Der Hinweis von Bernhard Waldenfels bildet den Ausgangspunkt und Leitfaden meiner hier vorgestellten Überlegungen.

5 Für die Religionsgeschichte des Bilderverbots in ihrer Bedeutung für eine alttestamentliche Theologie in ihren *Grundzügen und Wegstationen* folge ich der Darstellung von

der Fachspezialist:innen zunächst keine generelle Bildlosigkeit. Aus der Frühzeit sind theriomorphe Kultbilder anzutreffen (Stierbilder; anikonisch: Mazzeben). Freilich fehlen gesicherte Hinweise auf irgendein JHWH-Bild. Dieser Umstand könnte auf einen *Sonderweg* verweisen, der von Anfang an *nicht anthropomorph* orientiert war. In Anknüpfung an diesen Weg wird in der Prophetie die Polemik gegen figurative Kultobjekte ausgebaut. Spätestens seit dem Propheten Hosea kann das Bilderverbot als wesentlicher Bestandteil des Jahweglaubens in Israel gelten. Im Lauf der Geschichte des Jahweglaubens führt diese Position zur fortschreitenden Reduktion des Mediums Bild für die religiöse Kommunikation. In diesem Zusammenhang wirkt insbesondere das für die Religionsgeschichte Israels *Achsenkreuz* der Josianischen Reform (Ende des 6. Jahrhunderts v.Chr.) mit den Maßnahmen der Kultzentralisation und Kultreinigung als Beschleuniger dieses Prozesses.[6]

Theologisch besehen begegnet das Bilderverbot, zunächst präziser zu beschreiben als „Gottes figürliches Vorstellungs-Verbot“, im Dekalog als eine Konkretisierung des Fremdgötterverbots (Ex 20,2–17).[7] Die prophetische Kritik baut diesen Zusammenhang weiter aus und führt zu einer verschärften *Depotenzierung* des religiösen Verkehrsmediums Bild. Die Bestreitung der ikonisch numinosen Energien, die über Kultbilder im Fluss gehalten werden, läßt sich besonders eindrucksvoll in der Travestie auf die Götzenbilder bei Jesaja studieren (prominent dafür: Jes 44,9–20) Kultbilder werden dem Verdacht der Nutzlosigkeit und als bloßes Kunsthandwerk dem Verdacht nutzloser „Zauberei“ ausgesetzt.

Spätestens seit der nachexilischen Literatur wird die *konsequente Bildlosigkeit* der JHWH Verehrung im Kult festgeschrieben (prominent dafür: Dtn 4,10–20).

Michala Bauks, Theologie des Altes Testaments. Religionsgeschichtliche und bibelhermeneutische Perspektiven, Göttingen 2019, 323–338. Bedachtsam, perspektivenreich und auf den „Wegen der Forschung“ vgl. hierzu vor allem ausführlicher Friedhelm Hartenstein/Michael Moxter, Hermeneutik des Bilderverbots. Exegetische und systematisch-theologische Annäherungen, Leipzig 2016. Vgl. überdies Rainer Kessler, Der Weg zum Leben. Ethik des Alten Testaments, Gütersloh 2017, 177–198 (bedeutsam: die schöne Wendung vom Dekalog als „Eingangsportal der Tora“, 196). Methodische Anmerkung: Der Weg des Bilderverbots bzw. seine Geschichte ist nach meinem Ansatz im methodischen Rahmen einer „*Sublimationsgeschichte*“ eine nach hinten („Ursprünge“) wie vorne (historische „Auslegungshorizonte“) *offene und unabschließbare* Geschichte. Dies sei hier ausdrücklich betont. Im Rahmen einer solchen Konzeption mögen dann die notorisch umstrittenen Details von fachexegetischen Einleitungsfragen dichte Aufmerksamkeit genießen. Ohne den Mut zu einer gewissen Markierung von Stationen bleiben Überlegungen zur theologischen Hermeneutik des Bilderverbots eigentümlich auskunftslos.

6 Zur sogenannten „Josianischen Reform“ vgl. Ernst Würthwein, Josianische Reform und das Deuteronomium, in: ZThk 73 (1976), 395–423.

7 Die Formulierung vom „figürlichen Vorstellungsverbot“ verdanke ich einer mündlichen Äußerung von Alexander Ernst (Wuppertal).

Das führt zu einem *Medienwechsel.*[8] Das Kultmedium Bild wird im Zuge dieser Festschreibung zu einer Theologie des *Namens* oder der „kabod“-Theologie in priesterschriftlicher Konzentration. Eine beachtenswerte Folge dieser Transformationsgeschichte ist die *Metaphorisierung* des Gottbildes, die insbesondere in der Übertragung der Bildmetapher auf das lebendige Bild Gottes in Gestalt der *Gottbildlichkeit* des Menschen zum Ausdruck gelangt (prominent dafür: Gen 1,26–28). Parallel läuft eine weitere Geschichte der Sublimation an: Die Ersetzung des Mediums Bild durch die Schriftrolle der *Tora* (Weisung) und schließlich durch das Gebet als allein wahrhaftiges Medium der Gotteskommunikation sind weitere Stationen auf diesen *Wegen aus dem Bilderverbot.*[9]

Das Bilderverbot stellt einen Einschnitt für die Frage der Bildhaftigkeit des Bildes dar. Denn die Leistung des Bilderverbots, über das geschichtliche Dunkel seiner Herkunft aus dem JHWH-*Glauben* hinaus, besteht darin, dass spätestens mit ihm ein Bild *als* Bild wahrgenommen und gewusst werden kann. Ernst Cassirer hat diese Zäsur in ihrer grundsätzlichen Bedeutung zu würdigen gewusst. „Die Religion“, so führt er aus, „vollzieht den Schnitt, der dem Mythos als solchem fremd ist: indem sie sich der sinnlichen Bilder und Zeichen bedient, weiß sie sie zugleich als solche, – als Ausdrucksmittel, die, wenn sie einen bestimmten Sinn offenbaren, notwendig zugleich hinter ihm zurückbleiben, die auf diesen Sinn ‚hinweisen‘, ohne ihn jemals vollständig zu erfassen und auszuschöpfen –.“[10] In der Übersetzung: Nach Cassirer markiert das Bilderverbot die entscheidende Schwelle, auf der die Macht der Dinge (numinose Macht der Bilder) gebrochen wird, indem ab nun das Bild als ein Wissen um den Bildcharakter des Bildes gewusst und wahrgenommen werden kann.[11]

Mit dem durch das Bilderverbot etablierten Wissen um die Bildhaftigkeit des Bildes sind eine Reihe von Unterscheidungen verbunden, die nicht nur für Fragestellungen der Ästhetik als Wahrnehmungskunst leitend werden sollen. Auch im Blick auf theologische Zugänge zu einer Bildtheorie sind sie zu bedenken. Im

---

8 Für die Bedeutung von Medienvielfalt, Medienrivalität und Medienwechsel für die Ausdrucksprozesse religiöser Kommunikation vgl. in religionssoziologischer Hinsicht Hartmann Tyrell, Religiöse Kommunikation. Auge, Ohr und Medienvielfalt, in: Frömmigkeit im Mittelalter. Hg. von Klaus Schreiner und Marc Müntz, München 2002, 41–96.

9 Über die Medientransformationen in der Geschichte des Bilderverbots im religionsphilosophischen Gottesgedenken von den alttestamentlichen Ursprüngen bis Lévinas vgl. vor allem Micha Brumlik, Schrift, Wort und Ikone. Wege aus dem Verbot der Bilder, Frankfurt am Main 1994. Für den vermerkten Medienwechsel (Name – Weisung – Gebet) und seine Sublimationsgeschichte in theologischer Hinsicht vgl. die instruktive Studie von Eckhard Nordhofen, Corpora. Die anarchische Kraft des Monotheismus, Freiburg im Breisgau 2018, bes. 63–90.

10 Ernst Cassirer, Philosophie der symbolischen Formen. Zweiter Teil. Das Mythische Denken (1924/25), Darmstadt 1987, 286.

11 Diese Markierung von Cassirer wird von anderer (ethnologischer) Seite bestätigt von Karl-Heinz Kohl, Die Macht der Dinge. Geschichte und Theorie sakraler Objekte, München 2003.

Blick auf die *ikonische Energie* von Bildern muss zum Beispiel zwischen den irreduziblen Dimensionen der Bildgestalt, Bildwirkung und Bildwahrnehmung unterschieden werden. Damit wird die ikonische Energie gleichsam geöffnet auf das *Zwischengeschehen*, das zwischen diesen Dimensionen waltet. Insbesondere für das Ausdrucksgeschehen der Bildgestaltung und Bildwirkung eröffnen sich dadurch *Spielräume* in der Verwendung der Ausdrucksmittel, die in ihrer Form und Gestalt Sinn und Bedeutung evozieren, ohne diese, wie Cassirer hervorhebt, vollständig auszuschöpfen. Auch darin läuft das Kernmotiv des Bilderverbots in seiner positiven Bedeutung am Grund der Bilder weiter, eben der notorisch fremde Umstand, dass wir uns kein Bild machen können.[12]

Im kaum zu überschätzenden Effekt bedeutet dieser Spielraum eines Zwischengeschehens für die Bildende Kunst und die Frage der Bildwahrnehmung, dass wir *im Sehen das Sehen lernen* können, insbesondere in den Anstrengungen der bildenden Künste zur Klassischen Moderne, also in dem historischen Moment, in dem die Künste selbstreflexiv werden, um die Autonomie ihrer eigenen Sphäre zu behaupten. Unterschieden werden kann nun zum Beispiel das sehende Bild (*image voyante*) von dem Bild, das gesehen wird (*image vue*).[13]

Für die sich in dieser Unterscheidung aussprechende Ausdifferenzierung zwischen der ästhetischen von der religiösen Fragestellung bleibt für den religiösen Prozess nach Ernst Cassirer freilich eine paradoxe Konstellation zurück, in der das Hinausstreben über die sinnliche Welt der Bilder und die Verhaftung mit eben dieser Welt als wechselseitig miteinander verschränkte *Fremderfahrung* religiöser Kommunikation erhalten bleibt. „In dem Hinausstreben über die mythische Welt der Bilder und in der unlöslichen Verklammerung und Verhaftung mit eben dieser Welt liegt ein Grundmoment des religiösen Prozesses selbst.“[14]

Dass von Bildern eine eigene Macht ausgeht, welche die Einbildungskraft in einen „Abgrund“ zu ziehen vermag, dass Bilder wie „Fremdlinge“ wirken, die in der Denkungsart der Vernunft herumgeistern, davon gab es wahrscheinlich von jeher eine Ahnung und ein Wissen. Sie lebt noch einmal im Zeitalter der Aufklärung als Aufklärung über die Grenzen der reinen Vernunft auf. Ein prominentes Beispiel dafür bietet der bibelfeste Immanuel Kant.[15] Bei Kant taucht der Rekurs auf das Bilderverbot scheinbar unvermutet an der empfindlichen Stelle auf, an der die Macht des Bildes als sinnverwirrender Zauber abgewehrt oder entzau-

---

12 Ausführlicher zu diesem Aspekt vgl. Jean-Luc Nancy, Am Grund der Bilder (2003), Zürich-Berlin 2006.

13 Ausführlicher dazu für den Ansatz der „Wuppertaler Phänomenologie“ vgl. Lásló Tengelyi, Erfahrung und Ausdruck, Phänomenologie im Umbruch bei Husserl und seinen Nachfolgern, Dordrecht 2007, bes. 237ff. und 251ff.

14 Cassirer, a.a.O, 301.

15 Für die Bildmacht als „Abgrund“ und die Bildwirkung als „Fremdling“ in der Einbildungskraft vgl. Immanuel Kant, Kritik der Urteilskraft (1790/1793), B 41 und B 98f.

bert werden muss. So vergleicht Kant sein Bemühen, die Vorstellung des moralischen Gesetzes und der Anlage zur Moralität in uns am Leitfaden einer gleichsam *purifizierten Vernunft* zu verdeutlichen, mit dem Kernmotiv des Bilderverbots. „Vielleicht gibt es keine erhabenere Stelle im Gesetzbuche der Juden, als das Gebot: Du sollst dir kein Bildnis machen, noch irgendein Gleichnis, weder dessen was im Himmel noch auf Erden ist, noch unter der Erden usw. Dieses Gebot allein kann den Enthusiasm erklären, den das jüdische Volk in seiner gesitteten Epoche für seine Religion fühlte, wenn es sich mit anderen Völkern verglich, oder denjenigen Stolz, den der Mohammedanism einflößt."[16]

Der *Abwehrzauber* reiner Vernunft gegen die ikonische Energie von Bildmacht und Bildwirkung läßt sich im Rahmen der Vernunftkonzeption von Kant nachvollziehen, freilich wird er mit einem Preis bezahlt. Denn der „Abgrund", der nach Kant dann lauert, wenn man der Macht der Bilder freies Spiel läßt, hat eben auch damit zu tun, dass im Zwischengeschehen zwischen Bildgestalt, Bildwirkung und Bildwahrnehmung konstitutiv eine *Befremdlichkeit* mitläuft, die, sofern unterschlagen, von dem vergeblichen Versuch berichtet, sich überhaupt ein fassbares Bild über den *Stand der Dinge* zu machen.

Vor diesem Hintergrund eröffnet sich ein anderer Zugang für eine Hermeneutik des Bilderverbots. Folgt man den erwähnten Hinweisen von Ernst Cassirer über die paradoxe Verklammerung von Bildkritik und Bildverhaftung, dann ließe sich vermuten: Das Bilderverbot stimuliert in seiner kreativen Funktion zu einem bewußten Umgang mit eben dieser Paradoxie von Bildermachtfreiheit und Bildmachtverhaftung. Dies wäre dann auch der Grund dafür, warum die *Frage* und das *Grenzphänomen* des Bilderverbots sowohl in religiöser als auch davon unterschieden in ästhetischer Hinsicht nie beruhigt werden konnte. Auf die Geschichte des Christentums hin besehen dokumentiert sich diese bleibende Beunruhigung und Fremderfahrung im Zwischengeschehen der Bilderfrage (Bildgestalt, Bildwirkung, Bildwahrnehmung) im notorischen *Schwanken* der Positionen zwischen radikaler *Bildaskese* in strikt theo-logischer Intention und aufgeklärter *Idolatrie* in gemeindepädagogischer Absicht.[17] Was aber zwischen diesen beiden Polen verloren geht, ist der Sinn für die vielfältigen Versuche einer notwendigen Entparadoxierung einer kaum aufzulösenden Paradoxie.[18]

---

16 Kant, KU B 125.

17 „Aufgeklärte Idolatrie" heißt im vorliegenden Zusammenhang die Position, welche die Fixierung auf „ein" Bild ersetzt durch ein Plädoyer für „viele" Bilder. Zu fragen bleibt, ob mit dieser Flucht nach vorne das generelle Problem des Bildes in seiner Bildmacht theologisch bereits hinreichend beantwortet ist.

18 Von dieser hier beobachteten Paradoxie ist in religionswissenschaftlicher, ästhetischer und theologischer Hinsicht die eng am Bilderverbot ansiedelnde Frage des *Anthromorphismus* betroffen. Vgl. hierfür vor allem Klaus Heinrich, *anthropomorphe.* Zum Problem des Anthropomorphismus in der Religionsphilosophie (Dahlemer Vorlesungen 2), Frankfurt am Main/Basel 1986.

Diese spannungsvolle Verwiesenheit, in sich selbst bereits ein paradoxes Unterfangen, wird in der bildenden Kunst im Übergang zur Klassischen Moderne selbst zum Thema. Dieses Thema wird augenfällig, wenn wir uns auf der *Hinreise* zur positiven Bedeutsamkeit des Bilderverbots in die Gegend um Aix en Provence begeben. Dort treffen wir auf Paul Cézanne. Nach eigener Auskunft arbeitet Cézanne am „Traum der Welt von Gott."[19]

Für die Malerei von Paul Cézanne (1839-1906) ist charakteristisch, dass er immer wieder zu den gleichen Motiven und Themenkreisen zurückkehrt. Eine besondere Stellung nimmt dabei das Motiv des Berges Sainte-Victoire ein, der sich über Cézannes Heimatstadt und nach Rückkehr aus Paris späterem Schaffensort (1886–1906) Aix-en-Provence erhebt. Die malerische Auseinandersetzung, in der Cézanne dem Berg seine Bildsprache anbietet, kommt dabei einer künstlerischen Obsession gleich. Überliefert sind mehr als 30 Ölbilder und 45 Aquarelle des Gebirges.[20]

Die Fülle der Bilder von Cézanne über den fernen und andrängenden Berg weist eine eigene Geschichte auf. Zunächst begegnet der Saint-Victoire dem Betrachter in impressionistischer Schilderung.

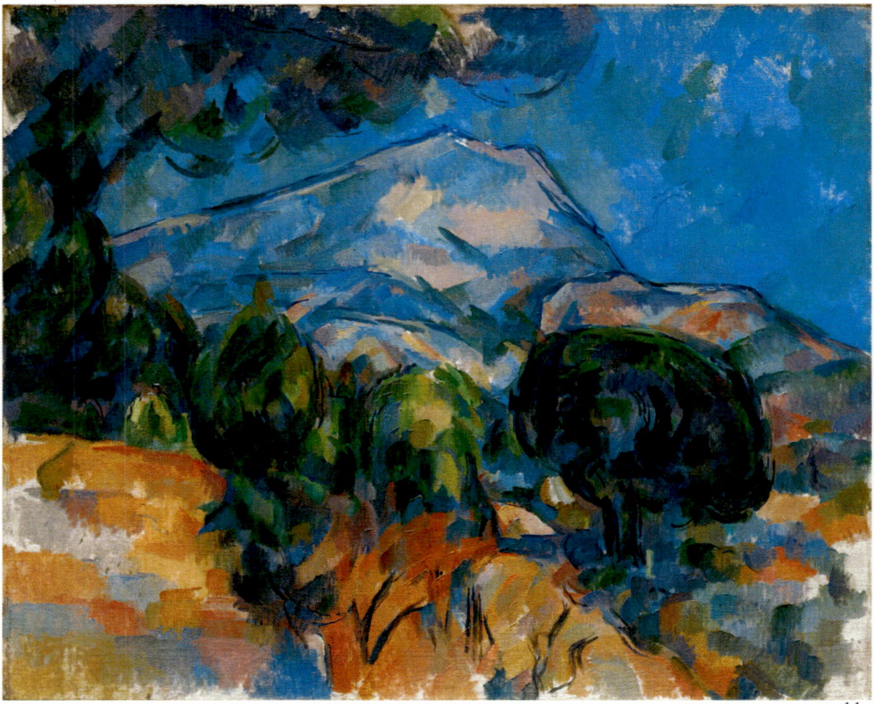

Bild 1

---

19 Paul Cézanne, Über die Kunst. Gespräche mit Gasquet. Briefe. Hg. von Walter Hess, Mittenwald 1988, 15.

20 Für die dichteste wie luzide Studie zu dieser Obsession siehe Gottfried Böhm, Paul Cézanne. Montagne Sainte-Victoire, Frankfurt am Main 1988.

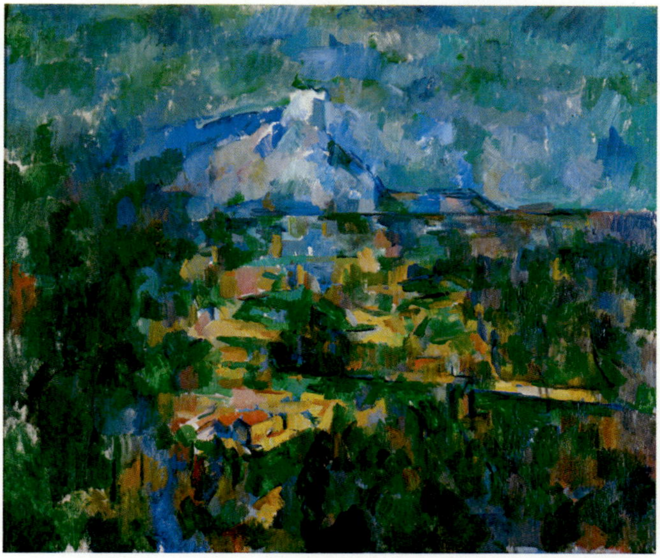

Bild 2

In der unendlichen Annäherung an den fernen Berg forciert Cézanne allerdings seine malerischen Mittel. So werden beispielsweise die probaten Mittel der Umrisszeichnung oder der Modellierung durch das Spiel von Licht und Schatten aus den Bildern zunehmend verbannt. An die Stelle dieser Mittel tritt die Modulation der Farben. Die Linie, so erklärt Cézanne, wäre „eine tote Natur“, wie „die Theorie, wie Arithmetik und Geometrie ‚abstrakt‘.“ „Es gibt nur einen Weg, um [...] alles zu übertragen: die Farbe. Die Farbe ist biologisch, wenn ich sagen darf. Die Farbe [...] macht allein die Dinge lebendig.“[21] Cézanne baut Bildwirklichkeit und Bildwirkung nun zunehmend von den *sensations colorantes* aus auf. Die malerische Technik besteht dabei in der Anordnung von *taches*, größere oder kleinere Farbflecken, aus denen Cézanne seine Bilder komponiert. Daraus entsteht die für Cézanne so typische Fleckentechnik. Hartmut Schröter bemerkt zu dieser Fleckentechnik: „... wie Cézanne die Farbe aufträgt, kann schon ein einzelner Fleck in sich eine große Vieldimensionalität von Dichte, Nuancierung und Durchsichtigkeit auf den Bildgrund haben.“[22] Diese Vieldimensionalität wiederholt sich stärker noch im Zusammenspiel der Beziehungen, welche die Flecken aus Farbe untereinander unterhalten. So entstehen wie in der *Musik* unterschiedliche Zusammenklänge, die in ihrer Atmosphäre schwebender Beziehungen sich jeder Ausrechnung entziehen.

---

21 Paul Cézanne, a.a.O., 24. Die Aufzeichnungen der Gespräche mit dem Freund Cézannes Joachim Gasquet (1873–1931) sind aus der Erinnerung geschrieben. Übersprochene Selbstzitate, kein Diktat nach modernen Aufzeichnungssystemen. Ein neu auflebender Resonanzraum solcher Gespräche ist zu vernehmen bei Peter Handke, Die Lehre der Sainte-Victoire, Frankfurt am Main 2008.

22 Hartmut Schröter, „... der Traum der Welt von Gott ...“ Cézanne – Rothko – Brancusi. Darstellung des Unsichtbaren im Sichtbaren, in: Weltentfremdung, Weltoffenheit, Alternativen der Moderne. Hg. von Hartmut Schröter, Münster, 2008, 218 (211–242).

Von solchen Atmosphären, die den Betrachter der Bilder Cézannes in einen gleichsam magischen Bann ziehen, berichten frühe Zeugen. Rilke zeigt sich besonders begeistert von der Wahrnehmung der Aquarelle, von der Sicherheit der Bilder, die in ihrer ganzen Leichtigkeit die Schwerkraft des Motivs sowohl auflösen wie bestätigen. „Landschaften, ganz leichte Bleistiftumrisse, auf die nur da und dort als Nachdruck, als Bestätigung, ein Zufall von Farbe fällt, eine Reihe von Flecken wunder angeordnet und von einer Sicherheit im Anschlag: als spiegelte sich eine Melodie.“[23] Gerade in den Aquarellen wird das Wechselspiel von verblassenden Farbflecken und ausgesparten Leerräumen derart dramatisiert, so dass die unheimliche Schemenhaftigkeit wie ein fliehendes und sich bestätigendes Traumgebilde in seiner *traumatischen Präsenz* nicht mehr abzudrängen ist.

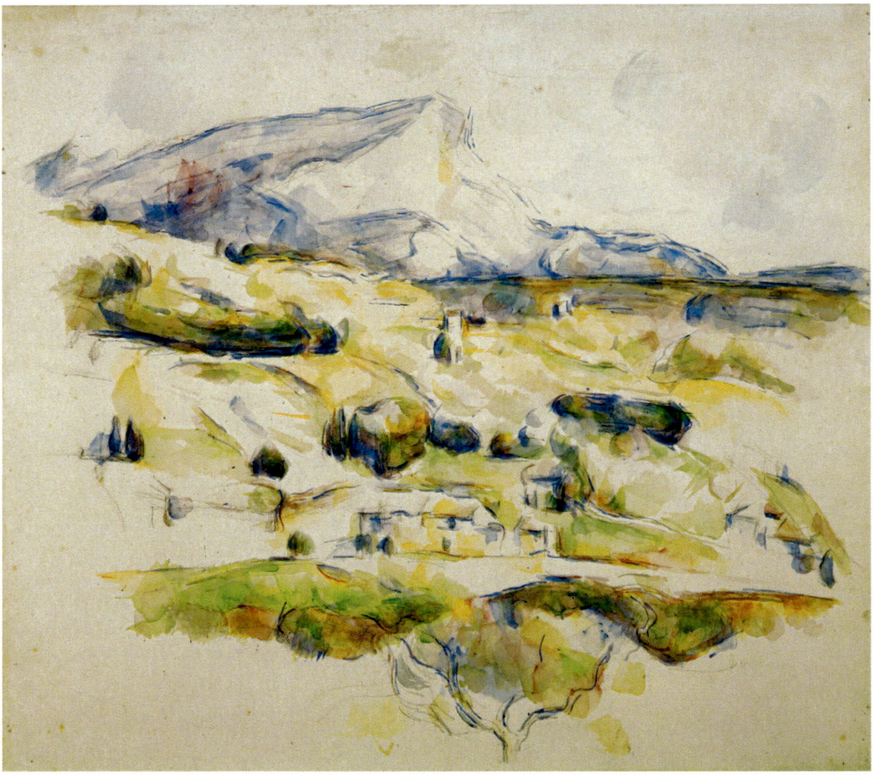

Bild 3

[23] Rainer Maria Rilke; Brief an Paula Modersohn-Becker vom 28. Juni 1907, in: Paul Cézanne, Die Bilder seiner Ausstellung, München 2018, 65. Für die Aquarelle von Cézanne vgl. den maßgeblichen Katalog zum Gesamtwerk von Götz Adriani, Paul Cézanne. Aquarelle (Kunsthalle Tübingen/Kunsthaus Zürich 1982), Köln 1981.

In aller Begeisterung über die Bildwirkung, so zeigt der Weg der malerischen Auseinandersetzung mit dem Motiv bei Cézanne, bleibt ein verstörendes Moment in seiner unendlichen Annäherung an den fernen Berg erhalten. Je stärker Cézanne seine malerischen Mittel vorantreibt, in je weitere Ferne entrückt der Berg und zugleich in je dichtere Nähe drängt er sich auf. Der Betrachter wird irritiert. Zum Schluss weiß er gar nicht mehr, ob der „Montaigne Saint-Victoire" überhaupt existiert, oder ob es sich um ein *Traumgebilde* von Paul Cézanne handelt. Auch das ist so gewollt.

Der Weg von Paul Cézanne eröffnet einen ganzen Spielraum von Deutungen. Vorsicht in der Arbeit an der Deutung ist freilich immer dann geboten, wenn die Bildgestaltung bei Cézanne von der Position des Betrachters gelöst wird und in der existenziellen Verortung in den Dingen selbst gesucht wird.[24] Das durch Cézanne ins Werk gesetzte Zwischengeschehen zwischen ikonischer Energie der Bildgestalt und dem Anschauungsraum der Betrachter läßt sich nicht zugunsten irgendeiner Unmittelbarkeit durchstreichen. Was dabei verloren geht, ist der Gewinn für ein Verstehen des Sehens. „Der Bildbetrachter schaut hier auf ein selbst beobachtendes Sehen. Ein Sehen, das sich selbst beschaut und sich darüber aufzeichnend Rechenschaft gibt."[25]

Der Betrachter steht dem Bild gegenüber und in seiner Wahrnehmung spürt er den Widerstand der Bildwirklichkeit, der von dem Entzug des gemachten Bildes im Sehen, in der Wahrnehmung des Bildes selbst berichtet. Auch von dieser Seite gilt: *Du kannst Dir kein Bild oder Gleichnis machen*, weder von dem, was oben im Himmel oder auf der Erde unten, oder was im Wasser unter der Erde ist. So könnte der Hinweis lauten, der sich gerade in ästhetischer Hinsicht im Bilderverbot vernehmbar macht.[26]

Von dieser Station aus können wir die *Rückreise* zu einer theologischen Hermeneutik des Bilderverbots antreten. Dabei ist zu beachten, dass die

---

[24] Für diese Verschiebung in eine neue Unmittelbarkeit durch Einflussbegeisterung von Martin Heidegger vgl. Kurt Badt, Die Kunst Cézannes, München 1965. Auch die Überlegungen von Hartmut Schröter (siehe Anm. 22), obwohl sie doch auf anderes hinauswollen, sind durch solche Unterschlagungen von Ambivalenzen und Paradoxien des Bildes als „Fremdling" der Wahrnehmung geprägt. Für das Bedenken solcher Umschlagspunkte und neuer „Überwältigungen" am Beispiel von Mark Rothko vgl. auch den Beitrag von Magdalene Frettlöh in diesem Band. Für das Paradox von Bilderverbot und Bildüberwältigung vor allem Willibald Sauerländer, Transzendenz nach dem Tode Gottes? Barnett Newmans „Stations of the Cross" und Mark Rothkos „Chapel" in: Markus Kleinert (Hg.), Kunst und Religion, Mainz 2010, 79–108.

[25] Angela Breitbach, Anschauungsraum bei Cézanne. Cézanne und Helmholtz, München 2003, 87.

[26] In cineastischer Hinsicht vgl. dafür besonders den zehnteiligen Filmzyklus des polnischen Regisseurs Krzysztof Kieslowski „Dekalog" (1988/1989). Kieslowski hat für die Fremderfahrung, die im Bilderverbot als Kernmotiv herumgeistert, eine eigene ästhetische Sprache gefunden und setzt damit den Versuch auf eigene Weise fort, eine Bildsprache für das Bilderverbot in seiner positiven Bedeutung zu finden und auszuformulieren.

ästhetischen Verfahren der (nicht mehr) schönen Künste von den theologischen Bemühungen um das *religiöse Kernmotiv* des Bilderverbots sorgsam zu unterscheiden sind. Die Kunst „ist zu geheimnisvoll, zu geistig, zu innovierend, auch zu pervers, um lange mit der Religion gemeinsame Sache machen zu können.“[27] Gleichwohl lassen sich auf dieser Rückreise Einsichten mitnehmen, die sich für eine theologische *Einübung im Bilderverbot* auswerten lassen.

Eine erste Annäherung hatte erbracht, dass vom Bilderverbot eine bleibende *Verstörung* ausgeht. Denn, so läßt sich erneut fragen, was ist von einem Gott zu halten, der sich zwar mitteilt, spürbar vernehmbar macht, und sich zugleich in dieser Mitteilung nicht fassen läßt? Wie lässt sich dieser Gott verstehen, der sich jedem sinnlich fassbaren Bild letzlich entzieht? Einem Gott, von man sich kein Bild machen kann, einem Gott, von dem jedes Bild zum *Trugbild* wird? Der fassungslose Gott macht auf bestürzende Weise fassungslos. Beklommen, das wäre eine andere Beschreibung im Register gemischter Gefühle.

Ein Gott, der sich nicht fassen läßt, wäre gewiss ein unheimlicher Gott, ein Gott, der sein Geheimnis nicht vollständig preisgibt, der seine Tiefernähe für sich selbst reserviert. Vielleicht liegt genau hier, an dieser schwankenden Stelle, die positive Bedeutung des Bilderverbots für eine theologische Hermeneutik. Das Bilderverbot wahrt in aller Selbstmitteilung Gottes eine Selbstverschlossenheit oder *Verborgenheit*, wie der unnahbar nahe Berg für den Seher und Künstler Cezanne, jedoch in dieser verschüchternden Unnahbarkeit „bis an den Rand geladen mit Ausdruck, so als wolle er gleich sein Geheimnis verraten.“ Das ist von irritierender Doppeldeutigkeit, wie Dieter Wellershoff über Cézannes „Zwiesprache mit einem Berg“ notiert hat.[28]

Wahrscheinlich sind diese Beunruhigung und die Verstörung durch Doppeldeutlichkeit, die im Bilderverbot wach gehalten wird, dafür verantwortlich, dass das Bilderverbot nie wirklich Eingang in die Überlegungen zur Grundlegung einer Systematischen Theologie gefunden hat.[29] Auch der Glaube als Ergreifen von einem Ergriffensein, von dem Paulus in immer variierenden Anläufen nicht müde wird zu reden, ist im besten Sinne „Zwiesprache“ mit einem Gott, der einer und einem anmuten kann wie ein „Berg“.[30] „Nicht, dass ich es schon erlangt

---

27 Bruno Latour, Jubilieren. Über religiöse Rede (2002), Berlin 2011, 150.

28 Dieter Wellershoff, Zweisprache mit einem Berg, in: ZEIT-Museum der 100 Bilder. Autoren und Künstler über ihr liebstes Kunstwerk, Hg. von Fritz J. Raddatz, Frankfurt am Main 1989, 185 (181–185); Ders., Blick auf einen fernen Berg (1991), Köln 2006, bes. 178–184.

29 Eine Ausnahme in der Disziplin der „Evangelischen Theologie“ bildet Christian Link, Das Bilderverbot als Kriterium theologischen Redens von Gott, in: ZThK 74 (1977), 58–85.

30 Zur nicht nur religionsgeschichtlich aufgeladenen Metapher „Berg“ vgl. vor allem Hartmut Böhme, Art. „Berg“, in: Wörterbuch der philosophischen Metaphern. Hg. von Ralf Konersmann, Darmstadt 2007, 46–60. Für Überlegungen einer „Entortung“ der Ortverhaftung Gottes zwischen Hinreise und Rückreise im theologischen Ansinnen einer Biblischen Hermeneutik am Beispiel des Horeb-Bergkomplexes vgl. exemplarisch die Überlegungen von Michaela Geiger, Fiktionalität und die Notwendigkeit der Auslegung. Die

hätte oder schon vollkommen da wäre! Ich jage ihm aber nach, und vielleicht ergreife ich es, da auch ich von Jesus Messias ergriffen worden bin."[31]

Vielleicht tendiert die Systematische Theologie allzu sehr zu einer „Dogmatik", aus der die *Spuren des Unfassbaren*, von denen beispielsweise Paulus für die Lebensbewegung des Glaubens spricht, nahezu und wie durch Zauberhand zum Verschwinden gebracht worden sind. Oft ist die Versicherung zu hören, dass die Relevanz des Bilderverbots im Neuen Testament eine *Übermalung* erfährt, so dass nun Christus als das legitime „Bild Gottes" fungieren könne und solle.[32] Das sind wohl zu erwägende Spitzenaussagen. Freilich ist für Arbeit an der Deutung zu beachten: Das Bilderverbot wird nicht eliminiert – es wird interpretiert.[33]

Durch die durchaus verbreitete These von der Suspension des Bilderverbots durch Christus als „Bild Gottes" geht etwas verloren. Womöglich sogar das Entscheidende. Denn das Christusgeschehen als Wahrheitsgeschehen des „Logos" vom Kreuz will gerade verstanden werden in seiner verstörenden *Unselbstverständlichkeit*.[34] Über die Grenzen des Verständlichen hinaus. Verstanden werden kann es als ein eminent andrängendes Geschehen, das sich von seiner Energie und Lebensbewegung zugleich der Überführung in fassliche Programme oder Informationswerte entzieht. Gerade das Bild des Gekreuzigten als das Bild des sich in seinem Weltabenteuer passionierenden Gottes streift darin die Züge einer geradezu unheimlichen *Fremdheit* nicht ab. Es öffnet sich der *Imagination* und zugleich und *in* diesem Raum der Imagination entzieht sich dieses Geschehen der Einbildungskraft. Diese Beanspruchung im Unruhezentrum des Christusgeschehens – als Beanspruchung des Glaubens – beinhaltet daher ein *Warnungsprivileg*, in dem das alttestamentliche Bilderverbot in seiner positiven Bedeutung

---

Pragmatik des Buches Deuteronomium, in: Carsten Jochum-Bortfeld/Rainer Kessler (Hg.), Schriftgemäß. Die Bibel in Konflikten der Zeit, Gütersloh 2015, 68f.

31 Paulus, Brief an die Gemeinde in Philippi 3, Vers 12.

32 Prominent dafür Paulus, Zweiter Brief an die Gemeinde in Korinth 4, Vers 4; vgl. ebenfalls prominent Kolosser 1,15.

33 Für die Inspiration dieser Interpretationslinie vgl. Frank Crüsemann, Das Alte Testament als Wahrheitsraum des Neuen. Die neue Sicht der christlichen Bibel, Gütersloh 2011. Die zentrale Frage des Bilderverbots in der Interpretation des Neuen Testaments erfährt in diesem Ansatz freilich keine eigene und ausführliche Würdigung. Für die Auseinandersetzung mit dem Problemkomplex „Bild Christi" im Sinne einer überlegten Interpretation des Bilderverbots vgl. vor allem die Studie von Dominik Malte Krüger, Das andere Bild Christi. Spätmoderner Protestantismus als kritische Bildreligion, Tübingen 2017.

34 Paulus, Erster Brief an die Gemeinde in Korinth 1, Vers 18. Das nicht zu übersetzende Wort „Logos" meint nicht „Erzählung", sondern öffentliche „Ausdeutung Gottes" selbst am Ort und Geschehen seiner Abscondität „passionibus sui contrario" (Luther).

in seiner christologischen Transformation fortgeschrieben wird.[35] Du *kannst* Dir kein Bildnis machen.[36]

Damit wird für den *Gottesgedanken* etwas eingespielt, was nicht als distanzierte Bildinformation abgespeichert werden kann, was weder nostalgisch, anekdotisch noch rein zukünftig registriert und abgelegt werden kann, sondern allererst in seinem *Kommen* wahrgenommen und verstanden werden will. Um die Bedeutung dieser (eschatologischen) Dimension zu verstehen, bedürfte es einer unzeitgemäßen Betrachtung, die nach einer längeren Beratung verlangt. Drei Aspekte möchte ich an dieser Stelle wenigstens hervorheben.

Erstens: „Kommen“ wäre als eine Bewegung des Glaubens zu beschreiben, die kaum in ein Eigentum des Glaubens zu überführen ist. Sie ist eine Bewegung, die zugleich als andrängende Beanspruchung und *Heraus Forderung* des Glaubens zu verstehen wäre. In temporaltheologischer Hinsicht wäre sie als eine *Präsenz* zu beschreiben, einer theologisch verstandenen Präsenz, die für den Glauben als Zwischengeschehen notorisch zu früh oder eben zu spät kommt.

Zweitens: „Kommen“ wäre für die Geschichte Gottes als ein Moment der Verborgenheit für und in Gott selbst und damit als seine eigene und für ihn selbst offene Geschichte zu thematisieren.[37] Im Rahmen einer solcher Beschreibung bildet die Gottesgeschichte im *Gottesbedenken* einen FREMDLING, welcher der nicht zu erledigenden Frage der Gastfreundschaft des Verstehens bleibend ausgesetzt bleibt.[38]

Drittens: „Kommen“ wäre nicht zuletzt zu beschreiben als ein *Freiheitsgeschehen*, das sich nicht zu einem Bild verdichten läßt. Genau an dieser Stelle kommt das Warnungsprivileg ins Spiel, das sich im Bilderverbot verbirgt. Denn von dieser Freiheit – so viel Kant muss sein – kannst Du Dir um der Freiheit willen kein vollständiges Bild machen.[39]

---

35 Die glückliche Unterscheidung zwischen „Informationswert“ und „Warnungsprivileg“ verdanke ich Bruno Latour, Jubilieren, a.a.O.,165.

36 In die Betriebsgeschichte der Unfälle auf den Wegen des Bilderverbots gehört das Motiv vom „Gnadenstuhl“ Gottes, einer seit dem 12. Jahrhundert dominanten Bildschöpfung zur Darstellung der Dreifaltigkeit, Bilderfindungen, die sich nicht scheuen, Gott selbst (als alten Mann mit weißen Bart) zur Darstellung zu bringen. Vgl. dafür LCI, Band 1 (Freiburg 2004), Sp. 535f. Den Hinweis und Gespräche über den Konflikt zwischen der Beschränkung auf die Kreuzesdarstellungen Jesu Christi versus/und die übergreifenden Gott Vater Darstellungen verdanke ich Br. Thomas („christusträger communität“ Ralligen) im September 2019.

37 Wegweisende Hinweise finden sich dafür bei Friedrich-Wilhelm Marquardt, Eia, wären wir da – eine theologische Utopie, Gütersloh 1997, bes. 85ff. und 547ff. und Magdalene L. Frettlöh, Gott Gewicht geben, Neukirchen-Vluyn 2006, bes. 148ff. und 329ff.

38 Von dieser Frage ist selbstredend die weitere Frage berührt, ob es für den Glauben überhaupt so etwas geben kann wie „Gottesfreundschaft“. Zu solchen Fragen vgl. Jacques Derrida, Politik der Freundschaft (1994), Frankfurt am Main 2002.

39 Auf dieser Weglinie kann an den Ansatz von Frank Crüsemann angeknüpft werden, den Dekalog ganz vom Prolog (theologisches Kernmotiv: Exodusgeschehen) her zu lesen und

Wie von dem sprechen, wovon sich kein Bild machen läßt? Die Sprache muss bei dieser Frage notwendig ins Taumeln geraten. Sie ist auf jeden Fall im Innersten selbst von dem versehrt, wovon sich kein Bild machen lässt. Vor dem Zerfall der Sprache in lauter Laute und Flecken, wundersam in ihren Auslassungspunkten und Lücken angeordnet, hilft an dem Rand der Darstellung manchmal und nur noch ein *Warnsignal* aus. Daraus spricht nicht nur eine Not, sondern eben auch: „Darum urteilt nicht vor der Zeit / *nicht bevor der Traum des Lebens Kommt.* / Er wird auch, was im Dunklen verborgen ist, ans Licht bringen.“[40]

---

zu interpretieren. Vgl. Frank Crüsemann, Bewahrung der Freiheit. Das Thema des Dekalogs in sozialgeschichtlicher Perspektive, Gütersloh 1993, bes. 47ff.

40 Paulus, Erster Brief an die Gemeinde in Korinth 4, Vers 5. Die griechische Bezeichnung „*kyrios*“ übersetze ich hier mit der freien Lizenz zum hermeneutischen Problem von *Gott Nennen* mit „Traum des Lebens“.

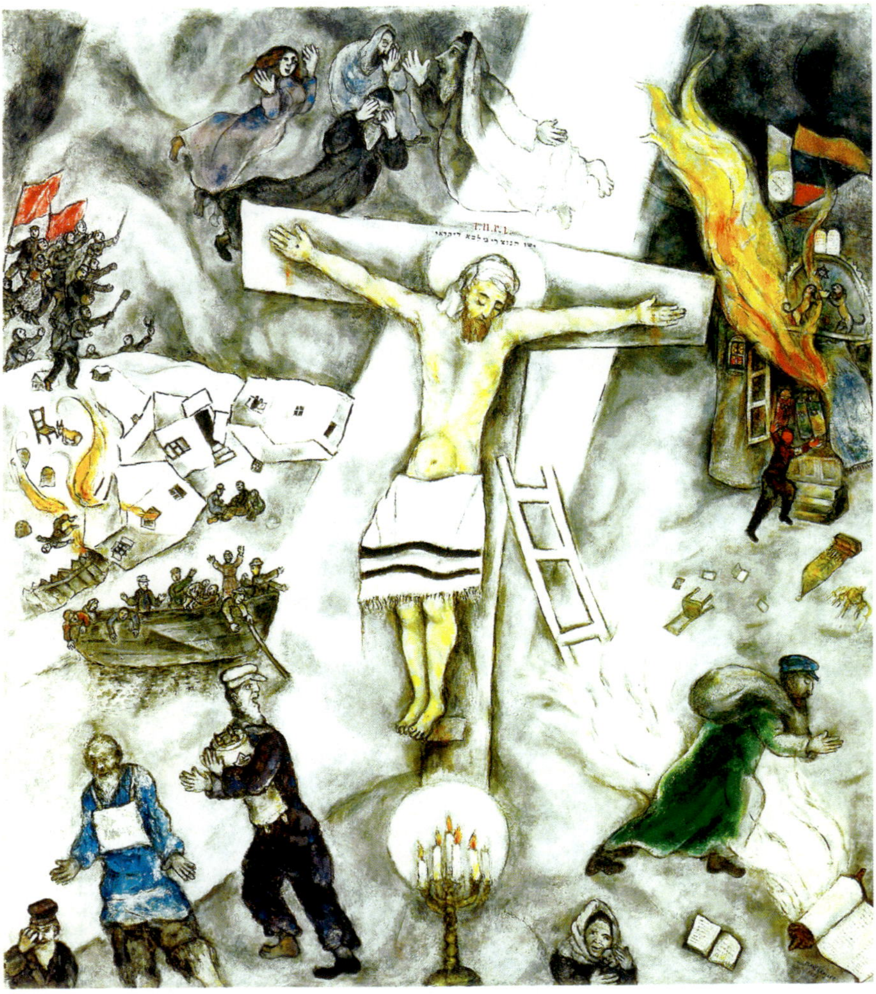

Marc Chagall: Die weiße Kreuzigung

„Die weiße Kreuzigung“ von Marc Chagall als Herausforderung für die christliche Theologie[1]

Frank Crüsemann

1. Wo waren die Christen? Und wo war Christus?

Wenn ich in meinem Geburtsjahr 1938 nach einem Bild suche, das für mein Leben von besonderer Bedeutung geworden ist – und auch noch mit dem Thema dieses Symposiums zu tun hat – , so ist es *Die weiße Kreuzigung*[2] des jüdischen Malers Marc Chagall. Es entstand am Ende des Jahres 1938 als Reaktion auf den Novemberpogrom in Deutschland.

Mit Scham und mit vielen Fragen stehen wir bis heute vor der Tatsache, dass in dieser Nacht vom 9. zum 10. November etwa 1400 jüdische Gotteshäuser mit ihren Torarollen in fast allen deutschen Ortschaften zerstört wurden, dass aber weder sofort nach am darauffolgenden Sonntag dem 13. November noch z.B. am 16., an dem in der evangelischen Kirche der Buß- und Bettag begangen wurde, dass in nahezu keinem der vielen tausend christlichen Gottesdienste eine angemessene, eine christliche, eine auch nur menschliche Reaktion erfolgte. Eine einzige katholische (Prälat Lichtenberg, Domprobst in Berlin), lediglich zwei evangelische (H. Gollwitzer; Julius v. Jan) Predigten, die deutlich Kritik äußerten, sind bekannt geworden. Ein paar weitere Christen waren erschrocken, wollten reagieren, scheuten aber die Öffentlichkeit. Denn staatliche und gerade auch kirchliche Machthaber haben hart darauf reagiert. Die Kirchenleitungen haben allesamt geschwiegen. Wo waren die, wo waren wir Christen? Von winzigen Ausnahmen abgesehen waren sie seltsam unbeteiligte Zuschauer oder gar Mittäter. Da bleiben nur Scham und viele Fragen.

Eine dieser Fragen ist damit aber auch beantwortet: Der Novemberpogrom war für die weitere Entwicklung in Deutschland allein deshalb von zentraler Bedeutung, gerade auch für die von Kirchen und Theologie, weil alles öffentlich geschah und damit für alle unübersehbar war. Die Ausrede, „Wir haben nichts davon gewusst“, die meine Jugend so stark geprägt hat, war und ist damit hinfällig. Jeder wusste es, alle hatten es gesehen.

Aber die Christen taten so, als ginge sie das alles nichts an. Damit stellen sich Fragen, die bis heute offen sind: Was für ein Evangelium wurde da am Sonntag

---

[1] In einer ersten Form als Abschlussvotum im Symposium am 7. Juli 2018 vorgetragen. In verschiedener Gestalt dann als Vortrag am 9. Nov. 2018 in Bad Oeynhausen und als Predigt im ökumenischen Gottesdienst am 11. Nov. 2018, Bad Salzuflen, Liebfrauenkirche.

[2] *1938; 154,3x139,7cm; Chicago, Art Institut.*

verkündet? Was hieß da Sündenvergebung, die doch jeden unserer Gottesdienste prägt? Was war das für eine Rechtfertigung, die gelehrt und zugesprochen wurde? Und wenn schon die Christen sich versteckten: Wo war Christus? Wo war Gott?

Die deutlichste Antwort darauf hat damals ein Bild gegeben, eben die „weiße Kreuzigung“ von Marc Chagall[3]. Chagall lebte zu der Zeit in Paris, aber er kannte Pogrome aus seiner russischen Heimat und Jugend. Und er verarbeitete diese Erfahrungen gemeinsam mit anderen Geschehnissen dieses Jahres 1938, allem voran aber die Novemberereignisse in Deutschland in diesem Bild. Es zeigt den gekreuzigten Christus mitten in den Ereignissen der Pogromnacht.

Rechts oben brennt eine Synagoge, erkennbar an den beiden Tafeln mit den 10 Geboten. Sie wird zerstört und geplündert. Sakrale Gegenstände liegen herum. Unten in der Mitte steht ein jüdischer Leuchter mit brennenden Kerzen und einer erloschenen. Es handelt sich wohl um einen Chanukkaleuchter.

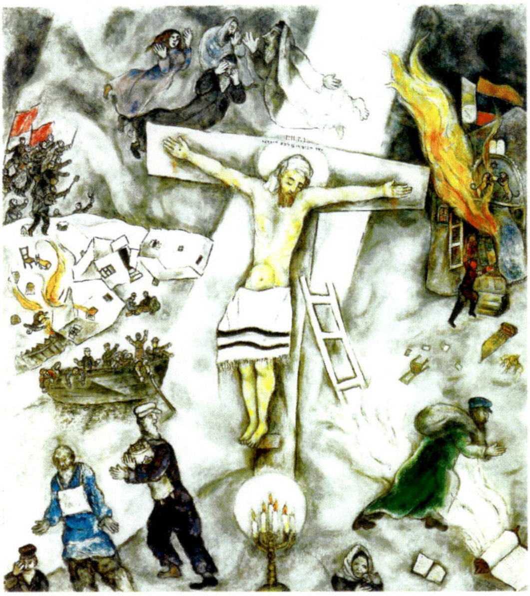

Bild 1

Links sieht man brennende und zerstörte, umgeworfene Häuser. Ein Toter liegt auf der Straße. Rechts und links unten sieht man fliehende Menschen, die versuchen, eine Torarolle oder ihr Eigentum zu retten. Daneben ein bärtiger Mann mit einem Schild um den Hals, was damals immer wieder als öffentliches Schandmal verwendet wurde. Menschen fliehen in einem überfüllten Boot und rufen um Hilfe. Ähnliche Schiffe haben wir hundertfach im Fernsehen anschauen müssen in den letzten Monaten und Jahren. Heute sind es Schlauchboote und die Menschen haben Schwimmwesten an, aber die Gesten und die verzweifelten Schreie um Hilfe sind dieselben. Oberhalb des

[3] Das Folgende verdankt besonders viel der Detailinterpretation von: Z. Amishai-Maisels, Chagall's White Crucifixion, Art Institute of Chicago Museum Studies 17 (1991), 138-153.180f. Darüber hinaus sei hingewiesen auf dies., Der jüdische Jesus, in: H.G. Golinski/S. Hiekisch-Picard, Das Recht des Bildes. Jüdische Perspektiven in der modernen Kunst, Bochum 2003, 223–237 (der Aufsatz fasst mehrere ältere Arbeiten zusammen); sowie zuletzt: A. Weber, Chagall. Die Sprache der Bilder, Darmstadt 2018.

Kreuzes sehen wir die entsetzten Klagen der Erzväter und -Mütter, es sind wohl Abraham, Jakob, Mose und die um ihre Kinder klagende Rahel. Eine aggressiv wirkende Gruppe uniformierter Männer mit roten Fahnen kommt von links oben. Kommen sie zu Hilfe? Vielleicht sollen es sowjetische Kommunisten sein. Für jede konkrete Hilfe jedenfalls kommen sie zu spät.

Chagall stellt mit diesem Bild den Gekreuzigten auf die Seite der verfolgten Juden. Jesus war ja Jude und er gehört hier wieder zu seinem Volk. Für uns Christen ist dieses Bild im Grunde eine Predigt, ein Wort Gottes. Chagall nimmt damit vieles von dem voraus, was damals selbst für wohlwollende Christen undenkbar war und was erst Jahrzehnte später mit dem Beginn eines ernsthaften jüdisch-christlichen Dialogs am Beginn der 60erJahre auch von Christen schrittweise erkannt und anerkannt werden konnte: Wohin nämlich Christus gehört und deshalb eigentlich auch wir Christen. *Lasst uns zu ihm hinausgehen und wie er die Schmach tragen*, heißt es in Hebr 13,13. So lautet bis heute die Herausforderung dieses Bildes und der damaligen Ereignisse.

2. Das Kreuz

Dass Chagall als Jude den gekreuzigten Christus ins Zentrum eines seiner wichtigsten Bilder rückt, ist ungewöhnlich. Denn „für viele Juden wirkt es zutiefst beunruhigend, wenn die Kreuzigung als Symbol für das jüdische Martyrium im Holocaust dient.“[4] Und so hat man von jüdischer Seite das damals und partiell bis heute kritisiert und als Verrat angesehen, Verrat an den an Leib und Leben Bedrohten. Und es gab in der Tat Gründe für derartige Kritik. Denn solche Pogrome geschahen ja durch Christen und meist sogar im Namen des Gekreuzigten. Grade am Tag der Kreuzigung, am Karfreitag, ereigneten sie sich regelmäßig seit dem Mittelalter. Als Gottesmörder wurden die Juden beschimpft. Mit dem Vorwurf, sie hätten Jesus getötet, wurde zu Gewalt aufgerufen. Das Kreuz war nicht nur das wichtigste Symbol des christlichen Glaubens, sondern stand gerade auch für christliche Gewalt. Wir Christen neigen dazu im Kreuz ein Symbol des Leidens zu sehen, für die Juden steht es aber zuerst für Gewalt.

---

4 Amishai-Maisels, Der jüdische Jesus (o. Anm. 3), 223.

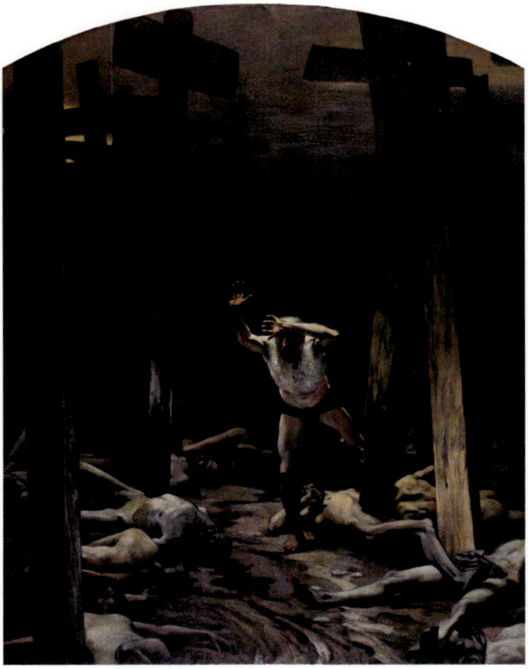

Bild 2

So wurde es auch gemalt. Etwa im Bild von *Shmuel Hirszenberg, Der wandernde Jude*[5]. Ein bedrohlicher Wald von Kreuzen bedroht den Fliehenden. Erschlagene liegen herum. Dahinter steht die Sage vom ewig wandernden Juden. Weil er Christus auf dem Weg zur Kreuzigung verspottet und beleidigt haben soll, habe dieser ihn daraufhin verflucht. Diese antijüdische Volkssage über Ahasver und ihr Muster ist bis heute wirksam. Chagall stellt nun mit diesem Bild den Gekreuzigten auf die Seite der im Namen des Kreuzes verfolgten Juden. Er gehört wieder zu seinem Volk. Das war durchaus ein Akt der Feindesliebe – einer Lehre, die als typisch christlich gilt, aber gegenüber den zu Feinden erklärten Juden nahezu nie praktiziert wurde.

Eine der Folgen ist, dass sich die Christen und der christliche Glaube ändern müssen. Das zeigt sich hier zuerst in der Form des Kreuzes. Sie sehen, es hat die Gestalt eines T, der obere Teil fehlt. Damit kann aus dem Kreuz nicht mehr ein Schwert werden, wie es so oft geschah, denn der Griff fehlt. Zumindest seit der Kreuzfahrerzeit waren Schwert und Kreuz austauschbar, und dass bis heute militärische Orden die Gestalt eines Kreuzes haben, ist nur eine der Folgen. Aus dem Kreuz, das Chagall malte, und damit aus diesem Christus kann nicht so leicht eine Waffe werden. Dazu trägt auch die ungewöhnliche Breite der Querarme bei.

Das Kreuz und damit die Kreuzigung dieses Jesus als des Messias ist für Juden kein Heilsereignis. Sühne und Vergebung ist ihnen längst unabhängig davon zugesagt. Dass das Kreuz für Chagall vor allem ein Symbol für jüdisches Leid ist, zeigt er besonders deutlich in dem Bild *Kreuzigung* von 1944[6].

5 *1899; 343x293cm; Jerusalem, Israel Museum.*

6 *1944; 62,2x47cm; Jerusalem, Israel Museum.*

Am Kreuz hängt ein Jude mit einem Schild, wie es in Deutschland damals als Schandmal üblich war und wie es auch eine Gestalt in der weißen Kreuzigung trägt. Aber hier gibt es nicht nur *ein* Kreuz, an dem sich alles entscheidet. Sondern es stehen mehrere Kreuze vor einzelnen Häusern. Jeder ermordete Jude wird hier durch ein Kreuz repräsentiert. Dargestellt wird nicht mehr der einmalige Gottessohn und sein Geschick. Allerdings ist genau das ja neutestamentlich und damit zutiefst christlich: Jeder und jede nehme sein/ ihr Kreuz auf sich, sagt Jesus nach Mt 10,38; 16,24.

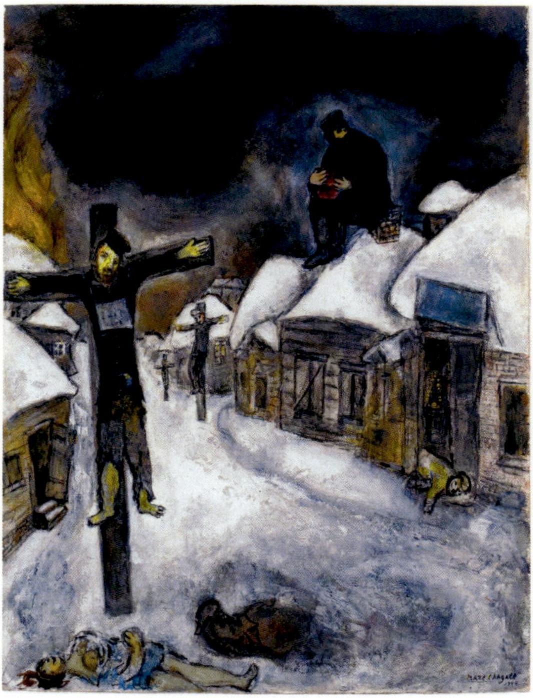

Bild 3

Die absolute Isolierung der Kreuzigung wird von Chagall durchbrochen und genau damit christlicher Urgrund freigelegt.

3. Der jüdische Christus

In der weißen Kreuzigung malt Chagall einen jüdischen Christus und bringt ihn so zu seinem Volk zurück. Das war auch bei ihm nicht immer so. So zeigt ein wichtiges frühes Gemälde *Golgotha (Der Kalvarienberg)* von 1912[7] Christus mit einem kindlichen Körper, gemalt im Stil der Scheibenkomposition von Robert Delaunay. Chagall sagte später, er wollte Christus als unschuldiges Kind malen. Jedenfalls hat er keinerlei spezifisch jüdische Züge.

1938 aber malt Chagall einen jüdischen Christus. Am deutlichsten zeigt dies das Lendentuch, denn es ist ein *Tallit*, ein jüdischer Gebetsschal, wie er in jedem Gottesdienst von den Männern und heute auch von Frauen getragen wird. Dazu

[7] *174,6x192,4cm; New York, MOMA*. Es war unter dem Titel „*Christus gewidmet*" 1913 in Berlin ausgestellt.

kommt die Kopfbedeckung, die keine Dornenkrone ist. Und die traditionelle Kreuzesinschrift wird ins Aramäische übersetzt und mit hebräischen Buchstaben geschrieben: *Yeshu HaNotzri Malcha D'Jehudai.* Das Jesus Nazarenus, also aus Nazareth, klingt dabei eher wie „Jesus, der Christ".

In späteren Bildern hat Chagall den Gekreuzigten noch deutlicher als Juden gekennzeichnet, So trägt Jesus in der *Gelben Kreuzigung* von 1943[8] *Tefillin,* die traditionellen Gebetskapseln an Stirn und linkem Arm. Darin befinden sich Bibeltexte; bes. das *Schma^c Jisrael.* Das ist durchaus realistisch, denn *Tefillin* gab es nachweislich schon zur Zeit Jesu. Nach Mt 9,20 hat Jesus auch die sogenannten Schaufäden, also traditionelle jüdische Kleidung getragen. Von besonderer Bedeutung für uns Christen ist die Torarolle, die Jesus in diesem Bild uns hinhält und die so gleichgewichtig neben und mit dem Kreuz zu stehen kommt[9].

Dass Jesus nicht nur als Jude geboren wurde, sondern Jude blieb, dass er mit seiner Lehre und mit seinem Leben als Jude ganz in seinem Volk blieb, diese biblische Selbstverständlichkeit, die die Christenheit so weitgehend verdrängt hatte, kommt bei Chagall ins Bild. Der jüdische Jesus ist dann der Zentralgedanke eines neuen christlich-jüdischen Verhältnisses geworden. Und damit kam viel in Bewegung. Wir Christen sind mit Kreuzesdarstellungen und Bildern des Gekreuzigten aufgewachsen, und müssen erst einmal realisieren, mit wie Vielem uns Vertrautem dieses Bild bricht. Der jüdische Jesus – das ist ein Geschenk an uns Christen.

4. Das göttliche Licht

Wo das Kreuz ist, ist Gott, das ist unser christlicher Glaube. Durch Christus sind wir zum wahren Gott, dem Gott Israels gekommen. Chagall nimmt das auf, denn dieses Kreuz steht in einem Lichtstrahl, der vom Himmel kommt und es heraushebt. Das ist – genau wie das Licht um den Kopf in Gestalt eines Heiligenscheins – eine alte Tradition christlicher Malerei, um die besondere Nähe Gottes symbolisch anzudeuten. Chagall nimmt das auf, aber es wird in diesem Bild zugleich verwandelt.

Denn das göttliche Licht gilt nicht nur dem Gekreuzigten. Da ist der Leuchter, eine Menora oder ein Chanukkaleuchter, doch das Licht geht nicht von den brennenden Kerzen aus, sondern der ganze Leuchter steht in einem eigenen göttlichen Licht. Und dieses Licht entspricht genau dem Heiligenschein um dem Kopf Jesu. Dann ist da die brennende Torarolle unten rechts. Das Feuer besteht in diesem Falle nicht wie bei der Synagoge und bei den brennenden Häusern aus

---

8 *140x101cm; Paris, Centre Georges Pompidou.*

9 Dazu vgl. nur Mt 5,17ff. u.v.a.

einer gelbroten Feuerflamme. Die Torarolle ist weiß und sie brennt weiß, mit eben dem gleichen hellen Weiß wie der göttliche Strahl von oben.

Ja, ein weißer Lichtstrahl hebt das Kreuz heraus und Jesus hat einen weißen Heiligenschein. Aber all das isoliert ihn nicht, trennt ihn nicht mehr von seiner Umgebung und seinem Volk. Und das gleiche Licht, das von Gott kommt, ist nicht nur bei der Tora, dem Leuchter und dem Kreuz zu finden, es durchzieht große weitere Teile des Bildes. „Weiße Kreuzigung" heißt mit Recht das gesamte Gemälde, denn das gleiche Licht durchzieht etwa die zerstörten Häuser, die Umgebung des Rettungsbootes, die der Fliehenden. Nein, dieser Christus ist nicht isoliert, er gehört zu seinem Volk. Gerade auch in den schlimmsten Zeiten. Gott ist mit seinem Licht bei diesem, bei seinem Volk

5. Erinnerung und Gegenwart

Für uns Christen ist dieses Bild eine Predigt, die das, was aus dem Versagen der Christen vor 80 Jahren und noch schlimmer dann in den folgenden Jahren, folgt, theologisch auf den Begriff bringt. Um das ganz zu erfassen, muss man in der Beschreibung des Bildes noch etwas hinzufügen, was gar nicht zu sehen ist. Chagall hat das ursprüngliche Bild an einigen wenigen Stellen kurze Zeit später wohl Anfang 1939 übermalt. Es gibt Fotos des ersten Zustandes. Das betrifft vor allem zwei Stellen. Die Fahne oberhalb der brennenden Synagoge trägt ursprünglich ein Hakenkreuz, ebenso war ein Hakenkreuz auf der Armbinde des Mannes der gewaltsam in das Gebäude eindringt. Und die Inschrift, die der Mann unten links um den Hals trägt, war ursprünglich zu lesen – „Ich bin Jude", stand da in Deutsch und mit einem übergroßen J.

Warum hat der Maler diese Einzelheiten geändert? Was bedeutet das? Man kann nur Überlegungen dazu anstellen. Und der Ausgangspunkt dazu muss sein, dass an der Konkretheit, am Bezug des Bildes auf die Ereignisse von November 1938 in Deutschland nicht gezweifelt werden kann. Aber zugleich ist deutlich: Es gibt verschiedene Gestalten des mörderischen Antisemitismus. Chagall selbst hat hier offenbar mehrere Ereignisse des Jahres 1938 zusammengefasst. Sonst wäre die Flucht im Boot kaum verständlich. Synagogen haben in Deutschland schon vor dem 9. November gebrannt, etwa in München und Nürnberg. Und Versuche, das Volk Gottes auszulöschen, gab es lange vorher. Biblisch verbinden sie sich mit dem Namen Amalek. Und gerade heute sehen wir, dass sowohl der Antisemitismus wieder aktuell ist, aber auch entsprechender Hass gegen andere Menschen oder andere Religionen. Die Ereignisse von damals und ihre Folgen sind aktuell.

Theologisch geht es ja dabei um eine doppelte biblische Grundlehre, eine Lehre die das Alte Testament, die jüdische Bibel, genau wie das Neue Testament durchzieht, denn in derartigen Kernerkenntnissen stimmen beide stets überein. Das eine ist die unauflösliche Verbindung Gottes mit seinem Israel, dem jüdischen Volk. Und das andere ist die ebenso unauflösliche Verbindung Gottes mit den Menschen, die von anderen verachtet und unterdrückt werden, und da stehen immer die Fremden voran. Beides gehört zusammen, beides ist untrennbar. Und wo das eine wegfällt, steht auch das andere in Frage. Judenhass ist Menschenhass.[10] Dieser Zusammenhang wird stärker betont, wenn Chagall die etwas allgemeinere Seite stärker hervorhebt.

Wie biblisch beides zusammenhängt, kann am Schluss nur mit wenigen Beispielen angedeutet werden. Dabei geht es zugleich um die Folgen für uns heute.

Wo in dieser Welt ist Gott? In Jesaja 57 steht das so: Gott sagt:

> Ich wohne in der Höhe und im Heiligtum und bei denen, deren Geistkraft zerschlagen und gebeugt ist, damit ich die aufleben lasse, deren Geistkraft gebeugt ist, und die, deren Herz zerschlagen ist.

Dreifach wird damit Gottes Ort benannt. Gott ist im Himmel (damit geht es um göttliche Macht und Schöpferkraft), im Tempel (d.h. bei seinem Volk), und bei den Schwächsten, den an Geist und Herz zerschlagenen. Jesus nimmt das in den Seligpreisungen wörtlich auf (Mt 5,3): *Glückselig sind die bis ins Innerste Armen, denn ihnen gehört die gerechte Welt Gottes* (vgl. Jes 57,15). Selig werden sie genannt, weil sie bei Gott sind und Gott bei ihnen. Und das gilt für alle, denen Gerechtigkeit fehlt (Mt 5,6): *Glückselig sind, die hungern und dürsten nach Gerechtigkeit, denn sie werden gesättigt werden* (vgl. Jes 51,1; 30,18).

Wir Christen finden diesen Gott in Christus, der z.B. von sich sagt in Mt 25,40:

> ›Wahrhaftig, ich sage euch, alles, was ihr für eines dieser meiner geringsten Geschwister getan habt, habt ihr für mich getan... 45›Wahrhaftig, ich sage euch, alles, was ihr für eine oder einen von diesen Geringsten nicht getan habt, habt ihr auch für mich nicht getan.

Antisemitismus und Hass auf Fremde und alle sozial und körperlich Schwachen – beides gehört überraschend oft auf das engste zusammen. Jeder Versuch, das eine gegen das andere auszuspielen, macht alles falsch.

Chagall hat uns in der weißen Kreuzigung einen jüdischen Christus gezeigt, der an der Seite seines verfolgten Volks steht. Er hat damit den Kernpunkt eines neuen Christlich-jüdischen Verhältnisses angeregt und vorausgenommen. Wir haben seitdem gelernt, dass damit ein großes Thema der Bibel neu unübersehbar geworden ist, ein Thema, das wir Christen weitgehend vergessen und verdrängt hatten. Eine unmenschliche Kirche war die Folge. Doch als Christen gehören wir dorthin, wo Christus ist. Und der ist weder von seinem Volk noch von den Leidenden und Bedrängten zu trennen.

---

[10] So besonders deutlich Michel Friedman, Interview in der TAZ, 28.1.2018.

Bildnachweis

Rainer Kessler: Transzendenz ins Bild bringen. Caspar David Friedrichs „Der Mönch am Meer“ und das biblische Bilderverbot

Bild 1 Pieter Lastman: Gott erscheint Abraham, 1614, Öl auf Leinwand, 72 x 122 cm. St. Petersburg, Eremitage, Wikimedia Commons.

Bild 2 Katholische Pfarrkirche St. Laurentius in Kenzingen (Breisgau, Baden-Württemberg): Maria Himmelfahrt. AKG-Images.

Bild 3 Caspar David Friedrich: Der Mönch am Meer, Berlin, (Wanderer am Gestade des Meeres), um 1808/10, Öl auf Leinwand, 110 × 171,5 cm, (Aufnahme vor der Restaurierung 2013/2016).SMB, Nationalgalerie; akg-images; © VG Bild-Kunst, Bonn 2020, / Josef Martin (=Lieblingsbild S. 12).

Magdalene L. Frettlöh: Das ausgemalte Bilderverbot. Notizen zu (m)einer „companionship“ mit Bildern Mark Rothkos

Bild 1 Mark Rothko: Entrance to Subway (Eingang zur U-Bahn), 1938, Öl auf Leinwand, 86,4 × 117,5 cm, Sammlung Kate Rothko Prizel; akg-images; © Kare Rothko-Prizel Christopher Rothko / VG Bild-Kunst, Bonn 2020.

Bild 2 Mark Rothko: Untitled (Ohne Titel), 1941–1942, Öl auf Leinwand, 76 × 91,3 cm, Schenkung der Mark Rothko Foundation Inc. 1986.43.34, Washington, National Gallery of Art; akg-images; © Kare Rothko-Prizel Christopher Rothko / VG Bild-Kunst, Bonn 2020.

Bild 3 Mark Rothko: Saffron, 1957, Liechtenstein, Privatsammlung (=Lieblingsbild S. 28); © Kare Rothko-Prizel Christopher Rothko / VG Bild-Kunst, Bonn 2020.

Bild 4 Mark Rothko: Untitled (Brown on Grey), 1969, Acryl auf Papier montiertauf Leinwand, 158,3 × 122,1 cm, Privatsammlung; akg-images; © Kare Rothko-Prizel Christopher Rothko / VG Bild-Kunst, Bonn 2020.

Bild 5 Barnett Newman: The Broken Obelisk, 1963-1967, Cortenstahl; akg-images; © Barnett Newman Foundation / VG Bild-Kunst, Bonn 2020.

Bild 6 Mark Rothko: Chapel, Houston Texas; akg-images; © Kare Rothko-Prizel Christopher Rothko / VG Bild-Kunst, Bonn 2020.

Bild 7 Marc Chagall: Der brennende Dornbusch, 1962–1966. (Aus der Folge „Die Geschichte des Exodus“ mit 24 Gouachen als Vorbereitung für 24 Farblithographien), Gouache, 30 × 22,9 cm, Blatt 4, Centre Georges Pompidou (Inv. Nr. AM 1988–426, 1–24), Paris, Musée National d'Art Moderne; akg-images; © VG Bild-Kunst, Bonn 2020.

Michaela Geiger: „Diesseitig bin ich gar nicht fassbar ...“ (Paul Klee). Engel als Verkörperung des Bilderverbots

Bild 1	Paul Klee: Schellen-Engel, 1939, 966; Bleistift auf Papier auf Karton; 29,5 x 21 cm; Zentrum Paul Klee, Bern (Obj.Id. 3146).
Bild 2	Paul Klee: Engel, noch hässlich, 1940, 26; Bleistift auf Papier auf Karton; 29,6 x 20,9 cm; Zentrum Paul Klee, Bern (Obj.Id. 26) (=Lieblingsbild S. 58).
Bild 3	Paul Klee: Oeuvre-Katalog 1939 [S. 58 verso]; Schnellhefter mit 63 Einzelblättern, ein Blatt leer; Zentrum Paul Klee, Bern (Obj.Id. 104293).
Bild 4	Paul Klee: Sturz, 1933, 46; Pinsel auf Papier auf Karton; 31,3/31,6 x 47,5 cm; Zentrum Paul Klee, Bern (Obj.Id. 7210).
Bild 5	Paul Klee: auswandern, 1933, 181; Kreide auf Papier auf Karton; 32,9 x 21 cm; Zentrum Paul Klee, Bern (Obj.Id. 7307).
Bild 6	Paul Klee: Engel im Werden, 1934, 204; Ölfarbe auf Grundierung auf Leinwand auf Holz; rekonstruierter Rahmen; 51 x 51 cm; Privatbesitz Schweiz, Depositum im Zentrum Paul Klee, Bern (Obj.Id. 8280).
Bild 7	Paul Klee: heisser Ort, 1933, 440; Kreide auf Grundierung auf Papier auf Karton; 24 x 31,5 cm; Privatbesitz, Schweiz (Obj.Id. 7630).
Bild 8	Paul Klee: Angelus novus, 1920, 32; Ölpause und Aquarell auf Papier auf Karton; 31,8 x 24,2 cm; The Israel Museum, Jerusalem, Schenkung John und Paul Herring, Jo Carole und Ronald Lauder, Fania und Gershom Scholem (Obj.Id. 524); Reproduktionsrechte: Heritage Images / Fine Art Images / akg-images.
Bild 9	Paul Klee: nach der Zeichnung 19/75, 1919, 113; 19870; aquarellierte Lithographie; 22,2 x 16 cm; Zentrum Paul Klee, Bern, Schenkung Livia Klee (Obj.Id. 19870).
Bild 10	Paul Klee: in Engelshut, 1931, 55; Feder auf Papier auf Karton; 42,1 x 49,1 cm; Solomon R. Guggenheim Museum, New York, Estate of Karl Nierendorf, By purchase (Obj.Id. 6910); Foto: © Fine Art Images – Artothek.
Bild 11	Paul Klee: in Engelshut auf steilem Weg, 1931, 57; Feder auf Papier auf Karton; 56,7 x 43,7/44 cm; Zentrum Paul Klee, Bern (Obj.Id. 6912).
Bild 12	Paul Klee: Ohne Titel (Todesengel), um 1940; Ölfarbe auf Leinwand; 51 x 66,4 cm; Privatbesitz Schweiz, Depositum im Zentrum Paul Klee, Bern (Obj.Id. 394).
Bild 13	Paul Klee in seinem Wohnzimmer, Kistlerweg 6, Bern; Fotograf: Walter Henggeler; Originalabzug, 18,2 x 13 cm; Archiv Bürgi im Zentrum Paul Klee, Bern, Schenkung Familie Bürgi (Obj.Id. 85011).
Bild 14	Paul Klee: Ohne Titel (Letztes Stilleben), 1940; Ölfarbe auf Leinwand; 100 x 80,5 cm; Zentrum Paul Klee, Bern, Schenkung Livia Klee (Obj.Id. 393).
Bild 15	Paul Klee: Ohne Titel (Komposition mit den Früchten), um 1940; Ausschnitt der Randnotiz „Sollte alles denn gewusst sein...“; Kleisterfarbe

und Kreide auf Papier; 103 x 148 cm; Zentrum Paul Klee, Bern, Schenkung Livia Klee (Obj.Id. 400).

Johannes Taschner: Die Bilderkritik bei René Magritte und im Alten Testament

Bild 1 René Magritte: La Malédiction (Der Fluch), 1931,Öl auf Leinwand, 54 x 73 cm, Privatsammlung; © VG Bild-Kunst, Bonn 2020 (= Titelbild) ; akg-images.

Bild 2 René Magritte: Die Klarsicht (Selbstbildnis) / La clairvoyance (Autoportrait), 1936, 54,5 x 65,5 cm, Öl auf Leinwand, Privatbesitz; © VG Bild-Kunst, Bonn 2020; Fine Art Images – Artothek.

Bild 3 René Magritte: L'Empire des lumières, 1949, Gemälde, Musées Royaux des Beaux-Arts ; © VG Bild-Kunst, Bonn 2020; akg-images.

Bild 4 René Magritte: La Belle Captive (Die schöne Gefangene), 1948, Öl auf Leinwand, 54 x 65 cm, Hogarth Galleries, Sydney (Australien) ; © VG Bild-Kunst, Bonn 2020; akg-images / De Agostini Picture Library (=Lieblingsbild S. 88).

Bild 5 René Magritte: Les vacances de Hegel, 1958, 60 x 50 cm, Brüssel, Collection Isy Brachot; akg-images / De Agostini Picture Library, Westermann – Artothek.

Jürgen Ebach: „Kippbilder" im Gespräch mit dem Bilderverbot. Mit einem Schwerpunkt auf Sigmar Polkes Menschensohn-Fenster im Zürcher Großmünster

Bild 1 Rubinsche Vase, Original image Cup or faces paradox.jpg uploaded by Guam on 28 July 2005, SVG conversion by Bryan Derksen, Wikimedia Commons.

Bild 2 Blüthe oder Verwesung, deutsches Bilderrätsel (anonym, 19. Jh.), Eugen von Philippovich, Kuriositäten/Antiquitäten, p. 32. Klinkhardt & Biermann 1966, Braunschweig, Wikimedia Commons.

Bild 3 William Ely Hill: My Wife and My Mother-in-Law, a famous optical illusion, *Puck*, 78/2018 (1915), S. 11, Wikimedia Commons.

Bild 4 Hase oder Ente? http://www.gib.uni-tuebingen.de/netzwerk/glossar/index.php?title=Kippbild.

Bild 5f., 8f. Sigmar Polke: Der Menschensohn, 2009, Grossmünster Zürich; © The Estate of Sigmar Polke, Cologne / Grossmünster Zürich (=Lieblingsbild S. 102) / VG Bild-Kunst, Bonn 2020. Wikimedia Commons.

Bild 7 Johann Caspar Lavater, Von der Physiognomik Kap. 6: Neun erdichtete Silhouetten zur Prüfung des physiognomischen Genies, https://gutenberg.spiegel.de/buch/von-der-physiognomik-752/6.

Bild 10 Giuseppe Arcimboldo: Der Bibliothekar, 1566; Ölfarbe auf Leinwand; Schloss Skokloster, Collection of Skokloster, Eric Vandeville; akg-images; © VG Bild-Kunst, Bonn 2020.

Joachim von Soosten: „Flecken, wunderbar angeordnet". Paul Cézanne an der Montagne Sainte-Victoire

Bild 1 Paul Cézanne: Mount Sainte-Victoire, um 1904, 72.2 x 92.4 cm, Öl auf Leinwand, Cleveland Museum of Art, © VG Bild-Kunst, Bonn 2020 – Kunst, Artothek.

Bild 2 Paul Cézanne: Der Mont Sainte-Victoire von Les Lauves aus gesehen, 1904/06, 60 x 72 cm, Öl auf Leinwand, Basel, Kunstmuseum, © VG Bild-Kunst, Bonn 2020, Hans-Hinz – Artothek (=Lieblingsbild S. 132).

Bild 3 Paul Cézanne: Der Mont Sainte Victoire von Lauves aus gesehen (La Montagne Sainte Victoire Vue des Lauves), um 1902-06, 47.5 x 53.5 cm, Wasserfarben/Papier, Christie's Images Ltd, © VG Bild-Kunst, Bonn 2020, Christie's Images Ltd – Artothek.

Frank Crüsemann: „Die weiße Kreuzigung" von Marc Chagall als Herausforderung für die christliche Theologie

Bild 1 Marc Chagall: Die weiße Kreuzigung, 1938, 154.6 x 140 cm, Öl auf Leinwand, Chicago, Art Institute, © VG Bild-Kunst, Bonn 2020, Fine Art Images – Artothek (=Lieblingsbild S. 146).

Bild 2 Shmuel Hirszenberg: The Wandering (or Eternal) Jew, 1899, Oil on canvas, 343X293 cm, Collection The Israel Museum, Jerusalem (B04.1484).

Bild 3 Marc Chagall: Crucifixion, 1944, Pencil, gouache, and watercolor on paper, 650 x 500 (sight), The Israel Museum, Jerusalem, On extended loan from Victoria Babin through the America-Israel Cultural Foundation (L-B95.033).

Autor*innenverzeichnis

Dr. Frank Crüsemann ist Professor für Altes Testament im Ruhestand an der Kirchlichen Hochschule Wuppertal/Bethel.

Dr. Jürgen Ebach ist Professor für Exegese und Theologie des Alten Testaments und Biblische Hermeneutik im Ruhestand an der Evangelisch-Theologischen Fakultät der Ruhr-Universität Bochum.

Dr. Magdalene L. Frettlöh ist ordentliche Professorin für Systematische Theologie (Dogmatik) an der Universität Bern.

Dr. Michaela Geiger ist Juniorprofessorin für Altes Testament an der Kirchlichen Hochschule Wuppertal/Bethel.

Dr. Rainer Kessler ist Professor für Altes Testament im Ruhestand am Fachbereich Evangelische Theologie der Philipps-Universität Marburg.

Dr. Joachim von Soosten ist Privatdozent für Systematische Theologie an der Kirchlichen Hochschule Wuppertal/Bethel.

Dr. Johannes Taschner ist Pfarrer am Comenius-Gymnasium in Düsseldorf und lehrt Altes Testament an der Faculté Universitaire de Théologie in Brüssel.